TRES ENSAYOS PARA UNA TEORÍA SEXUAL
Y OTROS ENSAYOS

Obras Completas de Sigmund Freud
Tomo II

TRES ENSAYOS PARA UNA TEORÍA SEXUAL Y OTROS ENSAYOS

(Psicoanálisis: Cinco conferencias pronunciadas en la *Clark University*. Los sueños. Más allá del principio del placer)

Traducción directa del alemán por
Luis López-Ballesteros y de Torres

Editorial Iztaccíhuatl, S.A. de C.V.

OBRAS COMPLETAS DE SIGMUND FREUD. TOMO II
Tres ensayos para una teoría sexual y otros ensayos

Sigmund Freud
ISBN (obra completa): 978-607-8688-54-8
ISBN (tomo II): 978-607-8688-53-1
Segunda edición: marzo de 2022

© Sigmund Freud
© Luis López-Ballesteros y de Torres (traducción directa del alemán)
© Editorial Iztaccíhuatl S.A. de C.V.

© Editorial Iztaccíhuatl S.A. de C.V.
Miguel Schultz #21, Col. San Rafael,
Del. Cuauhtémoc, Ciudad de México

Corrección de estilo: Yoali E. Crespo López
Diseño y maquetación: Cecilia Neria Anaya
Licencia de impresión a Grupo Editorial Neisa
Impresión: Master Copy, S.A. de C.V. (DocuMaster)

Impreso en México

I

TRES ENSAYOS PARA UNA TEORÍA SEXUAL

I

LAS ABERRACIONES SEXUALES[1]

El hecho de las necesidades sexuales en el hombre y en el animal es explicado por la Biología mediante la admisión de un "instinto sexual", por analogía con el instinto de absorción de alimentos, esto es, el hambre. En el lenguaje popular falta un término que corresponda al de "hambre" en lo relativo a lo sexual. La ciencia usa en este sentido la palabra *libido*.

La opinión popular posee una bien definida idea de la naturaleza y caracteres de este instinto sexual. Se cree firmemente la falta en absoluto de este en la infancia, que se presenta en el proceso de maduración entre la pubertad y en relación con él, que se exterioriza en los fenómenos de irresistible atracción que un sexo ejerce sobre el otro y que su fin está constituido por la cópula sexual o, a lo menos, por aquellos actos que a ella conducen.

Tenemos, no obstante, los más sólidos fundamentos para no ver en estas opiniones más que una pintura muy alejada de la realidad. Analizándolas detenidamente demuestran estar saturadas de errores, inexactitudes e inadvertencias.

Antes de entrar en su discusión fijaremos el sentido de los términos que en la misma hemos de emplear. La persona de la cual parte la atracción sexual la denominaremos *objeto sexual*, y

---

[1] Los datos contenidos en este primer capítulo han sido tomados de las conocidas publicaciones de Krafft-Ebing Moll, Moebius, Havelock Ellis, Schrenck-Notzing, Löwenfeld, Eulenburg, J. Bloch y M. Hirschfeld, y de los trabajos aparecidos en el *Jahrbuch für sexuelle Zwischenstufen*, dirigido por el último de los autores citados.

Los conocimientos adquiridos por medio de la investigación psicoanalítica de sujetos invertidos provienen de estudios realizados por J. Sadger y por mí mismo.

el acto hacia el cual impulsa el instinto, *fin sexual*. La experiencia científica nos muestra que tanto respecto al objeto como al fin existen múltiples desviaciones, y que es necesaria una penetrante investigación para establecer las relaciones que dichas anormalidades guardan con lo considerado como normal.

I. Desviaciones respecto al objeto sexual

A la teoría popular del instinto sexual corresponde la poética fábula de la división del ser humano en dos mitades —hombre y mujer—, que tienden a reunirse en el amor. Causa, pues, una gran extrañeza oír que existen hombres y mujeres para los cuales no constituye el objeto sexual una persona del sexo contrario, sino otra de su mismo sexo. A estas personas se las denomina homosexuales; o mejor, invertidas, y al hecho mismo, *inversión*. El número es muy elevado, aunque sea difícil establecerlo con alguna exactitud[2].

A. La inversión

Conducta de los invertidos. —Los invertidos se conducen muy diferentemente unos de otros:

a) Son invertidos *absolutos*, esto es, su objeto sexual tiene necesariamente que ser de su mismo sexo, no siendo nunca el sexo opuesto objeto de su deseo sexual, sino que los deja fríos o despierta en ellos manifiesta repulsión sexual.

Los invertidos absolutos masculinos son en general incapaces de realizar el acto sexual normal o no experimentan placer alguno.

---

[2] Véase sobre estas dificultades, así como sobre las tentativas de fijar el tanto por ciento de invertidos, el estudio de M. Hirschfeld en el *Jahrbuch für sexuelle Zwischenstufen*, 1904.

b) Son invertidos *anfígenos* (hermafroditas psicosexuales), esto es, su objeto sexual puede pertenecer indistintamente a uno u otro sexo. La inversión carece, pues, aquí de exclusividad.

c) Son invertidos *ocasionales*, o sea, que bajo determinadas condiciones exteriores —de las cuales ocupan el primer lugar la carencia de objeto sexual normal y la imitación— pueden adoptar como objeto sexual a una persona de su mismo sexo y hallar satisfacción en el acto sexual con ella realizado.

Los invertidos muestran asimismo múltiples diferencias en lo que respecta a su manera de juzgar el peculiar carácter de su instinto sexual. Unos aceptan la inversión sin resistencia alguna como lo hace el individuo normal con la natural orientación de su libido y defienden calurosamente su licitud. En cambio, otros se rebelan contra ella y la consideran como una compulsión morbosa[3].

Otras variantes se refieren a las circunstancias temporales. La inversión data unas veces en el individuo de la primera época a que alcanzan sus recuerdos, y otras no ha aparecido hasta un determinado momento, anterior o posterior a su pubertad[4]. Asimismo, puede conservarse durante toda la vida, desaparecer temporalmente, representar un episodio en el curso del desarrollo normal, y hasta manifestarse en un estudio avanzado de la existencia del sujeto tras de un largo período de actividad

---

[3] Una tal resistencia contra la obsesión homosexual pudiera constituir la condición necesaria para ejercer una influencia curativa sobre el sujeto por medio del tratamiento de sugestión o del psicoanálisis.

[4] Se ha indicado con acierto por varios autores que los datos autobiográficos suministrados por los invertidos no deben ser considerados fidedignos, dado que el sujeto puede haber expulsado de su memoria, por represión, las pruebas de sus anteriores sensaciones heterosexuales.

El psicoanálisis ha confirmado esta sospecha en los casos de inversión que le ha sido posible investigar y ha transformado decisivamente las anamnesis de esta aberración al cegar las lagunas producidas por la amnesia infantil.

sexual normal. Se ha observado también una vacilación periódica entre el objeto sexual normal y el invertido.

De particular interés son aquellos casos en los que la libido cambia de rumbo, orientándose hacia la inversión después de una penosa experiencia con el objeto sexual normal.

Estas diversas variantes se manifiestan, en general, independientemente unas de otras. De los casos extremos de inversión puede suponerse casi siempre que dicha tendencia ha existido desde muy temprana edad en el sujeto y que él mismo se siente de perfecto acuerdo con ella.

Muchos autores rehúsan formar una unidad con los diversos casos antes indicados y prefieren acentuar las diferencias existentes entre estos grupos en lugar de sus caracteres comunes, conducta inspirada en su juicio favorito de la inversión. Mas por muy justificadas que estén tales diferenciaciones, no puede dejar de reconocerse que aparecen numerosos grados intermedios, de tal modo que las series se constituyen por sí solas.

Concepto de la inversión. — El primer juicio sobre la inversión consistió en considerarla como un signo innato de degeneración nerviosa; juicio fundado en que los observadores científicos la hallaron primeramente en individuos enfermos de los nervios o que producían la impresión de estarlo. En esta característica se entrañan dos datos que deben ser juzgados independientemente: el innatismo y la degeneración.

Degeneración. —La hipótesis que considera la inversión como un estigma degenerativo sucumbe a las objeciones que surgen enseguida ante el caprichoso empleo de la palabra "degeneración". Ha llegado a ser costumbre atribuir a degeneración todos aquellos síntomas patológicos que no son de origen traumático o infeccioso. La clasificación hecha por Magnan de los degenerados ha hecho posible que aun la más perfecta estructura general de las funciones nerviosas no excluya necesariamente el concepto de degeneración. En tales circunstancias puede preguntarse qué utilidad y qué nuevo contenido posee aún tal diagnóstico. Parece más apropiado, por lo tanto, no hablar de degeneración: primero, en aquellos casos en que no aparecen juntas varias graves anormalidades; segundo, cuando no aparecen gravemente dañadas, en general, la capacidad de existencia y funcionamiento[5].

Varios hechos nos demuestran que los invertidos no pueden considerarse en este sentido como degenerados:

1. —Porque se halla la inversión en personas que no muestran otras graves anormalidades.

2. —Porque aparece, de igual manera, en personas cuya capacidad funcional no se halla perturbada, y hasta en algunas que se distinguen por un gran desarrollo intelectual y elevada cultura ética[6].

3. —Porque cuando se prescinde ante estos pacientes de la propia experiencia médica y se tiende a abarcar un horizonte más amplio se tropieza, en dos direcciones distintas, con hechos que impiden considerar la inversión como signo degenerativo.

a) Debe tenerse muy en cuenta que la inversión fue una manifestación frecuentísima y casi una institución encargada de importantes funciones en los pueblos antiguos en el cenit de su civilización; *b)* se le encuentra extraordinariamente difundida en muchos pueblos salvajes y primitivos, mientras que el concepto de degeneración suele limitarse a civilizaciones

---

[5] Cuánta prudencia es necesaria para establecer el diagnóstico de degeneración y qué escasa importancia práctica posee, puede verse en las explicaciones de Moebius ("Sobre le degeneración", en *Grenzfragen des Nerven und Seelenlebens*, Nr. III, 1920): "Examinando el vasto dominio de la degeneración, sobre la cual no hemos arrojado hasta hoy más que pasajeras luces, podrá verse qué escaso valor tiene actualmente su diagnóstico".

[6] Hay que conceder a los defensores del "uranismo" que algunos de los hombres más sobresalientes de que tenemos noticia fueron invertidos y hasta invertidos absolutos.

elevadas. (J. Bloch). Hasta en los pueblos civilizados europeos ejercen máxima influencia sobre la difusión y el concepto de la inversión las condiciones climatológicas y raciales[7].

Innatismo. — El innatismo sólo se ha aceptado, como puede suponerse, para la primera y más extrema categoría de los invertidos, y precisamente por la afirmación de tales personas de no haberse manifestado en ellas en ninguna época de su vida otra distinta dirección del instinto sexual. La existencia de las otras dos clases, en especial de la tercera, es difícil ya de conciliar con la concepción de un carácter innato. De aquí la tendencia de todos los representantes de esta opinión a separar de los demás el grupo de los invertidos absolutos, lo cual implica la renuncia a establecer un juicio de valor general sobre la inversión. Esta sería, pues, en unos casos de carácter innato y, en otros, habría aparecido de modo distinto.

La opinión contraria a ésta se halla constituida por la de que la inversión es un carácter *adquirido* del instinto sexual. Se funda esta hipótesis en los hechos siguientes: 1. —En que en muchos invertidos (aun en los absolutos) puede señalarse una impresión sexual que actuó intensamente sobre ellos en las primeras épocas de su vida, y de la cual constituye una perdurable consecuencia la inclinación homosexual. 2. —En que en otros muchos puede revelarse la actuación de determinadas influencias exteriores de la vida que, en época más temprana o tardía, han conducido a la fijación de la inversión (trato exclusivo con individuos del mismo sexo, vida común en la guerra o prisión, peligros del comercio heterosexual, celibato, debilidad sexual, etcétera). 3. —En que la inversión puede ser

---

[7] En el concepto de inversión se han separado los puntos de vista patológicos de los antropológicos. Esta diferenciación se debe a J. Bloch (*Beiträge zur Ätiologie der Psychopathia sexualis*, 1902-03). El mismo autor ha sido el que ha hecho fijar la atención en el hecho de la inversión en los antiguos pueblos civilizados.

suprimida por sugestión hipnótica, cosa que constituiría un milagro si se tratase de un carácter innato.

Desde este punto de vista puede negarse, en general, la existencia de una inversión innata. Puede objetarse (Havelock Ellis) que un penetrante examen de los casos considerados como de inversión innata revelaría siempre la existencia de un suceso infantil, determinante de la dirección de la libido, no conservado en la memoria del individuo, pero susceptible de ser atraído a ella por un procedimiento apropiado de influenciación. Siguiendo a estos autores, podría definirse la inversión como una frecuente variante del instinto sexual, determinada por cierto número de circunstancias exteriores de la vida.

Mas esta afirmación, aparentemente aceptable, queda invalidada con la observación contraria de que muchas personas caen en la adolescencia bajo iguales influencias sexuales —seducción, onanismo mutuo—, sin devenir por ello invertidos o seguir siéndolo perdurablemente. Así, pues, se llega obligadamente a suponer que la alternativa —innatismo o adquisición— o es incompleta, o no entraña todas las circunstancias de la inversión.

Explicación de la inversión. —Ni con la hipótesis de la inversión innata ni con la contraria de la inversión adquirida queda explicada la esencia de la inversión. En el primer caso habrá que especificar qué es lo que se considera innato en ella si no se quiere aceptar la burda explicación de que una persona trae ya consigo, al nacer, establecida la conexión de su instinto sexual con un objeto sexual predeterminado. En la segunda hipótesis queda en pie la cuestión de si las diversas influencias accidentales bastan por sí solas para explicar la adquisición, sin la existencia de algo favorable a la misma en el individuo. La negación de este elemento es inadmisible conforme a nuestras anteriores deducciones.

Bisexualidad. —Para explicar la posibilidad de una inversión sexual se ha seguido, desde Frank Lydstone, Kiernan y

Chevalier, una ruta intelectual que entraña una nueva contradicción de las opiniones corrientes. Según estas, el individuo humano no puede ser más que hombre o mujer. Mas la ciencia conoce casos en los que los caracteres sexuales aparecen borrosos, dificultando la determinación del sexo ya en el terreno anatómico. Los genitales de estos sujetos de sexo indeterminado reúnen caracteres masculinos y femeninos (hermafroditismo). En algunos casos muy raros, ambos aparatos sexuales se hallan desarrollados conjuntamente (hermafroditismo propiamente dicho), pero por lo general presentan una atrofia bilateral[8].

Lo más importante de estas anormalidades es que facilitan de un modo inesperado la comprensión de la constitución normal. Sucede que a la norma corresponda un cierto grado de hermafroditismo anatómico. En ningún individuo masculino o femenino, normalmente desarrollado, dejan de encontrarse huellas del aparato genital del sexo contrario, las cuales o perduran sin función alguna como órganos rudimentarios o han sufrido una transformación dirigida a la adopción de funciones distintas.

La hipótesis deducible de estos hechos anatómicos, ha largo tiempo conocidos, es la de una originaria disposición bisexual, transformada en el curso de la evolución hasta la monosexualidad, con escasos restos del sexo atrofiado.

De aquí no había más que un paso para trasladar esta hipótesis al dominio psíquico y explicar la inversión como manifestación de un hermafroditismo psíquico. Para dejar resuelto el problema, sólo faltaba hallar una regular coincidencia de la inversión con los signos anímicos y somáticos del hermafroditismo.

---

[8] *Cf.* Las últimas minuciosas descripciones de hermafrodismo somático: Taruffi: *Hermafroditismo e incapacidad de concebir* (edición alemana de R. Teuscher, 1903), y los trabajos de Neugebauer en varios tomos del *Jahrbuch für sexuelle Zwischenstufen.*

Mas esta esperada coincidencia no se presentó. No se pueden imaginar tan estrechas las relaciones entre el supuesto hermafroditismo psíquico y el comprobado hermafroditismo anatómico. Lo que sí se encuentra con frecuencia en los invertidos es una disminución del instinto sexual (Havelock Ellis) y ligeras atrofias anatómicas de los órganos. Con frecuencia, pero no regularmente, ni siquiera en la mayoría de los casos. Esto obliga a reconocer que la inversión y el hermafroditismo somático son totalmente independientes una de otro.

Se ha atribuido asimismo un gran valor a los llamados caracteres sexuales secundarios y terciarios, y se ha hecho resaltar su conjunta aparición en los invertidos (H. Ellis). También en esto hay algo verdadero, mas no debe olvidarse que los caracteres sexuales secundarios y terciarios surgen con frecuencia en el sexo contrario, constituyendo indicaciones de hermafroditismo, pero sin que al mismo tiempo se muestre modificado el objeto sexual en el sentido de una inversión.

El hermafroditismo psíquico ganaría en verosimilitud si paralelamente a la inversión del objeto sexual apareciera una modificación de las demás cualidades espirituales, instintos y rasgos característicos. Mas una tal inversión del carácter sólo puede esperarse hallarla con alguna regularidad en las mujeres invertidas; en los hombres puede coincidir la más completa virilidad psíquica con la inversión. Si no se quiere sacrificar la hipótesis del hermafroditismo psíquico hay que añadir que sus manifestaciones no dejan percibir más que una escasa condicionalidad recíproca. Igualmente sucede en el hermafroditismo somático. Según Halban[9], también las

---

[9] J. Halban, "Die Entstehung der Geschlechtscharaktere", en *Archiv. für Gynäkologie*, tomo 70, 1903.

atrofias orgánicas aisladas y los caracteres sexuales secundarios aparecen relativamente independientes entre sí.

La teoría de la bisexualidad ha sido expuesta en su forma más simple por uno de los defensores de los invertidos masculinos: "Cerebro femenino en cuerpo masculino". Mas no conocemos los caracteres de un "cerebro femenino". La sustitución del problema psicológico por el anatómico es tan ociosa como injustificada. La tentativa de explicación de Krafft-Ebing parece más exactamente planteada que la de Ulrich, pero en esencia es similar a ella. Krafft-Ebing opina que la disposición bisexual da al individuo centros cerebrales masculinos y femeninos al mismo tiempo que órganos sexuales somáticos de ambos sexos. Dichos centros no se desarrollan hasta la época de la pubertad y principalmente bajo la influencia de la glándula sexual, independiente de ellos en la disposición. Pero hablar de "centros" masculinos y femeninos es lo mismo que hablar de cerebros de uno u otro sexo, y ni siquiera sabemos si podemos aceptar para las funciones sexuales lugares cerebrales limitados (centros) como las aceptamos para la palabra.

Dos ideas perduran tras estas elucidaciones: por un lado, que también con respecto a la inversión hay que tener en cuenta una disposición bisexual, pero que no sabemos en qué consiste esta disposición fuera de la constitución anatómica, y, por otro, que se trata de perturbaciones que atacan al instinto sexual durante su desarrollo[10].

---

[10] El primero que aplicó la idea de la bisexualidad a la explicación de la inversión hubo de ser (según una bibliografía aparecida en el tomo VI del *Jahrbuch fürr sexuelle Zwischenstufen*) E. Gley que ya en enero de 1884 publicó en este sentido un artículo titulado: *Les abérrations de l'instinct sexual.* (*Revue Philosophique*). Es importante también observar que la mayoría de los autores que refieren la inversión a la bisexualidad tienen en cuenta este factor, no tan sólo en los invertidos, sino asimismo en aquellos individuos que han llegado a un desarrollo sexual normal y consideran, por tanto, la inversión como una perturbación de dicho

Objeto sexual de los invertidos. —La teoría del hermafroditismo psíquico supone que el objeto sexual del invertido es el contrario al del normal. El hombre sucumbiría, como la mujer, al encanto emanado de las cualidades físicas y espirituales masculinas y, sintiéndose mujer, buscaría al hombre.

Mas, aun cuando esto sea exacto para toda una serie de invertidos, está, sin embargo, muy lejos de revelar un carácter general de la inversión. No cabe duda de que una gran parte de los invertidos masculinos ha conservado el carácter psíquico de la virilidad, poseyendo, por lo tanto, pocos caracteres secundarios del otro sexo y buscando en su objeto sexual rasgos psíquicos propiamente femeninos. Si esto no fuera así, no se explicaría por qué la prostitución masculina que se ofrece a los invertidos trata —hoy como en la antigüedad— de copiar a las mujeres en los vestidos, aspecto exterior y modales, sin que esta imitación parezca ofender el ideal de los homosexuales masculinos. En la Grecia antigua, donde hombres de una máxima virilidad aparecen entre los invertidos, se ve claramente que no era el

---

desarrollo. Así lo hace Chevalier. (*Inversion sexuelle*, 1893). Krafft-Ebing ("Zur Erklärung der konträren Sexualempfindung", en *Jahrbüche für Psychiatrie und Neurologie*, tomo XII, 1895) habla de que existe un cúmulo de observaciones "de las cuales resulta, por lo menos, la perduración virtual de este segundo centro (el del sexo dominado)". El doctor Arduin ("Die Frauenfrage und die sexuellen Zwischenstufen") sienta en *Jahrbuch für sexuelle Zwischenstufen* (tomo II, 1900) la afirmación de que "en cada ser humano existen elementos masculinos y femeninos, solo que unos están más desarrollados que los otros, correspondiendo al sexo del individuo este desigual desarrollo cuando se trata de un heterosexual". (Compárese el trabajo del doctor M. Hirschfeld titulado "Die objetive Diagnosis der Homosexualität", en *Jahrbuch* citado, tomo I, 1899). Para G. Hermann ("Genesis das Gesetz der Zeugung", tomo IX, *Libido und Mania*, 1903) es cosa firme que "en cada mujer existen semillas y cualidades masculinas y en cada hombre, femeninas".

En 1906 reclamó W. Fleiss (*Dess Ablauf des Lebens*) un derecho de propiedad sobre la idea de la bisexualidad.

carácter masculino de los efebos, sino su proximidad física a la mujer, así como sus cualidades psíquicas femeninas —timidez, recato y necesidad de alguien que les sirva de maestro y apoyo—, lo que encendía el amor de los hombres. En cuanto el efebo se hacía hombre dejaba de ser objeto sexual para los individuos del mismo sexo y se convertía quizá, a su vez, en pederasta. El objeto sexual es, por lo tanto, en este caso, como en otros muchos, no el sexo igual, sino la reunión de los dos caracteres sexuales, la transacción en la que se conserva como condición la masculinidad del cuerpo (de los genitales) y que constituye, por decirlo así, el reflejo de la propia naturaleza bisexual[11].

---

[11] El psicoanálisis no ha conseguido aún un total esclarecimiento del origen de la inversión, pero sí ha descubierto el mecanismo psíquico de su formación y enriquecido considerablemente la cantidad de problemas cuya solución debe buscarse en esta materia. En todos los casos investigados hemos descubierto que los invertidos habían pasado en los primeros años de su infancia por una fase de corta, pero intensa, fijación a la mujer (a su madre, en la mayoría de los casos), y una vez dominada ésta, se identifican con la mujer y se toman a sí mismos como fin sexual, esto es, buscan —partiendo del narcisismo— hombres jóvenes y semejantes a su propia persona, a los que quieren amar como la madre les amó a ellos. Hemos encontrado, además, con mucha frecuencia que supuestos invertidos no eran nada insensibles a los encantos femeninos, sino que transportaban, sin solución de continuidad, la excitación producida por la mujer a un objeto masculino. De este modo repetían durante toda su vida el mecanismo por el cual había nacido su inversión. Su obsedente inclinación hacia el hombre se demostraba así condicionada por su incesante fuga de la mujer.

La investigación psicoanalítica se resiste con toda decisión al intento de separar a los homosexuales de los demás hermanos como si se tratase de un grupo diferentemente constituido. Estudiando también las sensaciones sexuales diferentes de las manifestaciones exteriorizadas, el psicoanálisis ha llegado al conocimiento de que todos los hombres son capaces de la elección homosexual de objeto, y que, en lo inconsciente, la han llevado ya a cabo. La orientación de sentimientos libidinosos hacia personas del mismo sexo llega hasta desempeñar como factor de la vida psíquica normal un papel de igual importancia —y de mayor como motivo de enfermedad— que la dirigida hacia el sexo contrario. A la luz del psicoanálisis, aparece la elección de objeto originariamente independiente del sexo del mismo y pudiendo recaer libremente sobre objetos masculinos y femeninos, esto es, tal como se nos presenta en la infancia, en los estados primitivos y en los tiempos protohistóricos. Esta libre elección de objeto sufre después determinadas limitaciones, que, según el sentido en que tenga lugar, producen el tipo normal o el invertido. En sentido psicoanalítico es también, por lo tanto, un problema necesitado de aclaración el interés sexual exclusivo del hombre por la mujer y no tan sólo algo natural, basado últimamente en una atracción química. La decisión de la definitiva conducta sexual tiene lugar después de la pubertad y es el resultado de una serie de factores aún no examinados que son, en parte, de naturaleza constitucional, pero, en parte también, de naturaleza accidental. Sin duda algunos de estos factores pueden llegar a poseer una tal importancia que influencien en su sentido el último resultado. Mas, en general, la multiplicidad de los factores determinantes se reflejaba por la diversidad de *exteriorizaciones* en la conducta sexual manifiesta del hombre. En los tipos de inversión se revela siempre el predominio de constituciones arcaicas y de mecanismos psíquicos primitivos. La validez de la *elección narcisista de objeto* y la *persistencia* de la importancia erótica de la *zona anal* aparecen como sus caracteres esenciales. Pero no se gana nada con separar de los demás, fundándose en tales peculiaridades constitucionales, los tipos extremos de inversión. Lo que en estos se halla como base aparentemente suficiente puede revelarse así mismo, aunque en menor escala, en la constitución de tipos de transición y en los manifiestamente normales. Las diferencias en los resultados pueden ser de naturaleza cualitativa, pero el análisis muestra que las diferencias en las condiciones son sólo cuantitativas. Entre las influencias accidentales de la elección de objeto consideramos digna de tenerse en cuenta la *frustración* (el renunciamiento por una temprana intimidación sexual), y hemos observado así mismo que la existencia de ambos progenitores desempeña un principal papel de esta cuestión. La falta de un padre enérgico durante la infancia favorece con frecuencia la inversión. Puede, por último, establecerse la necesidad de separar totalmente la inversión del objeto sexual de la mezcla de caracteres sexuales (andróginos) en el sujeto, ya que dicha relación no siempre es dependiente la una de la otra.

En un artículo titulado *Zur Nosologie der männlichen Homosexualität. (Homoerotik)* (*Int. Zeitschrift f. Psychoanalyse*, II, 1914), expone Ferenczi toda una interesantísima serie de puntos de vista sobre el problema de la inversión y reprueba muy justamente el que bajo el nombre de "homosexualismo", que él propone sustituir por el de "homoerotismo", se acumule una gran cantidad de estados muy diversos y de diferente valor, tanto orgánica como psíquicamente, sólo por serles común el síntoma de la inversión. Ferenczi demanda, por lo menos, una absoluta diferenciación entre el tipo de *homoerótico subjetivo*, que se considera mujer y se conduce como tal, y el de *homoerótico objetivo*, que

Más inequívocas son las manifestaciones homosexuales en la mujer. Las invertidas activas presentan con gran frecuencia caracteres somáticos y psíquicos masculinos, y los exigen femeninos

---

es por completo viril y sólo ha cambiado el objeto femenino por otro de su mismo sexo. El primero puede reconocerse como un verdadero *grado sexual intermedio* en el sentido que a este término da Magnus Hirschfeld; el segundo, es denominado por Ferenczi —con menos acierto— como un neurótico obsesivo. La rebelión contra la tendencia a la inversión, así como la posibilidad de una influencia psíquica, no aparece más que en el *homoerótico objetivo*. Aun después de reconocer la existencia de estos dos tipos debe añadirse que en muchas personas se encuentra una cierta medida de homoerotismo subjetivo mezclada con otra de homoerotismo objetivo.

En los últimos años han arrojado una gran claridad sobre las condiciones orgánicas del homoerotismo y de los caracteres sexuales los trabajos de los biólogos y, en particular, los de Eugen Steinach.

Por el procedimiento experimental de la castración y el injerto subsiguiente de glándulas seminales del sexo contrario se consiguió, en diversas especies de mamíferos, transformar machos en hembras y viceversa. La transformación se operaba, más o menos completamente, en los caracteres sexuales somáticos y en la conducta psicosexual (por lo tanto, en el erotismo subjetivo y en el objetivo). El centro de donde emana esta fuerza determinante del sexo no es la parte de la glándula seminal que forma las células sexuales, sino el llamado tejido intersticial de dicho órgano (la "glándula de la pubertad").

En un caso se consiguió también en un hombre la transformación sexual. Se trataba de un sujeto que había perdido los testículos a causa de una tuberculosis. En la vida sexual se había comportado como homosexual pasivo y mostraba visibles caracteres sexuales femeninos de naturaleza secundaria (larga cabellera, barba escasa, acumulación de grasas en las mamas y caderas). Tras el injerto de un testículo humano comenzó el sujeto a comportarse masculinamente y a dirigir de un modo normal su libido hacia la mujer. Al mismo tiempo desaparecieron los caracteres somáticos femeninos (A. Lipschütz: *Die Pubertätsdrüse und ihre Wirkungen*, Berna, 1919).

Sería injustificado afirmar que por estas interesantísimas tentativas se colocara la teoría de la inversión sobre una nueva base y también sería prematuro esperar de ellas un camino para la "curación" general de la homosexualidad. W. Fliess ha hecho resaltar acertadamente el hecho de que estos conocimientos experimentales no destruyen el valor de la teoría de la general disposición bisexual de los animales superiores. Más bien me parece verosímil el que de subsiguientes investigaciones de este género resulte una confirmación directa de la bisexualidad supuesta.

en su objeto sexual. De todos modos, también aquí se encuentra, al realizar una detenida observación, una gran variedad.

Fin sexual de los invertidos. —El hecho importante que debe retenerse es el de que el fin sexual no puede considerarse de ningún modo en la inversión como unitario. Entre los hombres no coincide necesariamente con la inversión el comercio *per anum*. La masturbación es con igual frecuencia el fin exclusivo, y las limitaciones del fin sexual —hasta el mero desahogo sentimental— son aquí más frecuentes aún que en el amor heterosexual. En las mujeres son asimismo muy diversos los fines sexuales de las invertidas, y entre ellos parece ser preferido el contacto con las mucosas bucales.

Conclusión. —No nos es posible deducir de lo hasta aquí expuesto una explicación satisfactoria de la génesis de la inversión, pero sí podemos observar que hemos llegado en nuestras investigaciones a un resultado que puede ser de mayor importancia que la solución del problema que nos planteamos en un principio. Resulta que nos habíamos representado como excesivamente íntima la conexión del instinto sexual con el objeto sexual. La experiencia adquirida en la observación de casos tenidos por anormales nos enseña que existe una solución de continuidad entre el instinto y el objeto sexuales, solución en que la homogeneidad de la estructura normal, en el cual el instinto parece traer consigo al objeto, corre peligro de pasar inadvertida. De este modo se nos presenta la necesidad de tener en cuenta en nuestras especulaciones esta separación entre el instinto y el objeto. El instinto sexual es realmente al principio independiente de su objeto y no debe su origen a la excitación emanada de los encantos del mismo.

B. Impúberes y animales como objeto sexual

Mientras que las personas cuyo objeto sexual no pertenece al sexo normalmente apropiado para serlo —esto es, los invertidos— se presentan a los ojos del observador como un conjunto de individuos quizá sin otras taras que la sexual; se nos parece, en cambio, desde un principio, que otros casos en los que son elegidos niños como objeto sexual, como aberraciones aisladas. Sólo excepcionalmente constituyen los impúberes objeto sexual exclusivo; en la mayoría de los casos llegan tan sólo a serlo cuando un individuo cobarde e impotente acepta tal subrogado o cuando un instinto impulsivo (inaplazable) no puede apoderarse en el momento de un objeto más apropiado. De todos modos, arroja cierta luz sobre la naturaleza del indistinto sexual el que permita tanta variación y tal degradación de su objeto, cosa que el hombre, que retiene con mucha mayor energía el suyo, sólo sentiría en el caso más extremo. Análoga observación es válida para el comercio sexual con animales, nada raro entre los campesinos y en el que la atracción sexual rebasa los límites de la especie.

Por razones estéticas se limitaría gustosamente a los enfermos mentales estas y otras graves aberraciones del instinto sexual, pero ello no es posible. La experiencia enseña que en tales enfermos no se observan otras aberraciones de dicho instinto que las mismas que aparecen en individuos sanos y en razas y clases sociales enteras. Así encontramos con desoladora frecuencia atentados sexuales cometidos en niños por sus maestros y guardadores, tan sólo porque a estos se les presentan más ocasiones para ello que a otras personas. Los enfermos mentales muestran únicamente esta aberración en un grado más elevado, o —cosa especialmente significativa— llevada a la exclusividad y sustituyendo a la satisfacción sexual normal.

Esta notabilísima relación de las variantes sexuales a la escala gradual que va desde la salud a la perturbación mental da mucho que pensar. Me inclino a opinar que los problemas que aquí se nos plantea constituyen una indicación de que los impulsos de la vida sexual pertenecen a aquellos que, aun normalmente, son los peor dominados por las actividades anímicas más elevadas. Aquellos individuos que son mentalmente anormales en un aspecto cualquiera, ético o social son, asimismo, —conforme me ha mostrado mi experiencia— anormales en su vida sexual. En cambio, son anormales sexuales muchas personas que en todas las demás cuestiones se hallan dentro del tipo general y han seguido el desarrollo cultural humano, cuyo punto débil continúa siendo la sexualidad.

Como resultado general de estas elucidaciones deduciríamos que bajo una gran cantidad de condiciones y en sorprendentemente muchos individuos la naturaleza y el valor del objeto sexual pasan a un lugar secundario, siendo algo diferente de esto lo esencial y constante en el instinto sexual[12].

II. DESVIACIONES RELATIVAS AL FIN SEXUAL

Como fin sexual normal se considera la conjunción de los genitales en el acto denominado *coito*, que conduce a la solución de la tensión sexual y a la extinción temporal del instinto sexual (satisfacción análoga a la saciedad en el hombre). Pero aun en el acto sexual más normal aparecen visiblemente aquellos agregados cuyo desarrollo conduce a las aberraciones que hemos descrito como *perversiones*. En calidad de fines sexuales preliminares se admiten ciertas relaciones intermediarias (existentes en el camino que conduce al coito) con el objeto sexual, tales como la contemplación y tocamiento del mismo. Estos actos están de una parte ligados con una sensación de placer por sí mismos, y de

---

[12] La máxima diferencia entre la vida erótica del mundo antiguo y la nuestra está quizás en que los antiguos colocaban el acento tónico sobre el instinto mismo y nosotros, en cambio, sobre su objeto. Los antiguos festejaban el instinto y estaban dispuestos a ennoblecer por él un objeto deleznable, mientras que nosotros desdeñamos la actividad sexual en sí y la disculpamos por los méritos del objeto.

otra, elevan la excitación que debe durar hasta la realización del fin sexual definitivo. Uno de estos contactos, el de ambas mucosas labiales, ha obtenido después —constituyendo el beso— un alto valor sexual en muchos pueblos (entre ellos los más civilizados), a pesar de que las partes del cuerpo que en él entran en juego no pertenecen al aparato genital, sino que forman la entrada del digestivo. Existen, pues, factores que permiten ligar las perversiones a la vida sexual normal y son aprovechables para la clasificación de las mismas. Las perversiones son alternativamente o *a)* transgresiones anatómicas de los dominios corporales destinados a la unión sexual; o *b)* detenciones en aquellas relaciones intermedias con el objeto sexual que normalmente deben ser rápidamente recorridas en el camino hacia el fin sexual definitivo.

A. Transgresiones anatómicas

Supervaloración del objeto sexual. —La valoración psíquica que recae sobre el objeto sexual como fin optativo del instinto sexual no se limita, más que rarísimos casos, a los genitales del mismo, sino que se extiende a todo su cuerpo y posee la tendencia de incluir todas las sensaciones emanadas del objeto. Igual supervaloración aparece en el campo psíquico, mostrándose como una ofuscación lógica (debilidad del juicio) respecto a las funciones anímicas y perfecciones del objeto sexual y como una docilidad crédula para con los juicios exteriorizados por el mismo. La credulidad del amor constituye así una fuente importante, si no la primitiva, de la autoridad[13].

---

[13] No puedo menos de recordar aquí la crédula docilidad del hipnotizado para con el hipnotizador, fenómeno que me hace sospechar que la esencia de la hipnosis debe suponerse en la fijación inconsciente de la libido en la persona del hipnotizador (mediante los componentes masoquistas del instinto sexual). Ferenczi ha ligado este carácter de la sugestibilidad con el "complejo de los padres" (*Jahrbuch für Psichoanalytische und Psichopathologische Forschungen*, I, 1909).

Esta supervaloración sexual es aquella que tan mal tolera la limitación del fin sexual a la conjunción de los genitales y ayuda a elevar a la categoría de fin sexual actos en que entran en juego otras partes del cuerpo[14].

La significación del factor supervaloración puede estudiarse fácilmente en el hombre, cuya vida erótica ha llegado a ser asequible a la investigación, mientras que la de la mujer, en parte por las limitaciones impuestas por la cultura, y en parte por la silenciación convencional y la insinceridad de las mujeres, permanece aún envuelta en impenetrable obscuridad[15].

Empleo sexual de las mucosas bucales y labiales. —El empleo de la boca como órgano sexual se considera una perversión cuando los labios o la lengua de una persona entran en contacto con los genitales de la otra y no, en cambio, cuando ambas mucosas labiales se tocan una con otra. En esta excepción yace la conexión con lo normal. El que abomina de las otras prácticas, usadas quizá desde los más primitivos tiempos de la humanidad, considerándolas como perversiones, obedece a una bien definida sensación de *repugnancia* que le protege de la aceptación de tal fin sexual. Los límites de esta repugnancia son, sin embargo, puramente convencionales; individuos que besan con pasión los labios de una bella muchacha no podrían emplear sin repugnancia su cepillo de dientes, aun no teniendo

---

[14] Hay que observar, sin embargo, que la supervaloración sexual no se desarrolla en todos los mecanismos de la elección de objeto y que más adelante conoceremos una más directa explicación del papel sexual desempeñado por las otras partes del cuerpo. El factor del "hambre de excitaciones", aplicado por Hoche y J. Bloch a la explicación de la extensión del interés sexual a partes del cuerpo distintas de las genitales, no nos parece merecer esta significación. Los distintos caminos que la libido sigue se comportan entre sí desde un principio como vasos comunicantes, y hay que tener en cuenta el fenómeno de la corriente colateral.

[15] La mujer omite en casos típicos una supervaloración sexual del hombre, pero no procede igual para con sus hijos.

razón ninguna para suponer que su propia cavidad bucal, que no les produce asco, está más limpia que la de la muchacha. Habría que considerar la repugnancia como uno de los poderes que han realizado la limitación del fin sexual. Estos poderes se detienen ante los genitales del sexo contrario, pues, pueden ser, por sí mismos, objeto de repugnancia, y esta conducta corresponde a las características de todos los histéricos (especialmente de los de sexo femenino). La fuerza del instinto sexual se complace en dedicarse al vencimiento de esta repugnancia.

Empleo sexual del orificio anal. —En el empleo sexual del ano se ve más claramente que en el caso anterior el hecho de ser la repugnancia lo que imprime a este fin sexual el carácter de perversión. Espero no se me tome como inspirado por un prejuicio teorizante la observación de que el fundamento de tal repugnancia, o sea, que dicha parte del cuerpo sirve para la excreción y entra en contacto con lo repugnante en sí —los excrementos—, no es mucho más sólida que el que la dan las muchachas histéricas de su repugnancia ante los genitales masculinos, esto es, que sirven para la expulsión de la orina.

El papel sexual de la mucosa anal no se halla en ningún modo limitado al comercio sexual entre individuos masculinos. Su preferencia no constituye nada característico de la inversión. Parece, al contrario, que la *poedicatio* del hombre debe su papel a su analogía con el acto realizado con la mujer, al paso que la masturbación recíproca es el fin sexual más frecuente en los invertidos.

Importancia de otras partes del cuerpo. —La extensión sexual a otras partes del cuerpo no ofrece en ninguna de sus variantes nada esencialmente nuevo, ni añade nada para el conocimiento del instinto sexual, que en esto sólo exterioriza su intención de apoderarse del objeto sexual en su totalidad. Mas, al lado de la supervaloración sexual, aparece en las extralimitaciones anatómicas un segundo factor, extraño al conocimiento vulgar de estas cuestiones. Determinadas partes del cuerpo como las mucosas bucales y anales, que aparecen siempre en estas prácticas, reclaman un derecho a ser consideradas y tratadas como genitales. Ya veremos cómo esta pretensión queda justificada por el desarrollo del instinto sexual y satisfecha en la sintomatología de ciertos estados patológicos.

Sustitución inapropiada del objeto sexual. Fetichismo. —Una particularísima impresión nos es producida por aquellos casos en que el objeto sexual normal es sustituido por otro relacionado con él, pero al mismo tiempo totalmente inapropiado para servir al fin sexual normal. Quizá hubiésemos hecho mejor, desde el punto de vista del orden expositivo, en citar este interesantísimo grupo de aberraciones del instinto sexual al tratar de las desviaciones con respecto al objeto, pero lo aplazamos hasta haber expuesto el factor de la supervaloración sexual, del cual dependen estos fenómenos con los que está ligado un abandono al fin sexual.

El sustitutivo del objeto sexual es, en general, una parte del cuerpo muy poco apropiada para fines sexuales (los pies o el cabello) o un objeto inanimado que está en visible relación con la persona sexual y especialmente con la sexualidad de la misma (prendas de vestir, ropa blanca). Este sustitutivo se compara, no sin razón, con el fetiche en el que el salvaje ve corporeizado a su dios.

El tipo de transición a los casos de fetichismo con renuncia a un fin sexual normal o perverso lo constituyen aquellos casos en los que, para que el fin sexual haya de ser realizado, es preciso que el objeto sexual posea una condición fetichista (un determinado color de cabello, un traje especial o hasta un defecto físico). Ninguna otra de las variantes del instinto sexual, limítrofes ya con lo patológico, merece tanto nuestra atención como esta, por la singularidad de los fenómenos cuya aparición motiva. Para todos estos casos parece constituir una condición previa la disminución del impulso hacia el fin sexual normal (debilidad funcional del aparato sexual)[16]. La conexión con lo normal se logra mediante la necesaria supervaloración sexual psicológica del objeto sexual que se extiende inevitablemente a todo lo que con él se halla en conexión asociativa. Así, pues, es regularmente propio del amor normal un cierto grado de tal fetichismo, sobre todo en aquellos estadios del enamoramiento en los que el fin sexual normal es inasequible o en los que su realización aparece aplazada.

> ¡Procúrame un pañuelo que haya ceñido su seno,
> algo con que alimentar mi amor!
>
> (FAUSTO, GOETHE).

El caso patológico surge cuando el deseo hacia el fetiche se fija pasando sobre esta condición y se coloca en lugar del fin normal o cuando el fetiche se separa de la persona determinada y deviene por sí mismo como único fin sexual. Estas son las condiciones generales para el paso de simples variantes del instinto sexual a aberraciones patológicas.

En la elección del fetiche se demuestra —como Binet fue el primero en afirmar y ha sido confirmado después por numerosas pruebas— la influencia continuada de una intimidación sexual experimentada, la mayor parte de las veces, en la primera infancia, fenómeno comparable a la proverbial capacidad de perdurar del primer amor en los normales. (*On revient toujours à ses premiers amours*). Tal motivación es especialmente clara en los casos de simple condicionalidad fetichista del objeto sexual.

---

[16] Esta debilidad correspondería a la hipótesis constitucional. El psicoanálisis ha demostrado como condición accidental la temprana intimidación sexual que aparta el fin sexual normal e incita a la sustitución del mismo.

Más adelante volveremos a encontrar en otras cuestiones la importancia de las tempranas impresiones sexuales[17].

En otros casos es una asociación de ideas simbólicas, casi siempre inconsciente en el sujeto, lo que le ha conducido a la sustitución del objeto por el fetiche. Los caminos seguidos para establecer estas asociaciones no siempre pueden indicarse con seguridad (el pie es, por ejemplo, un antiquísimo símbolo sexual que aparece ya en el mito)[18], y "las pieles" deben quizá su papel de fetiche a la asociación con el cabello que recubre el *mons veneris*. Mas tampoco este simbolismo parece ser siempre independiente de sucesos sexuales infantiles[19].

---

[17] Una investigación psicoanalítica más profunda ha conducido una justificada crítica de la afirmación de Binet. Todas las observaciones relativas a esta cuestión coinciden en que cuando el fetiche se muestra por vez primera, aparece ya dueño del interés sexual, sin que por las circunstancias accesorias pueda comprenderse cómo ha llegado a ello. Además, todas estas "tempranas" impresiones sexuales de las que habla Binet tienen lugar en la época posteriormente inmediata a los cinco o seis años, al paso que el psicoanálisis permite dudar de que fijaciones patológicas puedan constituirse tan tarde. El verdadero estado de las cosas es que tras de los primeros recuerdos de la aparición del fetiche yace una perdida y olvidada fase del desarrollo sexual que es sustituida por aquel como por un "recuerdo encubridor". La transformación en fetichismo de esta fase de los primeros años infantiles, así como la elección del fetiche mismo, están determinadas constitucionalmente.

N. del Traductor. —Sobre los "recuerdos encubridores" véase el tomo I de estas *Obras Completas*, titulado *Psicopatología de la vida cotidiana*.

[18] Correlativamente son el zapato o la zapatilla, símbolos de los genitales femeninos.

[19] El psicoanálisis ha llenado una de las lagunas aún existentes en la inteligencia del fetichismo, señalando la importancia de un *deseo olfativo* coprófilo, perdido por represión en la elección de fetiche. El pie y el cabello son objetos de penetrante olor que, tras la renuncia a la sensación olfativa devenida ya desagradable, son elevados a la categoría de fetiches. En la perversión correspondiente al fetichismo en que el pie sustituye el fetiche, el objeto sexual es, en efecto, sólo el pie sucio y maloliente. Otro dato para la explicación de la preferencia fetichista del pie

B. *Fijación de los fines sexuales preliminares*

Aparición de nuevos fines sexuales. —Todas las circunstancias externas e internas que dificultan o alejan la consecución del fin sexual normal (impotencia, coste elevado del objeto sexual, peligros del acto sexual) apoyan, como es comprensible, la tendencia a permanecer en los actos preparativos, convirtiéndolos en fines sexuales que pueden sustituirse al normal. Un penetrante examen muestra siempre que estos nuevos fines se hallan todos —hasta las de más extraña apariencia— indicados en el acto sexual normal.

Tocamiento y contemplación. —Para la consecución del fin sexual normal es indispensable —por lo menos al hombre— una cierta medida de tocamiento. Son, además, universalmente conocidos el aumento de excitación y la nueva fuente de placer que aportan las sensaciones del contacto con la epidermis del objeto sexual. Así, pues, la detención en el tocar no puede apenas contarse entre las perversiones cuando el acto sexual continúa luego hasta su fin.

Igual sucede con la contemplación derivada del tocamiento en último término. La impresión óptica es el camino por el que más frecuentemente es despertada la excitación libidinosa, y con ella —si es permisible esta manera teleológica de considerar la cuestión— cuenta la selección dejando desarrollarse hasta la belleza al objeto sexual. La ocultación del cuerpo exigida por la civilización mantiene despierta la curiosidad sexual, que

---

resulta de las teorías sexuales infantiles que más adelante expondremos. El pie sustituye al pene que el niño hecha extrañamente de menos en la mujer.

En algunos casos de esta clase de fetichismo pudo demostrarse que el instinto de contemplación dirigido originariamente sobre los genitales y que quería acercarse a ellos, siguiendo una línea ascendente, fue detenido en su camino por prohibición o represión y quedó fijado de este modo en el pie o en el calzado, eligiéndolo como fetiche. En este caso los genitales femeninos fueron representados, conforme a la suposición infantil, como masculinos.

tiende a contemplar el objeto por descubrimiento de las partes ocultas, pero que puede derivarse hacia el arte (sublimación) cuando es posible arrancar su interés de los genitales y dirigirlo a la forma física y total[20]. Una detención en este fin sexual intermediario de la contemplación sexualmente acentuada es, en cierto grado, patrimonio de todos los normales, y hasta es lo que les da la posibilidad de dirigir cierta cantidad de su libido hacia fines artísticos más elevados. Por el contrario, la contemplación constituye una perversión: *a)* cuando se limita exclusivamente a los genitales; *b)* cuando aparece ligada con el vencimiento de una repugnancia (*voyeurs*, espectadores del acto de excreción); *c)* cuando en vez de preparar el fin sexual normal, lo reprime. Esto último es lo que constituye el carácter típico de los exhibicionistas, los cuales, si se me permite concluir un resultado general del único caso de esta perversión que me ha sido posible someter al análisis, muestran sus genitales para que, en reciprocidad, les sean enseñados los del sexo contrario[21].

En la perversión cuya tendencia es la de contemplar y ser contemplado resalta un curioso carácter que nos ocupará aún más intensamente en las aberraciones que a continuación examinaremos. El fin sexual se encuentra aquí en un doble desarrollo, en forma *activa* y *pasiva*.

---

[20] Me parece indudable que el concepto de "lo bello" arraiga en la excitación sexual y significa originariamente lo que excita sexualmente ("los encantos"). Con ello está relacionado el hecho de que no podemos encontrar nunca "bellos" los genitales, cuya contemplación hacer surgir la máxima excitación sexual.

N. del Traductor. —La palabra alemana *Reiz* tiene la doble significación de 'encanto' y 'estímulo'.

[21] El análisis revela en esta perversión, como en la mayoría de las demás, una inesperada diversidad de motivos y significaciones. La obsesión exhibicionista, por ejemplo, depende íntimamente del complejo de castración, acentuando de continuo la integridad de los propios genitales (masculinos) y renovando la satisfacción infantil experimentada por la falta de miembro en los genitales femeninos.

El poder que se opone al deseo de contemplar y que es vencido a veces por este es el pudor (como antes la repugnancia).

Sadismo y masoquismo. —Las dos más frecuentes e importantes perversiones, esto es, la tendencia a causar dolor al objeto sexual y su recíproca, han sido denominadas, respectivamente en sus dos formas, activa y pasiva, por Krafft-Ebing como *sadismo* y *masoquismo*. Otros autores prefieren denominarlas *algolagnia*, nombre que hace resaltar el placer de causar dolor, la crueldad, mientras que el nombre escogido por Krafft-Ebing acentúa, o pone en primer término, el placer de sufrir toda clase de humillaciones y sometimientos. Las raíces de la algolagnia activa o sadismo pueden hallarse fácilmente en el sujeto normal. La sexualidad de la mayor parte de los hombres muestra una mezcla de *agresión*, de tendencia a dominar, cuya significación biológica estará quizá en la necesidad de vencer la resistencia del objeto sexual de un modo distinto a por los actos de cortejo. El sadismo correspondería entonces a un componente agresivo del instinto sexual, exagerado, devenido independiente, y colocado en primer término por medio de un desplazamiento. El concepto del sadismo comprende desde una posición activa y dominadora con respecto al objeto sexual hasta la exclusiva conexión de la satisfacción con el sometimiento y maltrato del mismo. En sentido estricto, solamente el último caso extremo puede denominarse perversión.

De un modo análogo, el concepto de masoquismo reúne todas las actitudes pasivas con respecto a la vida erótica y al objeto sexual, siendo la posición extrema la conexión de la satisfacción con el voluntario padecimiento de dolor físico o anímico, producido por el objeto sexual. El masoquismo, como perversión, parece alejarse más del fin sexual normal que la perversión contraria; es dudoso si aparece originariamente o si más bien se desarrolla siempre partiendo del sadismo y por una transformación de este. Con frecuencia puede verse que el masoquismo no es otra cosa que una continuación del sadismo dirigida contra el propio *yo*, que se coloca ahora en el puesto del anterior objeto sexual. El análisis clínico de los casos extremos de perversión masoquista lleva siempre a revelar la acción conjunta de una larga serie de factores que exageran la predisposición original pasiva y le hacen experimentar una fijación (complejo de castración, conciencia de la culpa). El dolor que en esta perversión ha de ser superado constituye, como antes la repugnancia y el pudor, la resistencia que se coloca enfrente de la libido.

El sadismo y el masoquismo ocupan entre las perversiones un lugar particular, pues la antítesis de actividad y pasividad que constituye su fundamento pertenece a los caracteres generales de la vida sexual.

La historia de la civilización humana nos enseña, sin dejar lugar a dudas, que la crueldad y el instinto sexual están íntimamente ligados; pero en las tentativas de explicar esta conexión no se ha ido más allá de hacer resaltar los elementos agresivos de la libido. Según algunos autores, este elemento agresivo mezclado al instinto sexual constituye un resto de los placeres caníbales, esto es, una participación del aparato de aprehensión que está al servicio de la satisfacción de la otra gran necesidad, más antigua ontogénicamente[22]. Se ha afirmado también que cada dolor lleva en sí y por sí mismo la posibilidad de una sensación de placer. Por lo pronto, nos contentaremos con hacer constar nuestra creencia de que la explicación dada hasta ahora a esta perversión no es, ni con mucho, satisfactoria y que es probable que en ella se reúnan varias tendencias psíquicas para producir un solo efecto.

La particularidad más singular de esta perversión está, sin embargo, constituida por el hecho de que sus dos formas, activa

---

[22] Compárense nuestras posteriores explicaciones sobre la fase pregenital del desarrollo sexual en las que queda confirmada esta opinión.

y pasiva, aparecen siempre conjuntamente en la misma persona. Aquel que encuentra placer en producir dolor a otros en la relación sexual está también capacitado para gozar del dolor que puede serle ocasionado en dicha relación como de un placer. Un sadista es siempre, al mismo tiempo, un masoquista, y viceversa. Lo que sucede es que una de las dos formas de la perversión, la activa o la pasiva, puede hallarse más desarrollada en el individuo y constituir el carácter dominante de su actividad sexual[23].

Vemos así aparecer regularmente determinadas tendencias perversas como *pares contradictorios*, hecho cuya alta importancia teórica veremos más adelante. Nos da, además, extraordinaria luz en esta cuestión el hecho de que la existencia del par contradictorio sadismo-masoquismo no se puede derivar directamente de la existencia de una mezcla agresiva. En cambio, se siente una inclinación a relacionar tales contradicciones simultáneas con la contradicción de masculino y femenino, que se presenta en la bisexualidad, contradicción que en el psicoanálisis queda reducida a la de activo y pasivo.

III. Generalidades sobre las perversiones en conjunto

Variación y enfermedad. —Los médicos que han estudiado las perversiones en casos típicos y bajo condiciones especiales se han inclinado, naturalmente, a atribuirlas al carácter de un signo patológico o degenerativo, como ya vimos al tratar de la inversión. Sin embargo, es más fácil demostrar aquí, en los casos

---

[23] En lugar de muchas pruebas de esta afirmación, citaré tan sólo un párrafo de Havelock Ellis (*Das Geschlechtsgefühl*, 1913). "Todos los casos conocidos de sadismo y masoquismo, incluso los citados por Krafft-Ebing, revelan —como ya han demostrado Colin, Scott y Féré— huellas de ambos grupos de fenómenos en el mismo individuo".

de inversión, el error de estas opiniones. La experiencia cotidiana muestra que la mayoría de estas extralimitaciones, o por lo menos las menos importantes entre ellas, constituyen parte integrante de la vida sexual del hombre normal y son juzgados por este del mismo modo que otras de sus intimidades. En circunstancias favorables, también el hombre normal puede sustituir durante largo tiempo el fin sexual normal por una de estas perversiones o poseerlas simultáneamente. En ningún hombre normal falta una agregación de carácter perverso al fin sexual normal, y esta generalidad es suficiente para hacer notar la impropiedad de emplear el término "perversión" en un sentido peyorativo. Precisamente en los dominios de la vida sexual se tropieza con especiales dificultades, a veces insolubles cuando se quiere establecer una frontera definitiva entre las simples variaciones dentro de la amplitud fisiológica, y los síntomas patológicos.

En algunas de estas perversiones es, sin embargo, de tal naturaleza el nuevo fin sexual que necesitan ser estudiadas separadamente. Ciertas perversiones se alejan tanto de lo normal que no podemos por menos de declararlas patológicas, particularmente aquellas —coprofagia, violación de cadáveres— en las cuales el fin sexual produce asombrosos rendimientos en lo que respecta al vencimiento de las resistencias (pudor, repugnancia, espanto o dolor). Pero tampoco en estos casos puede esperarse con seguridad hallar regularmente en el sujeto otras anormalidades de carácter grave o una perturbación mental. Tampoco aquí puede negarse el hecho de que personas de conducta normal en todas las actividades pueden, sin embargo, presentar caracteres patológicos en lo relativo a la vida sexual y bajo el dominio del más desenfrenado de todos los instintos. En cambio, una manifiesta anormalidad en otras relaciones vitales se halla siempre en conexión con una conducta sexual anormal.

En la mayoría de los casos no encontramos el carácter patológico de la perversión en el contenido del nuevo fin sexual, sino en una relación con el normal. Cuando la perversión no aparece al lado de lo normal (fin sexual y objeto), sino que, alentado por circunstancias que la favorecen y que se oponen en cambio a las tendencias normales, logra reprimir y sustituir por completo a estas últimas, esto es, cuando presenta los caracteres de exclusividad y fijación, es cuando podremos considerarla, justificadamente, como un síntoma patológico.

Participación psíquica en las perversiones. —Quizá precisamente en las más horribles perversiones es donde puede reconocerse la máxima participación psíquica en la transformación del instinto sexual. Se produce aquí una labor anímica a la que —no obstante sus espantosos resultados— no se puede negar la calidad de una idealización del instinto. La omnipotencia del amor no se muestra quizá en ningún otro lado tan enérgica como en estas aberraciones. Lo más alto y lo más bajo se halla reunido más íntimamente que en ningún otro lado como en la sexualidad. ("Desde el cielo, a través del mundo, hasta el infierno". *Fausto*, de Goethe).

Dos resultados. —En el estudio de las perversiones hemos llegado al conocimiento de que el instinto sexual tiene que luchar contra determinados poderes psíquicos que se le oponen en calidad de resistencias, siendo entre ellos los que más claramente se muestran: el pudor y la repugnancia. Aparece, pues, justificada la sospecha de que estos poderes participan en la labor de mantener el instinto dentro de los límites de lo considerado como normal y, cuando se desarrollan tempranamente, antes que el instinto sexual alce su plena fuerza, son los que marcan la dirección del desarrollo del mismo[24].

---

[24] Estos poderes (repugnancia, pudor, moralidad) que limitan el desarrollo de la sexualidad pueden considerarse también como residuos históricos de restricciones exteriores experimentadas por el instinto sexual en la psicogénesis de la humanidad. Se observa que aparecen en el desarrollo del individuo en

Hemos observado también que algunas de las perversiones investigadas sólo llegan a ser comprensibles por la conjunción de varios motivos. Cuando pueden someterse al análisis, esto es, a una descomposición, es señal de que son de naturaleza compuesta. De aquí podemos deducir que el instinto sexual no es quizá algo simple, sino compuesto, y cuyos componentes vuelven a separársenos unos de otros en las perversiones. De este modo la clínica habría atraído nuestra atención sobre *fusiones* que en la uniforme conducta normal habrían perdido su expresión[25].

IV. El instinto sexual de los neuróticos

El psicoanálisis. —Una importantísima aportación para el conocimiento del instinto sexual en personas que se hallan próximas a lo normal nos es dada por una fuente a la que sólo podemos llegar por un determinado camino. No hay más que un medio de obtener resultados fundamentales y acertados sobre la vida sexual de los denominados psiconeuróticos (histeria, neurosis obsesiva, la falsamente denominada "neurastenia", la *dementia praecox* y la paranoia). Este medio es someterlos a la investigación psicoanalítica de la que se sirve el procedimiento curativo que J. Breuer y yo comenzamos a emplear en 1893 y que denominamos por entonces "catártico".

---

una época determinada y como obedeciendo espontáneamente a la llamada de la educación y de otras influencias ejercidas desde el exterior sobre el sujeto.

[25] Observaremos con anticipación sobre el origen de las perversiones que existen razones para suponer que antes de la fijación de las mismas, como sucede en el fetichismo, había un principio de desarrollo sexual normal. La investigación analítica ha podido demostrar, en casos aislados, que había de conducir al complejo de Edipo. Al sucumbir este desarrollado, que también la perversión es el retraso o detención de un desarrollo a la represión, aparece de nuevo el de aquellos componentes sexuales que en la disposición individual poseen mayor energía.

Debo anticipar aquí y repetir con respecto a otras publicaciones mías que estas psiconeurosis reposan, por lo que de mi experiencia clínica he podido concluir, sobre fuerzas instintivas de carácter sexual. No quiero decir con esto que la energía del instinto sexual proporcione una ayuda a las fuerzas que mantienen los fenómenos patológicos (síntomas). Mi afirmación se refiere únicamente a que esta participación es la única constante y constituye la fuente energética más importante de la neurosis, de manera que la vida sexual de dichas personas se exterioriza exclusiva, predominante y parcialmente en estos síntomas. La prueba de esta afirmación ha sido dada por una cantidad, cada día mayor, de psicoanálisis verificados durante veinticinco años en personas histéricas o atacadas de otras neurosis diferentes. De los resultados de estos análisis he dado cuenta en otros libros y seguiré dándola en mis publicaciones sucesivas[26].

El psicoanálisis da fin a los síntomas histéricos, aceptando la hipótesis de que son la sustitución o transcripción de una serie de procesos, inclinaciones o deseos anímicos afectivos, a los que un particular proceso psíquico (la *represión*) ha impedido llegar a su normal exutorio por medio de la actividad anímica consciente. Estos pensamientos retenidos en estado inconsciente tienden a una exteriorización correspondiente a su valor afectivo, a una derivación, y la encuentran en la histeria por el proceso de la conversión en fenómenos somáticos, esto es, en síntomas histéricos. Por la nueva transformación —con el auxilio de una técnica particular— de tales síntomas a representaciones afectivas conscientes se puede hallar la naturaleza y el origen de estas formaciones psíquicas anteriormente inconscientes.

---

[26] Añadiré aquí una afirmación que, aunque modifica en algo lo expresado en el texto, no lo contradice, sino que lo completa. Es esta afirmación se refiere a que los síntomas nerviosos se fundan, por un lado, en los instintos libidinosos y, por otro, en la reacción del *yo* contra los mismos.

Resultados del psicoanálisis. —De este modo se ha llegado al conocimiento de que los síntomas representan un sustitutivo de tendencias que toman su fuerza de las fuentes del instinto sexual. De completo acuerdo con esto se halla lo que sabemos sobre los histéricos, tomados aquí como ejemplo de los psiconeuróticos en general, sobre su carácter antes de contraer la enfermedad y sobre las causas que la originaron. El carácter histérico deja revelarse una *represión sexual* que sobrepasa la medida normal, y una mayoración de aquellas resistencias contra el instinto sexual, que se nos han dado a conocer como pudor, repugnancia y moral, manifestándose en estos enfermos una aversión instintiva a ocupar su pensamiento en la reflexión sobre las cuestiones sexuales, aversión que en los casos típicos da el resultado de conservarle en una total ignorancia sexual hasta los años de la madurez sexual[27].

Este rasgo característico, esencial de la histeria, queda encubierto con frecuencia a la vista del observador vulgar por el segundo factor constitucional de la enfermedad, esto es, por el poderoso desarrollo del instinto sexual; pero el análisis psicológico logra descubrirlo siempre, y resuelve el misterio lleno de contradicciones de la histeria por el establecimiento del par contradictorio, formado por una necesidad sexual superior a la normal y una exagerada repulsa de todo lo sexual.

La ocasión favorable a la aparición de la enfermedad surge en las personas predispuestas a la histeria cuando, como resultado del propio proceso de maduración o de circunstancias exteriores, se presenta en ellas la exigencia sexual de un modo imperativo. Entre el apremio del instinto y la resistencia de la repulsa sexual se coloca entonces, como recurso, la enfermedad, que no resuelve

---

[27] En *Estudios sobre la histeria* (1895) J. Breuer dice de una sus pacientes, a quien aplicó el método catártico, lo siguiente: "El factor sexual estaba en ella asombrosamente poco desarrollado".

el conflicto, sino que intenta eludirlo por la transformación de las tendencias libidinosas en síntomas. Constituye tan sólo una excepción aparente el que una persona histérica —por ejemplo, un hombre— haya contraído su enfermedad a causa de una emoción trivial o de un conflicto, en cuyo punto medio no se halle el interés sexual. El psicoanálisis puede entonces demostrar regularmente que el componente sexual del conflicto es el que ha hecho posible la aparición de la enfermedad, privando a los procesos psíquicos de su normal exutorio.

Neurosis y perversión. —Gran parte de las contradicciones surgidas contra estas opiniones mías se explica por el hecho de que se considera coincidente la sexualidad, de la que yo derivo los síntomas psiconeuróticos, con el instinto sexual normal. Pero el psicoanálisis nos aclara aún más esta cuestión, mostrándonos que los síntomas no se originan nunca (o por lo menos exclusiva y predominantemente) a costa del instinto sexual denominado normal, sino que representan una exteriorización de aquellos instintos que se considerarían como *perversos* en el más amplio sentido de la palabra, y se exteriorizaran directa y conscientemente en propósitos fantaseados o en actos. Los síntomas se originan, por lo tanto, en parte, a costa de la sexualidad anormal. *La neurosis es, por decirlo así, el negativo de la perversión*[28].

El instinto sexual de los psiconeuróticos muestra todas las aberraciones que hemos estudiado como desviaciones de la vida sexual normal y manifestaciones de una vida sexual patológica.

a) En la vida anímica inconsciente de todos los neuróticos se encuentran sentimientos de inversión-fijación de la libido

---

[28] Las fantasías de los perversos, claramente conscientes, y que, en circunstancias favorables, pueden transformarse en actos; los temores obsesivos de los paranoicos, proyectados en sentido hostil sobre otras personas; y las fantasías inconscientes de los histéricos, descubiertas detrás de sus síntomas por el psicoanálisis, coinciden en su contenido hasta en los detalles aislados.

sobre personas del mismo sexo. Sería necesario un profundo y detenido estudio para recoger toda la importancia de este factor en la constitución del cuadro de la enfermedad. Mas, por ahora, nos limitaremos a asegurar que la tendencia inconsciente a la inversión no falta nunca en la histeria masculina y presta los mayores servicios para su explicación[29].

b) En los psiconeuróticos aparecen inconscientes, y como motivo de la formación de síntomas, todas aquellas tendencias a las extralimitaciones anatómicas que hemos estudiado antes, y entre ellas, con particular frecuencia e intensidad, aquellas que hacen elevarse a la categoría de genitales las mucosas bucales y anales.

c) Un papel importantísimo entre los motivos de formación de síntomas psiconeuróticos es desempeñado por los instintos parciales que aparecen casi siempre formando pares antitéticos y que hemos estudiado como aportadores de nuevos fines sexuales, esto es, los instintos de contemplación y de exhibición, y el instinto pasivo y activo de crueldad. La presencia de este último instinto es indispensable para la comprensión de la naturaleza patológica de los síntomas y rige casi siempre una parte de la conducta social del enfermo. Por medio de esta conexión de la libido con la crueldad tiene lugar la transformación del amor en odio y de los sentimientos cariñosos en hostiles que es característica en una gran serie de neurosis, especialmente en la paranoia.

El interés de estos resultados queda acrecentado por determinadas peculiaridades de los hechos objeto de este estudio:

---

[29] La psiconeurosis aparece reunida, muy a menudo, con a la inversión manifiesta, y en estos casos, la corriente heterosexual ha sufrido una total represión. El doctor W. Fliess, de Berlín, ha sido el primero en llamarme la atención sobre la generalidad de esta tendencia a la inversión en los psiconeuróticos, tendencia que yo había descubierto ya en casos individuales. Este hecho, al que no se ha concedido hasta ahora toda la importancia que posee, debiera influir decisivamente en todas las teorías sobre la homosexualidad.

α) Cuando se descubre en lo inconsciente uno de estos instintos, apto para formar con su contrario uno de los pares de que hemos hablado, aparece siempre actuando simultáneamente dicho instinto antitético. Toda perversión "activa" queda así acompañada siempre en estos casos del factor antagónico correspondiente. El sujeto que es exhibicionista inconsciente, es al mismo tiempo *voyeur*; y aquel que sufre de las consecuencias de una represión de tendencias sadistas, sufre también de síntomas producidos por fuentes de inclinación masoquista. La coincidencia absoluta con la conducta de la perversión "positiva" correspondiente es un dato que debe tenerse muy en cuenta. Mas en el cuadro de la enfermedad juegan indistintamente una u otra de las tendencias antitéticas el papel dominante.

ß) En los casos definidos de psiconeurosis, sólo raras veces se encuentra desarrollado uno solo de estos instintos perversos. En general, se halla una gran cantidad de los mismos totalmente desarrollados y aparecen huellas de todos los restantes, pero la intensidad de cada uno es independiente del desarrollo de los demás. También para esto nos proporciona el estudio de las perversiones positivas la exacta pareja.

V. Instintos parciales y zonas erógenas

Si examinamos conjuntamente lo que hemos llegado a conocer por medio de la investigación de las perversiones positivas y negativas, estaremos próximos a referirlas a una serie de "instintos parciales", que no constituyen nada primario, sino que permiten su subsiguiente análisis. Bajo el concepto de "instinto" no comprendemos primero más que la representación psíquica de una fuente de excitativa, continuamente corriente o intrasomática, a diferencia del "estímulo" producido por excitaciones aisladas procedentes del exterior. Instinto es, pues, uno de los conceptos de separación entre lo psíquico y lo físico.

La hipótesis más sencilla y próxima sobre la naturaleza de los instintos sería la de que no poseen por sí mismos cualidad alguna, debiendo considerarse tan sólo como cantidades de exigencia de trabajo para la vida psíquica. Lo que diferencia a los instintos unos de otros y les da sus cualidades específicas es su relación con sus *fuentes* somáticas y sus *fines*.

La fuente del instinto es un proceso excitante en un órgano, y su fin más próximo está en hacer cesar la excitación de dicho órgano.

Otra hipótesis interina de la teoría del instinto, a la cual no nos podemos sustraer, es la de que de los órganos del cuerpo emanan excitaciones de dos clases, fundadas en diferencias de naturaleza química. Una de estas clases de excitación la designamos como la específicamente sexual y el órgano correspondiente como *zona erógena* del instinto parcial de ella emanado[30].

En las tendencias perversas que dan a la cavidad bucal y al orificio anal una significación sexual, el papel de la zona erógena se descubre sin dificultad ninguna, pues puede observarse con toda precisión que dicha zona se conduce como una parte del aparato sexual. En la histeria, estas partes del cuerpo y las mucosas que a ellas corresponden llegan a ser, bajo la excitación de los procesos sexuales normales, la residencia de nuevas sensaciones y transformaciones de la inervación —y hasta de procesos que pueden compararse a la erección— al igual que los genitales propiamente dichos.

La importancia de las zonas erógenas como aparatos accesorios y subrogados de los genitales aparece en la histeria más claramente que en ninguna otra de la psiconeurosis, con lo cual no quiero afirmar que en otras formas de la enfermedad deba

---

[30] No es fácil justificar aquí estas hipótesis procedentes del estudio de una determinada clase de enfermedades neuróticas. Por otro lado, es imposible decir nada sobre los instintos sin tenerlas en cuenta.

concedérseles una menor atención. Lo que pasa es que en estas otras formas aparece menos claramente su actuación, porque en ellas (neurosis obsesiva, paranoia) la formación de síntomas tiene lugar en las regiones del aparato psíquico más alejadas de los puntos centrales para el dominio físico. En la neurosis obsesiva, lo más singular es la importancia de los impulsos, los cuales crean nuevos fines sexuales y aparecen independientes de las zonas erógenas. Sin embargo, en el placer de contemplación y exhibición, el ojo constituye una zona erógena, y en los componentes de dolor y de crueldad del instinto sexual la que adopta esta misión es la piel, que en determinadas partes del cuerpo se ha diferenciado para constituir los órganos de los sentidos y ha sufrido modificaciones hasta formar las mucosas, siendo, por lo tanto, la zona erógena[31].

VI. Explicación del aparente predominio de la sexualidad perversa en los psiconeuróticos

Las explicaciones anteriores han falseado quizá el concepto de la sexualidad de los psiconeuróticos. Parece resultar de ellas que la disposición constitucional de los mismos los aproxima a la perversión, alejándoles, en cambio, otro tanto de lo normal. Es muy posible, en efecto, que la disposición constitucional de estos enfermos, además de una exagerada cantidad de represión sexual y una exagerada energía del instinto sexual, contenga una extraordinaria inclinación perversa en su más amplio sentido. Pero la investigación de los casos más graves enseña que esta última hipótesis no es absolutamente necesaria o, por lo menos, no debe contarse con ella obligadamente en el juicio

---

[31] Debe recordarse aquí la teoría de Moll, que descompone el instinto sexual en instinto de contrectación e instinto de detumescencia; contrectación significa una necesidad de contacto epidérmico.

de los efectos morbosos. En la mayoría de los psiconeuróticos aparece la enfermedad después de la época de la pubertad y bajo las exigencias de la vida sexual normal. Contra esta se alza ante todo la represión o surge la enfermedad a causa de que la libido ve negada su satisfacción por medios normales. En ambos casos la libido se conduce como una corriente, cuyo lecho principal fuera desplazado, y llenase los caminos colaterales que hasta el momento habían permanecido quizá vacíos. De este modo, la tendencia de los psiconeuróticos a las perversiones —tan intensa aparentemente y siempre negativa— está quizá colateralmente condicionada o, por lo menos, colateralmente reforzada. El hecho es que la represión sexual debe colocarse como factor interior al lado de aquellos otros exteriores, constituidos por la limitación de libertad, inaccesibilidad del objeto normal sexual, peligros del acto sexual normal, etc., factores que hacen aparecer en el individuo, que sin ellos hubiera permanecido normal, todo género de perversiones.

En los casos aislados de neurosis pueden aparecer grandes diferencias, siendo unas veces el factor regulador el grado innato de inclinación a la perversión, y otras, la elevación colateral del mismo por el apartamiento de la libido del objeto y del fin sexual normal. Sería injusto construir una antítesis donde lo que hay es una relación de cooperación. La neurosis producirá sus más altos rendimientos cuando la constitución y los sucesos exteriores actúen conjuntamente en el mismo sentido. Una determinada constitución podría no necesitar del apoyo de las experiencias vitales, y un trauma experimentado en la vida podrá producir la neurosis en un individuo constituido normalmente. Estos puntos de vista son valederos igualmente para la significación etiológica de lo innato y de lo experimentado accidentalmente en otros campos. Si se prefiere aceptar que una inclinación a las perversiones especialmente desarrollada pertenece a las peculiaridades de las constituciones psiconeuróticas, aparece la posibilidad de diferenciar este o el otro instinto sexual, conforme a esta o a la otra de las zonas erógenas, esto es, hallar una gran diversidad de tales constituciones. Lo que aún no se ha averiguado es si la disposición perversa está acompañada de una relación especial con la elección de la forma de enfermedad.

VII. Indicación del infantilismo de la sexualidad

El descubrimiento de los sentimientos perversos como motivos de la formación de síntomas en las psiconeurosis ha elevado considerablemente el número de hombres que pueden contarse entre los perversos. No es sólo que los neuróticos constituyan una numerosa clase humana, es también que la neurosis, con todas sus formas, constituye una serie que conduce hasta el tipo normal, circunstancia que ha permitido a Moebius afirmar muy justificadamente que todos somos algo histéricos. De este modo nos vemos obligados a llegar a la hipótesis de que tampoco la disposición a las mismas es una excepción, sino que forma parte de la constitución considerada como normal.

Hemos visto que es discutible si las perversiones dependen de condiciones innatas o surgen por suceso casuales, como Binet lo ha aceptado con respecto al fetichismo. Se nos impone la hipótesis de que en las perversiones existe, de todos modos, algo *innato*, pero *algo que es innato en todos los hombres*, constituyendo una disposición general de intensidad variable que puede acrecentarse por influencias exteriores. Se trata de raíces innatas del instinto sexual que, en una serie de casos, se desarrollan hasta constituirse en verdaderas portadoras de la actividad sexual (perversión) y otras veces experimentan una represión insuficiente, y dando un rodeo, se apoderan como síntomas patológicos de una gran cantidad de la energía sexual, mientras que en los casos más favorables entre ambos extremos hacen surgir por una limitación efectiva y una colaboración determinada la vida sexual normal.

Diremos además que la constitución supuesta, que muestra las semillas de todas las perversiones, no puede ser revelada más que en los niños, aunque en ellos no aparezcan todos estos instintos más que en una modesta intensidad. De esta manera llegamos a la fórmula de que los neuróticos conservan su sexualidad en estado infantil o han retrocedido hasta él. Por lo tanto, nuestro interés se dirigirá hacia la vida sexual de los niños, y perseguiremos en ellos el funcionamiento de las influencias que rigen el proceso evolutivo de la sexualidad infantil hasta su desembocadura en la perversión, en la neurosis o en la vida sexual normal.

II

La sexualidad infantil

De la concepción popular del instinto sexual forma parte la creencia de que falta durante la niñez, no apareciendo hasta la época que denominamos con el nombre de pubertad. Constituye esta creencia un error de consecuencias graves, pues a ella se debe principalmente nuestro actual desconocimiento de las circunstancias fundamentales de la vida sexual. Un estudio básico de las manifestaciones sexuales infantiles nos revelaría, probablemente, los rasgos esenciales del instinto sexual descubriéndonos su desarrollo y composición de elementos procedentes de diversas fuentes.

Negligencia de lo infantil. —Es un hecho notable el que todos los autores que se ocupan de la investigación y explicación de las cualidades y reacciones del individuo adulto hayan dedicado mucha más atención a aquellos tiempos que caen fuera de la vida del mismo, esto es, a la vida de sus antepasados que a la época infantil del sujeto, reconociendo, por lo tanto, mucha más influencia a la herencia que a la niñez. Y, sin embargo, la influencia de este período de la vida sería más fácil de comprender que la de la herencia y debería ser estudiada preferentemente[32].

En la literatura existente sobre esta materia se encuentra de vez en cuando apreciaciones o datos sobre la actividad sexual temprana en los niños, esto es, sobre erecciones, masturbación

---

[32] No es posible además reconocer acertadamente la parte correspondiente a la herencia sin haber estudiado antes la correspondiente a la niñez.

y hasta sobre actos análogos al coito, pero siempre considerados como sucesos excepcionales y curiosos o como ejemplos de una temprana corrupción.

No sé de ningún autor que haya reconocido claramente la existencia de un instinto sexual en la infancia, y en los numerosos trabajos sobre el desarrollo del niño, falta siempre el capítulo relativo al desarrollo sexual[33].

---

[33] Esta afirmación aquí expuesta me pareció, después de escrita, tan atrevida que me propuse comprobar su exactitud por un nuevo examen de los trabajos publicados sobre estas cuestiones. El resultado de este examen fue poder dejar lo escrito sin rectificación alguna. La investigación científica de los fenómenos sexuales, tanto físicos como psíquicos, en la infancia se encuentra en sus primeros comienzos. En su trabajo titulado *A preliminary study of the emotion of love between the sexes.* (*American Journal of Psychology*, XIII, 1902), S. Bell menciona: "No conozco a ningún hombre de ciencia que haya dado un análisis de la emoción tal como aparece en el adolescente". Las manifestaciones sexuales somáticas, pertenecientes a la época anterior a la pubertad, sólo han merecido atención en conexión con manifestaciones degenerativas y como signos de degeneración. En todos los tratados sobre la psicología de esa edad falta un capítulo dedicado a la vida erótica de los niños, por lo menos en aquellas obras que yo he leído, tales como las de Preyer, Baldwin (*Die Entwicklung des Geistes beim Kinde und bei ber Rasse*, 1898), Pérez (*L'enfant de trois à sept ans*, 1886), Strümpell (*Die pädagogische Pathologie*, 1899) etc., etc. La impresión más exacta del estado actual de esta materia nos la da la revista *Die Kinderfehler*. Sin embargo, se llega a la convicción de que la existencia del amor en la infancia no necesita ya ser descubierta. Pérez defiende esta teoría (*l.c.*) y K. Gross (*Die Spiele der Menschen*, 1899) afirma que se reconoce en general "que algunos niños presentan ya en edad muy temprana emociones sexuales y sienten un impulso al contacto con individuos de sexo contrario" (pág. 336). En la serie de observaciones de Bell, el caso más temprano de aparición de emociones erótico sexual (*sex-love*) es el referente a un niño de tres años y medio. Compárese a este respecto la obra de Havelock Ellis titulada *Das Geschlechtsgefühl*, 1903, apéndice II.

De este juicio sobre la literatura referente a la sexualidad infantil hay que excluir la gran obra de Stanley Hall (*Adolescence, its psychology and its relations to physiology, anthropology, sociology, sex, crime, religión and education*, New York, 1908). Por el contrario, el libro reciente de A. Moll titulado *Das Sexualleben des Kindes* (Berlín, 1909) no contiene nada que nos haga modificar nuestro juicio. Véase, en cambio, el libro de Bleuler, titulado: *Sexuelle Abnormitäten der*

Amnesia infantil. —La razón de esta singular negligencia me parece hallarse, en parte, en consideraciones convencionales de los autores, consecuencia de su propia educación, y, por otro lado, en un fenómeno psíquico que hasta ahora ha eludido toda explicación. Me refiero a la peculiar *amnesia* que oculta a los ojos de la mayoría de los hombres, aunque no de todos, los primeros años de su infancia hasta el séptimo o el octavo. No se nos habría ocurrido hasta ahora maravillarnos de esta amnesia, aunque había gran razón para ello, pues los que durante la infancia nos han rodeado nos comunican posteriormente que en estos años, de los que nada hemos retenido en nuestra memoria, fuera de algunos incomprensibles recuerdos fragmentarios, hubimos de reaccionar vivamente ante determinadas impresiones, sabiendo ya exteriorizar en forma humana dolores y alegrías, mostrando abrigar amor, celos y otras pasiones que nos conmovían violentamente, y ejecutando actos que fueron tomados por los adultos como prueba de una naciente capacidad de juicio. Mas de esto no recordamos nada al llegar a la edad adulta. ¿Por qué razón permanece tan retrasada nuestra memoria con respecto a nuestras demás actividades anímicas, cuando tenemos fundados motivos para suponer que en ninguna otra época es esta facultad tan apta como en los años de la infancia para recoger los sucesos exteriores y reproducirlos luego?[34]

De otro lado hemos de suponer, o podemos convencernos de ello por la investigación psicológica, que las impresiones

---

Kinder (*Jahrbuch der Schweizerischen Gasellschaft für Schulgesundheitspflege*, IX, 1908). La señora H. v. Hug-Hellmuth ha concedido también toda la atención que merece, y que antes se le negara, al factor sexual en los niños en su obra: *Aus dem Seelenleben des Kindes* (1913).

[34] En un artículo titulado *Los recuerdos encubridores* (*Monatschrift für Psychiatrie und Neurologie*, VI, 1899) he tratado de resolver uno de los problemas ligados con los más tempranos recuerdos de nuestra niñez.

olvidadas, no por haberlo sido, han desaparecido de nuestra memoria sin dejar hondísima huella en nuestra vida psíquica y haber constituido una enérgica determinante de todo nuestro ulterior desarrollo. No puede existir, por lo tanto, una real desaparición de las impresiones infantiles; debe más bien tratarse de una amnesia análoga a aquella que con respecto a sucesos de épocas posteriores de la vida observamos en lo neuróticos y cuya esencia consiste en una mera exclusión de la conciencia (represión). Mas ¿cuáles son las fuerzas que llevan a cabo esta represión de las impresiones infantiles? El que resolviera este problema habría aclarado definitivamente la esencia de la amnesia histérica.

De todos modos, no queremos dejar de hacer resaltar que la existencia de la amnesia infantil proporciona un nuevo punto de comparación entre el estado anímico del niño y el del psiconeurótico.

Otro punto de comparación nos fue dado por la deducción de que la sexualidad de los psiconeuróticos conserva la esencia infantil o ha retrocedido hasta ella. ¿Por qué, pues, no ha de poder referirse también la amnesia infantil a las emociones sexuales de la niñez?

Es algo de gran importancia esta posible conexión de la amnesia infantil con la histérica. La amnesia histérica, puesta al servicio de la represión, es tan sólo explicable por la circunstancia de que ya el individuo posee un acervo de huellas de recuerdos que han sido sustraídas a la disposición consciente y que atraen, por conexión asociativa, aquello sobre lo que, desde la conciencia, actúan las fuerzas repelentes de la represión[35]. Sin amnesia infantil puede decirse que no existiría la amnesia histérica.

---

[35] No puede comprenderse el mecanismo de la represión no teniendo en cuenta más que uno de estos dos procesos que actúan conjuntamente. Como comparación, sírvanos la manera en que es izado el turista sobre la gran pirámide de Gizeh, al cual se le empuja por un lado y se le atrae por el otro.

Opino, pues, que la amnesia infantil, que convierte para cada individuo la propia niñez en algo análogo a una época *prehistórica* y oculta a sus ojos los comienzos de su vida sexual, es la culpable de que, en general, no se conceda al período infantil un valor para el desarrollo de la vida sexual. Un único observador no puede llenar las lagunas que esto ha producido en nuestro conocimiento. Ya en 1896 hice yo resaltar la importancia de los años infantiles en el origen de determinados fenómenos de gran importancia, dependientes de la vida sexual, y desde entonces no se ha cesado de presentar en primer término el factor infantil con relación a las cuestiones sexuales.

I. El periodo de latencia sexual de la infancia y sus interrupciones

Los hallazgos extraordinariamente frecuentes de sentimientos sexuales, supuestamente excepcionales, en la infancia, así como el descubrimiento de los hasta entonces inconscientes recuerdos infantiles de los neuróticos, permiten bosquejar el siguiente cuadro de la conducta sexual durante la época infantil[36].

Parece cierto que el recién nacido trae consigo al mundo la semilla de emociones sexuales, que luego siguen desarrollándose durante un determinado período de tiempo, para ir después siendo vencidas por una represión continuada, la cual puede ser interrumpida, a su vez, por regulares avances del desarrollo sexual o detenida por particularidades individuales. Sobre las leyes y períodos de este proceso evolutivo oscilante no se conoce nada con seguridad. Parece, sin embargo, que la vida

---

[36] El material del que hemos sacado estos datos es aplicable a esta cuestión por el hecho de que los años infantiles de los individuos enfermos, después de la neurosis, no se apartan esencialmente de los años infantiles de los individuos sanos, y sí sólo en lo que respecta a los caracteres de intensidad y claridad.

sexual de los niños se manifiesta ya en una forma observable hacia los años tercero y cuarto[37].

Inhibiciones sexuales. —Durante este período de latencia, total o simplemente parcial, se constituyen los poderes anímicos que obstaculizan el camino del instinto sexual y que le

---

[37] Una posible analogía anatómica con la conducta afirmada por mí de la función sexual infantil nos la daría el descubrimiento de Bayer (*Deutsches Archiv für Klinische Medizin*, 1902) de que los órganos sexuales internos (*uterus*) de los recién nacidos son regularmente mayores que los de los niños de más edad. Sin embargo, la hipótesis de esta involución, establecida también por Halban con respecto a otras partes del aparato genital después del nacimiento, no ha sido confirmada todavía. Según Halban este proceso regresivo acaba después de algunas semanas de la vida extrauterina.

Los autores que consideran la parte intersticial de la glándula seminal como el órgano determinante del sexo han sido conducidos, por investigaciones anatómicas, a hablar de sexualidad infantil y de épocas latentes sexuales. Del anteriormente citado libro de Lipschütz, sobre la glándula de la pubertad, recogeré el siguiente párrafo: "Se refleja más exactamente los hechos diciendo que la madurez de los signos sexuales, tal y como tiene lugar en la pubertad, reposa tan sólo en procesos que, habiendo comenzado en épocas anteriores —a nuestro juicio ya en la vida embrionaria—, precipitan en esta época extraordinariamente su curso". "Lo que hasta ahora se ha considerado como pubertad es, probablemente, tan sólo una "segunda gran fase de la pubertad" que comienza a desarrollarse hacía la mitad del segundo decenio de la vida del individuo. La infancia, contada desde el nacimiento hasta el comienzo de la segunda gran fase de la pubertad, pudiera denominarse fase intermedia de la pubertad".

Esta coincidencia —que Ferenczi hizo resaltar en uno de sus trabajos (*Internat. Zeitschr. f. Psychoanalyse*, VI, 1920)— entre los descubrimientos anatómicos y las observaciones psicológicas aparece contradicha por el hecho de que el primer "punto culminante" del desarrollo de los órganos sexuales aparece en la época embrionaria primitiva, mientras que el florecimiento de la vida sexual infantil debe colocarse en los años tercero y cuarto. La total simultaneidad del desarrollo anatómico con el desarrollo psíquico no es, naturalmente, exigible. Las investigaciones respecto de esta cuestión se han hecho en lo referente a las glándulas seminales del adulto. Dado que en los animales no aparece una época de latencia en el sentido psicológico, sería muy interesante averiguar si el descubrimiento anatómico, sobre el cual los autores basan su hipótesis de la existencia de dos puntos culminantes del desarrollo sexual, aparece también en otros animales superiores.

limitarán marcándole su orientación a manera de diques. Estos poderes son la repugnancia, el pudor y los ideales estéticos y morales. En los niños civilizados se llega a la impresión de que la construcción de estos diques es una obra de educación, y seguramente esto es, en gran parte, cierto. Mas, en realidad, este desarrollo está condicionado orgánicamente, fijado por la herencia y puede constituirse en ocasiones sin ningún auxilio por parte de la educación. Esta se mantiene dentro de sus límites, cuando se constriñe a definir más profundamente lo orgánicamente innato.

Formación reaccional y sublimación. —¿Con qué medios se construyen estos diques tan importantes para la posterior cultura y normalidad individuales? Probablemente, a costa de los mismos sentimientos sexuales infantiles, cuya influencia no cesa durante este período de latencia, pero cuya energía es desviada, en todo o en parte, de la utilización sexual y dirigida hacia otros fines. Los historiadores de la civilización parecen coincidir en aceptar que por medio de la desviación de las fuerzas instintivas sexuales y su dirección hacia nuevos fines —proceso al que se da el nombre de *sublimación*— se adquieren poderosos componentes para todas las funciones culturales. Añadiremos nosotros que dicho proceso aparece en el desarrollo del individuo aislado y que su comienzo tiene lugar en el período de latencia sexual infantil[38].

También sobre el mecanismo de esta sublimación puede formularse una hipótesis. Los sentimientos sexuales de estos años infantiles son, por una parte, inutilizables, dado que la función reproductora no ha aparecido todavía, cosa que constituye el carácter principal del período de latencia. Por otro lado, tienen estos sentimientos un carácter perverso,

---

[38] La denominación "período de latencia sexual" la he tomado de W. Fliess.

puesto que parten de zonas erógenas y de instintos que, dada la orientación del desarrollo del individuo, sólo podrán provocar sensaciones de desagrado, haciendo, por lo tanto, surgir aquellas fuerzas psíquicas contrarias (sentimientos reaccionales) que son las que construyen los ya citados diques psíquicos (repugnancia, pudor y moral), que sirven para la represión de tales sensaciones desagradables[39].

Interrupciones del período de latencia. —Sin hacernos ilusiones sobre la naturaleza hipotética y la deficiente claridad de nuestro conocimiento de los procesos del período de latencia infantil, queremos volver a la realidad para observar que esta utilización de la sexualidad infantil representa un ideal educativo del cual se desvía casi siempre el desarrollo del individuo en algún punto y con frecuencia en muchos. En la mayoría de los casos logra abrirse camino una parte de exteriorización sexual que ha escapado a la sublimación, o se conserva una actividad sexual a través de todo el período de latencia hasta la aparición enérgica, en la pubertad, del instinto sexual. Los educadores se conducen —cuando conceden alguna atención a la sexualidad infantil— como si compartieran nuestras opiniones sobre la formación de los poderes morales de defensa a costa de la sexualidad y como si supieran que la actividad sexual hace a los niños ineducables, pues persiguen todas las manifestaciones sexuales del niño como "vicios", aunque sin conseguir grandes victorias sobre ellos. Debemos, por lo tanto, dedicar todo nuestro interés a estos fenómenos tan temidos por la educación, pues esperamos que ellos nos permitan llegar al conocimiento de la constitución originaria del instinto sexual.

---

[39] En estos casos la sublimación de las fuerzas sexuales instintivas se realiza por medio de la formación de reacciones. Mas, en general, deben separarse la sublimación y la formación de reacciones como procesos distintos. La sublimación puede realizarse por otros mecanismos.

II. Manifestaciones de la sexualidad infantil

Por motivos que veremos más adelante, tomaremos como ejemplo entre las manifestaciones sexuales infantiles el *chupeteo* (succión productora del placer), a la cual ha dedicado un excelente estudio el pediatra Lindner[40].

El *chupeteo*. —El acto de chupar, que aparece ya en los niños de pecho y puede ser continuado durante los años de madurez y a veces conservarse a través de toda la vida, consiste en un contacto succionador rítmicamente repetido y verificado con los labios, acto al que falta todo fin de absorción de alimento. Una parte de los mismos labios, la lengua o cualquier otro punto asequible de la piel del mismo individuo (a veces hasta el dedo gordo de un pie) son tomados como objeto de la succión. Al mismo tiempo, aparece a veces un instinto de aprehensión que se manifiesta por un simultáneo pellizcar rítmico del lóbulo de la oreja y puede también apoderarse de esta misma u otra cualquiera parte del cuerpo de otra persona, con el mismo fin. La succión productora de placer está ligada con un total embargo de la atención y conduce a conciliar el sueño o a una reacción motora de la naturaleza del orgasmo[41].

Con frecuencia, se combina con la succión productora de placer el frotamiento de determinadas partes del cuerpo de gran sensibilidad: el pecho o los genitales exteriores. De este modo muchos niños pasan de la succión a la masturbación.

Lindner ha reconocido claramente y ha hecho resaltar con toda audacia la naturaleza sexual de este acto. Frecuen-

---

[40] En el *Jahrbuch für Kinderheilkunde*, N. F., XIV, 1879.

[41] Aquí se demuestra ya un hecho que tiene lugar en todas las épocas de la vida, esto es, que la satisfacción sexual es el mejor medio de conciliar el sueño. La mayoría de los casos de insomnio nervioso sin conciencia acallan y duermen a los niños por frotamiento de los genitales.

temente se considera el *chupeteo* como una de las "mañas" sexuales del niño. Numerosos pediatras y neurólogos niegan en absoluto esta hipótesis; mas su contraria opinión, fundada en una confusión entre lo sexual y lo genital, plantea el difícil e inevitable problema de establecer qué carácter general debe atribuirse a las manifestaciones sexuales de los niños. Por mi parte opino que el conjunto de aquellas manifestaciones en cuya esencia hemos penetrado por medio de la investigación psicoanalítica nos da derecho a considerar el *chupeteo* como una manifestación sexual y a estudiar en ella precisamente los caracteres esenciales de la actividad sexual infantil[42].

Autoerotismo. —Debemos dedicar toda nuestra atención a este ejemplo. Hagamos resaltar, como el carácter más notable de esta actividad sexual, el hecho de que en ella el instinto no está orientado hacia otras personas. Encuentra su satisfacción en el propio cuerpo, esto es, es un instinto autoerótico, para calificarlo con el feliz neologismo puesto en circulación por Havelock Ellis[43].

Se ve claramente que el acto de la succión es determinado en la niñez por la busca de un placer ya experimentado y recor-

---

[42] El doctor Galant ha publicado en 1919, en el número 20 del *Neurol. Zentralbl.*, un artículo —*Das Lutscherli* (El chupete)— en el que se inserta la confesión de una muchacha ya adolescente que no había dejado de ejercitar esta actividad sexual infantil y que describe la satisfacción alcanzada por el *chupeteo* como totalmente análoga a una satisfacción sexual, especialmente a la producida por el beso de la persona amada: "No todos los besos igualan al chupete, ni con mucho. No puede describirse qué placer se siente en todo el cuerpo mientras se chupa. Parece que se sale de este mundo y se siente una totalmente satisfecha y feliz sin desear nada más. Es una sensación maravillosa. No se desea más que paz, tranquilidad continuada y sin interrupción. Es indeciblemente encantador. No se siente ningún dolor, ninguna pena y parece que se traslada una a otro mundo".

[43] H. Ellis usaba este término en un sentido algo diferente, o sea, en el de una excitación no producida desde el exterior, sino nacida interiormente. Para el psicoanálisis lo esencial no es la génesis, sino la relación a un objeto.

dado. Con la succión rítmica de una parte de su piel o de sus mucosas encuentra el niño, por el medio más sencillo, la satisfacción buscada. Es también fácil adivinar en qué ocasión halla por primera vez el niño este placer hacia el cual, una vez hallado, tiende siempre de nuevo. La primera actividad del niño y la de más importancia vital para él, la succión del pecho de la madre (o de sus subrogados), le ha hecho conocer, apenas nacido, este placer. Diríase que los labios del niño se han conducido como una zona erógena, siendo, sin duda, la excitación producida por la cálida corriente de la leche la causa de la primera sensación de placer. En un principio la satisfacción de la zona erógena aparece asociada con la de la necesidad de la alimentación. La actividad sexual se apoya primeramente en una de las funciones puestas al servicio de la conservación de la vida, pero luego se hace independiente de ella. Viendo a un niño que ha saciado su apetito y que se retira del pecho de la madre con las mejillas enrojecidas y una bienaventurada sonrisa, para caer en seguida en un profundo sueño, hay que aceptar que este cuadro permanece a través de toda la vida como representativo de la satisfacción sexual. Posteriormente, la necesidad de repetición de la satisfacción sexual se separa de la necesidad de satisfacción del apetito, separación inevitable cuando aparecen los dientes y la alimentación no es ya exclusivamente succionada, sino mascada.

El niño no se sirve, para la succión, de un objeto exterior a él, sino preferentemente de una parte de su propio cuerpo, tanto porque esto le es más cómodo como porque de este modo se hace independiente del mundo exterior, que no le es posible dominar aún, y crea, además, una segunda zona erógena, aunque de menos valor. El menor valor de esta segunda zona le hará buscar posteriormente las zonas correspondientes de otras personas, esto es, los labios. (Pudiera atribuirse al niño la frase siguiente: "lástima que no pueda besar mis propios labios").

No todos los niños realizan este acto de la succión. Debe suponerse que llegan a él aquellos en los cuales la importancia erógena de la zona labial se halla constitucionalmente reforzada. Si esta importancia se conserva, tales niños llegan a ser, en su edad adulta, inclinados a los besos perversos, a la bebida y al exceso en el fumar; mas si aparece la represión, padecerán de repugnancia ante la comida y de vómitos histéricos. Por la duplicidad de funciones de la zona labial, la represión se extenderá al instinto de alimentación. Muchos de mis pacientes con perturbaciones de las funciones alimenticias, globo histérico, opresión en la garganta y vómitos habían sido durante sus años infantiles grandes "chupeteadores".

En el acto de la succión productora de placer hemos podido observar los tres caracteres esenciales de una manifestación sexual infantil. Esta se origina *apoyada* en alguna de las funciones físicas de más importancia vital, no conoce ningún objeto sexual, es *autoerótica*, y su fin sexual se halla bajo el dominio de una *zona erógena*. Aceptemos provisionalmente que estos caracteres son aplicables así mismo a la mayoría de las demás actividades del instinto sexual infantil.

III. El fin de la sexualidad infantil

Caracteres de las zonas erógenas. —Del ejemplo de la succión pueden deducirse aún muchos datos para el conocimiento de las zonas erógenas. Son estas partes de la piel o de las mucosas, en las cuales ciertos estímulos hacen surgir una sensación de placer de una determinada cualidad. No cabe duda que los estímulos productores de placer están ligados a especiales condiciones que no conocemos. El carácter rítmico debe jugar entre ellas un importante papel. Menos decidida aún está la cuestión de si se puede considerar como "especial" el carácter de la sensación de placer que la excitación hace surgir. En esta especialidad estaría contenido el factor sexual. En las cuestiones del placer y del dolor anda aún la psicología tan a tientas que la hipótesis más prudente es la que debe preferirse. Más tarde llegaremos quizá a bases sólidas sobre las cuales podamos apoyar la "especialidad" de la sensación de placer.

La cualidad erógena puede hallarse señaladamente adscrita a determinadas partes del cuerpo. Existen zonas erógenas predestinadas, como nos enseña el ejemplo del "chupeteo", pero el mismo ejemplo nos demuestra también que toda otra cualquier parte de piel o de la mucosa puede servir de zona erógena, esto es, que posea *a priori* una determinada capacidad para serlo. La cualidad del estímulo influye más en la producción de placer que el carácter de la parte del cuerpo correspondiente. El niño que ejecuta la succión busca por todo su cuerpo y escoge una parte cualquiera de él que después, por la costumbre, será la preferida. Cuando en esta búsqueda tropieza con una de las partes predestinadas (pezón, genitales), conservará esta siempre tal preferencia. Una capacidad de desplazamiento análoga reaparece después en la sintomatología de la histeria. En esta neurosis, la represión recae principalmente en las zonas genitales propiamente dichas y estas transmiten su excitabilidad a las restantes zonas erógenas que en la vida adulta han pasado a un segundo término y que, en estos casos, vuelven a comportarse nuevamente como genitales. Pero, además, como sucede en la succión, toda otra parte del cuerpo puede llegar a adquirir igual excitabilidad que los genitales y ser elevada a la categoría de zona erógena. Las zonas erógenas y las histeroerógenas muestran los mismos caracteres[44].

Fin sexual infantil. —El fin sexual del instinto infantil consiste en hacer surgir la satisfacción por el estímulo apro-

---

[44] Nuevas investigaciones y deducciones nos llevan a atribuir a todas las partes del cuerpo, así como a los órganos internos, el carácter de erogeneidad. Véase respecto a esta cuestión lo que más adelante expondremos sobre el narcisismo.

piado de una zona erógena elegida de una u otra manera. Esta satisfacción tiene que haber sido experimentada anteriormente para dejar una necesidad de repetirla, y no debe sorprendernos hallar que la naturaleza ha encontrado medio seguro de no dejar a la pura casualidad la experimentación de esta satisfacción[45]. La disposición que llena este fin con respecto a la zona labial nos ha sido ya dada a conocer y hemos visto que es la simultánea conexión de esta parte del cuerpo con la función alimenticia. Otras disposiciones análogas nos saldrán al paso como fuentes de la sexualidad. El hecho de la necesidad de repetición de la satisfacción se revela doblemente por una peculiar sensación de tensión, que tiene más bien un carácter desagradable, y por un estímulo o prurito, centralmente condicionado y proyectado en la zona erógena periférica. Puede, por lo tanto, formularse también el fin sexual diciendo que está constituido por el acto de sustituir el estímulo proyectado en la zona erógena por aquella otra excitación exterior que hace cesar la sensación de prurito, haciendo surgir la de satisfacción. Esta excitación exterior consistirá, en la mayoría de los casos, en una manipulación análoga a la succión.

De completo acuerdo con nuestros conocimientos psicológicos se halla el hecho de que la necesidad pueda ser también despertada periféricamente por una verdadera transformación de la zona erógena. Únicamente puede extrañarnos que una excitación necesite, para cesar, una segunda y nueva excitación producida por el mismo sitio[46].

---

[45] No puede evitarse en las elucubraciones biológicas el servirse de la manera de pensar teleológica, aunque se sepa que en algunos casos aislados no haya seguridad de no incurrir en error.

[46] Compárese respecto a esta cuestión la literatura existente sobre el onanismo, muy copiosa, pero, en general, harto desorientada en sus puntos de vista. Véase

IV. Las manifestaciones sexuales masturbatorias

No puede menos de satisfacernos el encontrar que ya no nos queda mucho que averiguar acerca de la actividad sexual en la niñez, después de habérsenos hecho comprensible el instinto con el examen de una única zona erógena. Las diferencias más importantes se refieren a los actos necesarios para la satisfacción, actos que con respecto a la zona labial consisten en la succión y que, según la situación y morfología de las demás zonas, serán sustituidos por otras distintas actividades musculares.

Actividad de la zona anal. —La zona anal, análogamente a la labial, es muy apropiada por su situación para permitir el apoyo de la sexualidad en otras funciones corporales y debe considerarse muy grande, originariamente, la importancia de esta parte del cuerpo. Por medio del psicoanálisis se llega, no sin asombro, al conocimiento de las transformaciones sufridas por las excitaciones sexuales que parten de esta zona y al de la frecuencia con que la misma conserva a través de toda la vida una gran parte de excitabilidad genital[47]. Las tan frecuentes perturbaciones intestinales de los años infantiles hacen que no falten nunca a esta zona intensas excitaciones. Los catarros intestinales padecidos en la infancia convierten al sujeto —empleando la expresión corriente— en un individuo "nervioso", y ejercen, en posteriores enfermedades de carácter neurótico, una influencia determinante sobre las manifestaciones sintomáticas de la neurosis, a cuya disposición ponen una

---

Rohleder: *Die Masturbation* (1899) y *Die Onanie* (*Wiener Diskussionen*, II Heft, Wiesbaden, 1912).

[47] Véase mi artículo titulado "Carácter y erotismo anal" incluido en el tomo II de la *Colección de escritos sobre neurología*, y otro: "Transformaciones del instinto y erotismo anal", en el tomo IV de la misma colección.

N. del Traductor. —Ambos volúmenes se publicarán en estas *Obras Completas*.

gran cantidad de perturbaciones intestinales. Con relación a la significación erógena —conservada en estado de transformación— de la parte final del recto, débense también tener en cuenta las influencias hemorroidales, a las cuales la antigua medicina ha dado tanta importancia para la explicación de los estados neuróticos.

Aquellos niños que utilizan la excitabilidad erógena de la zona anal, lo revelan por el hecho de retardar el acto de la excreción hasta que éste, por la acumulación de excrementos, necesita de fuertes contracciones musculares, produciendo los excrementos a su paso por el recto una fuerte excitación sobre las mucosas. En este acto, y al lado de la sensación dolorosa, debe de aparecer una sensación de voluptuosidad. Uno de los mejores signos de futura anormalidad o nerviosidad es, en el niño de pecho, la negativa a verificar el acto de la excreción cuando se le sienta sobre el orinal, esto es, cuando le parece oportuno a la persona que está a su cuidado, reservándose el niño tal función para cuando a él le parece oportuno verificarla. Naturalmente el niño no da importancia a ensuciar su cuna o sus vestidos, y sólo tiene cuidado de que al defecar no se le escape la sensación de placer accesoria. Las personas que rodean a los niños sospechan también aquí la verdadera significación de este acto, considerando como un "vicio" del niño el hecho de negarse a defecar en el orinal.

Los excrementos que, en calidad de cuerpo excitantes, se comportan con respecto a la membrana anal, sexualmente sensible, como precursores de otro órgano, que después de la fase infantil ha de entrar en acción, tienen para el niño otras varias e importantes significaciones.

El niño considera los excrementos como una parte de su cuerpo y les da la significación de un "primer regalo", con el cual puede mostrar su docilidad a las personas que le rodean o su negativa a complacerlas. Desde esta significación de "regalo" pasan los excrementos a la significación de "niño", esto es, que, según una de las teorías sexuales infantiles, representan un niño concebido por el acto de la alimentación y parido por el recto.

La retención de las masas fecales, que, por lo tanto, debe considerarse en principio como intencionada, para utilizarlas en calidad de excitación masturbadora de la zona anal o como un medio de relación del niño, es, además, una de las raíces del estreñimiento tan corriente en los neurópatas. Toda la significación de la zona anal se refleja entonces en el hecho de que se encuentran pocos neuróticos que no posean sus usos y ceremonias especiales, escatológicos, que son mantenidos por ellos en el más profundo secreto[48].

En los niños de más edad no es nada raro hallar una excitación masturbatoria de la zona anal con ayuda de los dedos y provocada por un prurito condicionado centralmente o mantenido periféricamente.

Actividad de las zonas genitales. —Entre las zonas erógenas del cuerpo infantil se encuentra una que ciertamente no desempeña el papel principal, ni puede ser tampoco la portadora de las primeras excitaciones sexuales, pero está, sin embargo, destinada en el porvenir a adquirir una gran importancia.

---

[48] En un trabajo que hace ganar extraordinaria profundidad a nuestra compresión de la significación del erotismo anal, ha expuesto Lou Andreas-Salomé que la primera prohibición que el niño encuentra, la de hallar un placer en la actividad anal y en sus productos, determina importantísimamente todo su posterior desarrollo. La pequeña criatura tiene en esta ocasión que sospechar la hostilidad del mundo exterior con respecto a sus propias sensaciones instintivas, aprendiendo de esta manera a separar su propio *yo* de las personas que le rodean y produciéndose así la primera "represión" de sus posibilidades de placer. Lo "anal" queda desde entonces como símbolo de todo lo que debe rechazarse y de todo lo que no debe aceptarse de la vida. A la posterior diferenciación de procesos genitales y anales se oponen las analogías y relaciones anatómicas y funcionales de ambos procesos. El aparato genital continúa estando próximo a la cloaca y "en la mujer llega hasta ser tan sólo una parte formada a expensas de ella".

Tanto en el sexo masculino como en el femenino se halla esta zona relacionada con el acto de la micción (pene, clítoris); y, en los varones, encerrada en un saco mucoso, de manera que no pueden faltarle estímulos, producidos por las secreciones, que aviven tempranamente la excitación sexual.

Las actividades sexuales de esta zona erógena, que pertenecen al verdadero aparato sexual, constituyen el comienzo de la posterior vida sexual "normal".

Por la situación anatómica, el contacto con las secreciones, los lavados y frotamientos de la higiene corporal y por determinadas excitaciones accidentales (como la emigración de los oxiuros en las niñas), resulta inevitable que la sensación de placer que es capaz de proporcionar esta parte del cuerpo se haga notar en los niños ya en su más temprana infancia y despierte en ellos una necesidad de su repetición. Si se considera el conjunto de circunstancias antes apuntadas y se piensa que la aplicación de las reglas de higiene corporal produce resultados excitantes iguales a los que la suciedad produciría, no podremos menos que sostenerse la hipótesis de que por el onanismo del niño de pecho, al cual no escapa ningún individuo, queda fijada la futura primacía de esta zona erógena con respecto a la actividad sexual. El acto que hace cesar el estímulo y determina la satisfacción consiste en un frotamiento con la mano o en una presión en los muslos, uno contra otro. Este último acto es el más frecuente en las muchachas. La preferencia de los niños por el frotamiento con la mano nos indica qué importante aportación a la actividad sexual masculina constituirá en lo futuro el instinto de aprehensión[49].

Para mayor claridad distinguiremos tres fases de la masturbación infantil: la primera de ellas pertenece a la edad de

---

[49] Otras técnicas masturbatorias que aparecen en años posteriores se deben a la influencia de una prohibición de la masturbación, vencida por el individuo.

la lactancia, la segunda a la corta época de florecimiento de la actividad sexual que aparece aproximadamente hacia los cuatro años, y solamente la tercera corresponde a la masturbación de la pubertad, que es casi la única a la que hasta hoy se le ha dado importancia.

Segunda fase de la masturbación infantil. —La masturbación del niño de pecho desaparece aparentemente después de corto tiempo, pero puede conservarse sin solución de continuidad hasta la pubertad, constituyendo entonces la primera gran desviación del desarrollo deseado para todo hombre civilizado. En los años infantiles posteriores a la lactancia, generalmente antes de los cuatro años, suele el instinto sexual de esta zona genital despertar nuevamente y conservarse hasta una nueva represión o continuar sin interrupción ninguna. He aquí una gran variedad de circunstancias que sólo pueden hallarse por el análisis de casos individuales, pero todas las peculiaridades de esta *segunda* actividad sexual infantil dejan en la memoria del individuo las más profundas huellas (inconscientes) y determinan el desarrollo de su carácter cuando sigue poseyendo salud, o la sintomática de su neurosis cuando enferma después de la pubertad[50]. En este último caso se olvida este período sexual y se desplazan los recuerdos conscientes con él ligados. Ya he hecho resaltar que, en mi opinión, la amnesia infantil normal está ligada a esta actividad sexual infantil. Por la investigación psicoanalítica se consigue volver a traer a la conciencia lo olvidado y hacer

---

[50] No ha sido aclarado analíticamente todavía por qué el "sentimiento de culpa" de los neuróticos está ligado regularmente, como Bleuler ha hecho observar, al recuerdo de su actividad masturbatoria en la época de la pubertad. El más importante factor de esta condicionalidad será quizá el hecho de que el organismo representa la total actividad sexual infantil y, por lo tanto, está capacitado por atribuirse este duradero sentimiento de culpa.

desaparecer de esta manera una obsesión emanada de este material psíquico inconsciente.

Retorno de la masturbación del niño de pecho. —La excitación sexual de la época de la lactancia retorna en los años infantiles antes indicados como un prurito centralmente condicionado, que impulsa a la satisfacción onanística o como un proceso, que al igual de la polución que aparece en la época de la pubertad, alcanza la satisfacción sin ayuda de acto ninguno. Este último caso es el más frecuente en las muchachas en la segunda mitad de la infancia. No se ha llegado a comprender totalmente su condicionalidad, y parece numerosas veces, aunque no regularmente, ser consecuencia de un período anterior de onanismo activo. La sintomática de estas manifestaciones sexuales es muy escasa. El aparato urinario aparece aquí en lugar del aparato genital, aún no desarrollado. La mayoría de las cistopatías que sufren los niños en esta época son perturbaciones sexuales. La *enuresis* nocturna corresponde, cuando no representa un ataque epiléptico, a una polución.

Las responsables de la reaparición de la actividad sexual son causas internas y motivos externos que, en los casos de neurosis, se revelan por la morfología de los síntomas y pueden descubrirse con seguridad por medio de la investigación psicoanalítica. Más tarde hablaremos de las causas internas.

Los motivos externos casuales presentan en esta época una importancia extraordinaria y duradera. Ante todo, hallamos la influencia de la seducción o corrupción que trata a los niños tempranamente como objetos sexuales y les enseña, bajo circunstancias impresionantes, cómo lograr la satisfacción de las zonas genitales, satisfacción que luego permanecen en la mayoría de los casos obligados a renovar por medio del onanismo. Dicha influencia puede ser efectuada por personas adultas o por otros niños. No tengo que arrepentirme de la importancia dada por mí, en mi artículo sobre la etiología de la histeria, publicado en 1896, a estos casos de corrupción, aunque entonces no sabía aún que individuos que no han salido, en años posteriores, de la normalidad sexual, pueden también haber pasado por las mismas experiencias; atribuí, por lo tanto, mayor importancia a la corrupción que a los factores dados en la constitución y en el desarrollo[51]. Es indudable que en los niños no es necesaria la corrupción o seducción para que en ellos se despierte la vida sexual, pues esta puede surgir espontáneamente por causas interiores.

Disposición perversa polimórfica. —Es de un gran interés el hecho de que el niño, bajo la influencia de la seducción, puede llegar a ser polimórficamente perverso, es decir, ser inducido a toda clase de extralimitaciones sexuales. Nos enseña esto que en su disposición peculiar trae ya consigo una capacidad para ello. La adquisición de las perversiones y su ejecución encuentran, por lo tanto, en él, muy pequeñas resistencias, porque los diques anímicos contra las extralimitaciones sexuales, o sea, el pudor, la repugnancia y la moral, no están aún constituidos en esta época de la vida infantil o su desarrollo es muy pequeño. El niño se conduce en estos casos igual que el tipo corriente de mujer poco educada, en la cual aparece, a través de toda la vida, dicha disposición polimórfica perversa, pudiendo conservarse normalmente sexuales, pero también aceptar la dirección de un hábil seductor y hallar gusto

---

[51] Havelock Ellis expone en un apéndice a su estudio sobre los sentimientos sexuales (1903) una cantidad de comunicaciones autobiográficas, proporcionadas por personas normales, sobre las emociones sexuales de su niñez y las causas que las motivaron. Estas comunicaciones padecen, naturalmente, la falta de no contener dato alguno sobre la época prehistórica de la vida sexual encubierta por la amnesia infantil y sólo puede ser revelada por el psicoanálisis de los sujetos neuróticos. Pero de todas maneras tienen un gran valor desde diversos puntos de vista. Averiguaciones análogas me han hecho llegar a la indicada modificación de mis hipótesis etiológicas.

en toda clase de perversiones, adoptándolas en su actividad sexual. Esta disposición polimórfica, y, por lo tanto, infantil, es utilizada después por la prostituta para sus actividades profesionales, y dado el gigantesco número de mujeres prostituidas y de aquellas a las cuales hay que reconocer capacidad para la prostitución, aunque hayan escapado a su ejercicio profesional, es imposible no reconocer en la igual disposición a todas las perversiones algo generalmente humano y originario.

Instintos parciales. —Por lo demás, la influencia de la seducción no nos ayuda a descubrir los primeros misterios del instinto sexual, sino que nubla nuestra capacidad de penetración hasta los mismos, guiando a los niños tempranamente hasta el objeto sexual del que en un principio no siente necesidad alguna el instinto sexual infantil. Sin embargo, debemos confesar que también la vida sexual infantil, aun con el predominio casi absoluto de las zonas erógenas, muestra componentes para los cuales tienen una determinada importancia otras personas, como objeto sexual, desde un principio. De esta clase son los instintos de contemplación, exhibición y crueldad, aparecido con cierta independencia de las zonas erógenas, y que entran más tarde en una relación más íntima con la vida genital, pero que ya en los años infantiles se revelan como tendencias independientes, separadas de la actividad sexual erógena. El niño carece en absoluto de pudor y encuentra en determinados años de su vida un inequívoco placer en desnudar su cuerpo, haciendo resaltar especialmente sus órganos genitales. La tendencia correspondiente a esta, en sentido contrario, es la curiosidad por ver los genitales de otras personas, y aparece en años infantiles algo posteriores cuando ya el obstáculo que supone el sentimiento de pudor ha alcanzado un determinado desarrollo. Bajo la influencia de la seducción, la perversión contemplativa puede llegar a alcanzar una gran importancia en la vida sexual del niño.

Mas de mis investigaciones de los años infantiles, tanto de personas sanas como neuróticas, debo concluir que el instinto de contemplación puede surgir en el niño como una manifestación sexual espontánea. Niños de corta edad, cuya atención ha sido dirigida alguna vez —y en la mayoría de los casos por medio de la masturbación— sobre sus propios genitales, suelen encontrar la gradación siguiente sin auxilio exterior ninguno, desarrollando así un vivo interés por los genitales de sus compañeros de juego. Dado que la ocasión de satisfacer una tal curiosidad no se presenta, generalmente, más que en el acto de la satisfacción de las dos necesidades excrementales, convirtiéndose estos niños en *voyeurs*, esto es, en interesados espectadores de la expulsión de la orina o de los excrementos, verificada por otra persona. Tras de la represión de estas tendencias se conserva la curiosidad de ver los genitales de otras personas (del sexo propio o del contrario) como un impulso martirizador que en algunos casos de neurosis constituye la más enérgica fuerza instintiva de formación de síntomas. Con una independencia aún mayor del resto de la actividad sexual, ligada a las zonas erógenas, se desarrollan en el niño los componentes crueles del instinto sexual. La crueldad es algo que forma parte del carácter infantil, dado que aún no se ha formado en él el obstáculo que detiene al instinto de aprehensión ante el dolor de los demás, esto es, la capacidad de compadecer. Aún no se ha logrado realizar satisfactoriamente el análisis psicológico de este instinto, pero debemos aceptar que la impulsión cruel proviene del instinto de aprehensión y aparece en la vida sexual en una época en la cual los genitales no se han atribuido todavía su posterior papel. Por lo tanto, la crueldad predomina durante toda una fase de la vida sexual que más tarde describiremos como organización pregenital. Aquellos niños que se distinguen por una especial crueldad contra los animales y contra sus compañeros de juego despiertan, generalmente con razón, la sospecha de una intensa y temprana actividad sexual de las zonas erógenas. En igual temprana madurez de todos los instintos sexuales, la actividad sexual erógena parece ser la primaria. La falta de resistencia constituida por la compasión trae consigo el peligro de que esta conexión, aparecida en la niñez, de los instintos crueles con los erógenos se conserve inmutable durante toda la vida.

Todos los educadores saben, desde las *Confesiones* de J. J. Rousseau, que la dolorosa excitación de la piel de las nalgas constituye una raíz erógena del instinto pasivo de crueldad, esto es, del masoquismo, y, por lo tanto, han deducido con toda razón que hay necesidad de prescindir de aquellos castigos corporales que producen la excitación de esta parte del cuerpo de los niños, cuya libido puede ser empujada hacia caminos colaterales por las posteriores exigencias de la educación[52].

----

[52] Los resultados obtenidos en investigaciones psicoanalíticas de sujetos adultos me daban, en 1905, todo derecho a sentar las anteriores afirmaciones sobre la sexualidad infantil. En esta época no se había podido aún utilizar la observación directa del niño más que fragmentariamente, y sólo indicaciones aisladas o valiosas confirmaciones habían logrado obtenerse. Desde entonces se ha conseguido llegar a una visión directa de la psicosexualidad infantil por medio de análisis de casos individuales de enfermedades nerviosas en niños de corta edad (*Jahrnbuch für Psychoanalytische und Psychopathologische Forsehungen*, tomo I, 1909 y siguientes).

El *Análisis de la fobia de un niño de cinco años (Caso «Juanito»)*, en *Jahrbuch*, tomo II, ha revelado datos que ni el mismo psicoanálisis sospechaba; entre ellos la existencia de una simbólica sexual — representación de lo sexual por objetos y relaciones no sexuales— hasta en estos años infantiles en los que apenas se comienza a dominar el idioma. Este análisis me descubrió también un error de la exposición arriba desarrollado: Al fijar en ella la diferenciación entre *autoerotismo* y *amor objetivo* se establece entre ambas fases una separación temporal que, en realidad, no existe, pues el análisis citado y las comunicaciones de Bell (*l. c.*) han demostrado que niños de tres a cinco años pueden muy bien verificar una definida *elección de objeto*, acompañada de intensos afectos.

V. La investigación sexual infantil

El instinto de saber. —Hacia la misma época en que la vida sexual del niño alcanza su primer florecimiento, esto es, de los tres a los cinco años, aparecen en él los primeros indicios de esta actividad, denominada instinto de saber (*Wissens-trieb*) o instinto de investigación. El instinto de saber no puede contarse entre los componentes instintivos elementales, ni colocarse exclusivamente bajo el dominio de la sexualidad. Su actividad corresponde, por un lado, a una aprehensión sublimada, y por otro, actúa con la energía del placer de contemplación. Sus relaciones con la vida sexual son, sin embargo, especialmente importantes, pues el psicoanálisis nos ha enseñado que el instinto de saber infantil es atraído —y hasta quizá despertado— por los problemas sexuales en edad sorprendentemente temprana y con insospechada intensidad.

El enigma de la esfinge. —Intereses prácticos, y no sólo teóricos, son los que ponen en marcha en el niño la obra de la actividad investigadora. La amenaza de sus condiciones de existencia por la ya experimentada o simplemente sospechada aparición de un nuevo niño, y el temor de la pérdida que este suceso ha de acarrear para él, con respecto a los cuidados y amor de los que le rodean, le hacen meditar y tratar de averiguar el problema de esta aparición del hermanito. El primer problema de que el niño se ocupa no es por lo tanto el de la diferencia de los sexos, sino el enigma de la procedencia de los niños. De una manera disfrazada, que puede aclararse fácilmente, es este también el problema cuya solución propone la esfinge tebana. El hecho de la existencia de dos sexos lo acepta el niño al principio sin resistencia ni sospecha alguna. Para el niño es natural la suposición de que todas las personas que conoce poseen un órgano genital exacto al suyo, y no puede sospechar en nadie la falta de este órgano. Esta convicción es enérgicamente conservada por el niño, que la defiende frente a las contradicciones que la observación le muestra en seguida, y no la pierde hasta después de graves luchas interiores (complejo de castración). Las formaciones sustitutivas de este pene, que el niño supone perdido en la mujer, juegan en la morfología de numerosas y diversas perversiones un importantísimo papel[53].

Complejo de castración y envidia por la posesión de pene. —La suposición de que ambos sexos poseen el mismo aparato genital (el masculino) es la primera de estas teorías sexuales infantiles tan singulares y que tan graves consecuencias pueden originar. De poco sirve al niño que la ciencia biológica dé la razón a sus prejuicios y reconozca el clítoris femenino como un verdadero sustitutivo del pene. La niña no crea una teoría parecida al ver los órganos genitales del niño, diferentemente formados de los de ella. Lo que hace es sucumbir a la envidia del pene, que culmina en el deseo, muy importante por sus consecuencias, de ser también un muchacho.

Teorías sobre el nacimiento. —Muchos hombres recuerdan claramente la intensidad con que se interesaron, en la época anterior a la pubertad, por el problema de la procedencia de los niños. Las infantiles soluciones anatómicas dadas al enigma son muy diversas: los niños salen del pecho, son sacados cortando el cuerpo de la mujer o surgen abriéndose paso por el ombligo. Estas investigaciones de los tempranos años infantiles se recuerdan raramente fuera del análisis, pues han sucumbido a la represión, pero sus resultados, cuando se

---

[53] Está justificado hablar del complejo de castración también con efecto a la mujer. Las niñas, al igual de los niños, construyen la teoría que también la mujer tenía originariamente un pene, que ha perdido por castración. La convicción a que por último llegan, de que la mujer no tiene pene alguno, deja en el individuo masculino, con extraordinaria frecuencia, un duradero menosprecio por el sexo contrario.

logra atraerlos a la memoria, muestran una íntima analogía. Otra de las teorías infantiles es la de que los niños se conciben al comer alguna cosa determinada (como en las fábulas) y nacen saliendo del intestino como en el acto excrementicio. Estas teorías del niño recuerdan la forma del parto en el reino animal, y especialmente la cloaca de aquellos tipos zoológicos de especies inferiores a los mamíferos.

Concepción sádica del comercio sexual. —Cuando los niños son espectadores, en esta edad temprana, del comercio sexual entre los adultos, a lo cual da facilidades la convicción que existe de que el niño no puede comprender aún nada de carácter sexual, no pueden por menos de considerar el acto sexual como una especie de maltrato o de dominio, esto es, en un sentido sadista. El psicoanálisis nos demuestra que tal impresión, recibida en temprana edad infantil, tiene gran importancia para originar una predisposición a un posterior desplazamiento sadista del fin sexual. Los niños que han contemplado una vez la realización del acto sexual siguen ocupándose con el problema de en qué consiste aquel acto, o como ellos dicen, en qué consiste el estar casado, y buscan la solución del misterio en una comunidad facilitada por la función de expulsar la orina o los excrementos.

Fracaso típico de la investigación sexual infantil. —En general puede decirse que las teorías sexuales infantiles son imágenes de la propia constitución sexual del niño y que, a pesar de sus grotescos errores, indican más comprensión de los procesos sexuales de la que se sospecharía en sus creadores. Los niños advierten la transformación producida por el embarazo en su madre y saben interpretarla muy justamente. La fábula de la cigüeña es escuchada a veces por ellos con una profunda desconfianza, generalmente muda; pero dado que a la investigación sexual infantil permanece siempre desconocidos dos elementos, el papel de la semilla fecundante y la existencia del orificio sexual femenino —puntos en los cuales la organización infantil aún no está completada— los trabajos de la investigación infantil permanecen infructuosos y terminan en una renunciación que con frecuencia produce una interrupción duradera del instinto de saber. La investigación sexual de estos años infantiles es llevada siempre a cabo solitariamente y constituye un primer paso del niño hacia su orientación independiente en el mundo, produciendo su separación de las personas que le rodean y que antes habían gozado de su completa confianza.

Fases evolutivas de la organización sexual. —Hasta ahora hemos hecho resaltar como caracteres de la vida sexual infantil su esencia autoerótica, esto es, el encontrar su objeto en el propio cuerpo, y el hecho de permanecer aislados y sin conexión todos sus instintos parciales, tendiendo independientemente cada uno hacia la obtención de placer. El final del desarrollo está constituido por la llamada vida sexual normal del adulto, en la cual la consecución de placer entra al servicio de la función reproductora, habiendo formado los instintos parciales bajo la primacía de una única zona erógena, una firme organización para la consecución del fin sexual en un objeto sexual exterior.

Organización pregenital. —El estudio psicoanalítico de los obstáculos y perturbaciones que aparecen en este proceso evolutivo nos permite descubrir nuevos agregados y grados preliminares de tal organización de los instintos parciales, que nos dejan deducir una especie de régimen sexual. Estas fases de la organización sexual transcurren normalmente sin dejar advertir su paso más que por muy breves indicaciones. Sólo en los casos patológicos se activan y aparecen reconocibles a la investigación exterior.

Denominaremos pregenitales a aquellas organizaciones de la vida sexual en las cuales las zonas genitales no han llegado todavía a su papel predominante. Hasta ahora hemos conocido dos de estas organizaciones que pueden considerarse como regresiones a primitivos estados zoomórficos.

La primera de estas organizaciones sexuales pregenitales es la *oral*, o si se quiere, *caníbal*. En ella la actividad sexual no está separada de la absorción de alimentos. El objeto de una de estas actividades es también objeto de la otra, y el fin sexual consiste en la *asimilación* del objeto modelo de aquello que después desempeñará un importantísimo papel psíquico como *identificación*.

Como resto de esta fase de organización ficticia, y que la patología nos fuerza a admirar, puede considerarse la succión, en la cual la actividad sexual, separada de la actividad alimenticia, ha sustituido el objeto exterior por uno del propio cuerpo[54].

Una segunda fase pregenital es la de la organización *sádico-anal*. En ella, la antítesis que se extiende a través de toda la vida sexual está ya desarrollada, pero no puede ser aún denominada *masculina* y *femenina*, sino simplemente *activa* y *pasiva*. La actividad está representada por el instinto de aprehensión y, como órgano con fin sexual pasivo, aparece principalmente la mucosa intestinal erógena. Para ambas tendencias existen objetos, pero no coincidentes. Al mismo tiempo actúan autoeróticamente otros instintos parciales. En esta fase aparecen ya, por lo tanto, la polaridad sexual y el objeto exterior. La organización y la subordinación a la función reproductora faltan todavía.

Ambivalencia. —Esta forma de organización sexual puede conservarse a través de toda la vida y apropiarse gran parte de la actividad sexual. El predominio del sadismo y el papel de cloaca en la zona anal le prestan un exquisito sello arcaico. Otro de sus caracteres es el de que los pares antitéticos ins-

---

[54] Sobre los restos de esta fase en los neuróticos adultos, véase el estudio de Abraham: "Untersuchugen über die früheste prägenitale Entwicklungsstufe der Libido", en *Internat. Zeitsch f. Psychoanalyse*, IV, 1916.

tintivos están desarrollados aproximadamente de la misma manera, conducta que ha sido denominada por Bleuler —muy felizmente— como *ambivalencia*.

La hipótesis de la existencia de organizaciones pregenitales en la vida sexual está fundada en el análisis de las neurosis, y solamente en relación con estos análisis puede estudiársela. Debemos esperar que continuadas investigaciones analíticas nos proporcionen más datos sobre la construcción y el desarrollo de la función sexual normal.

Para completar el cuadro de la vida sexual infantil debe añadirse que, con frecuencia, o regularmente, tiene ya lugar en los años infantiles una elección de objeto tal y como vimos era característica de la fase evolutiva de la pubertad, elección que se verifica orientándose todos los instintos sexuales hacia una única persona en la cual desean conseguir sus fines. Esta es la mayor aproximación posible en los años infantiles a la constitución definitiva de la vida sexual posterior a la pubertad. La diferencia está tan sólo en que la síntesis de los instintos parciales y su subordinación a la primacía de los genitales no se verifica en la niñez, o sólo se verifica muy imperfectamente. La formación de esta primacía en aras de la reproducción es por lo tanto la última fase de la organización sexual.

Elección bifásica de objeto. —Puede considerarse como un fenómeno típico el que la elección de objeto se verifique en dos fases: la primera comienza en los años que van del segundo al quinto, es detenida o forzada a una regresión por la época de latencia, y se caracteriza por la naturaleza infantil de sus fines sexuales. La segunda comienza con la pubertad y determina la constitución definitiva de la vida sexual.

La elección bifásica de objeto, que se reduce esencialmente al efecto de la época de latencia, es, sin embargo, altamente importante para la perturbación de dicha constitución definitiva. Los resultados de la elección infantil de objeto alcanzan hasta épocas muy posteriores, pues conservan intacto su peculiar carácter o experimentan, en la pubertad, una renovación. Mas, llegado este período, y a consecuencia del desarrollo de la represión, que tiene lugar entre ambas fases, se demuestran, sin embargo, como inutilizables. Sus fines sexuales han experimentado una atenuación y representan entonces aquello que pudiéramos *denominar corriente de ternura* de la vida sexual. Sólo la investigación psicoanalítica puede demostrar que detrás de esta ternura, respeto y consideración se esconden las antiguas corrientes sexuales de los instintos parciales infantiles, ahora inutilizables.

La elección de objeto en la época de la pubertad tiene que renunciar a los objetos infantiles y comenzar de nuevo como corriente *sensual*. La no coincidencia de ambas corrientes da con frecuencia el resultado de que uno de los ideales de la vida sexual, la reunión de todos los deseos en un solo objeto, no pueda ser alcanzado.

VI. Fuentes de la sexualidad infantil

En la labor de perseguir los orígenes del instinto sexual hemos encontrado hasta ahora que la excitación sexual se origina:

a) Como formación consecutiva a una satisfacción experimentada en conexión con otros procesos orgánicos.

b) Por un apropiado estímulo periférico de las zonas erógenas.

c) Como manifestación de ciertos instintos cuyo origen no nos es totalmente conocido, tales como el instinto de contemplación y el de crueldad.

La investigación psicoanalítica, que descubre la niñez del sujeto investigado, y la investigación directa de la vida infantil, nos han revelado, obrando conjuntamente, otras fuentes regulares de la excitación sexual. La observación directa de la infancia tiene el inconveniente de trabajar con objetos en los que fácilmente se incurre en error, y el psicoanálisis queda dificultado por el hecho de no poder llegar a sus objetos ni a sus resultados más que por medio de grandes rodeos. Mas con la acción conjunta de ambos métodos investigativos se consigue un grado satisfactorio de seguridad de conocimiento.

En la investigación de las zonas erógenas hemos encontrado que estas partes de la epidermis no muestran más que una especial elevación de un género de excitabilidad que, en cierto grado, es poseído por toda la superficie del cuerpo. Por lo tanto, no nos maravillamos de ver que determinadas excitaciones generales de la epidermis poseen afectos erógenos muy definidos. Entre ellas debemos hacer resaltar las producidas por la temperatura, y de este modo queda preparada nuestra comprensión de los efectos terapéuticos de los baños calientes.

Excitaciones mecánicas. —Debemos añadir aquí la producción de la excitación sexual por conmociones mecánicas rítmicas del cuerpo, las cuales producen tres clases de efectos estimulantes; a saber: sobre el aparato sensorial de los nervios vestibulares, sobre la piel y sobre partes más profundas, esto es, los músculos y las articulaciones. El que el niño guste tanto de juegos en los que se produce un movimiento pasivo, como el de mecerse, y demande continuamente su repetición, constituye una prueba del placer producido por ciertos movimientos mecánicos[55]. Sabido es lo mucho que se usa el mecer a los niños de carácter inquieto para lograr hacerles conciliar el sueño. El movimiento producido por los viajes en coche y, más tarde, en ferrocarril, ejerce un efecto tan fascinador sobre el niño ya de alguna edad, que todos los muchachos tienen alguna vez en su

---

[55] Algunas personas recuerdan haber experimentado directamente como placer sexual el empuje del aire sobre los genitales, al columpiarse.

vida el deseo de llegar a ser conductores o cocheros. Abrigan un misterioso interés de extraordinaria intensidad por todo lo referente a los viajes en ferrocarril y los convierten, en la época de la actividad fantástica (poco antes de la pubertad), en nódulo central de una simbólica exquisitamente sexual. La obsesiva conexión del viaje en ferrocarril con la sexualidad procede, sin duda, del carácter de placer de las sensaciones de movimiento. Si aparece una represión a este respecto, represión que transforma gran parte de las preferencias infantiles en objetos de desagrado, estos niños, cuando llegan a ser adultos, reaccionan habitualmente a todos los movimientos de carácter de columpio o vaivén y quedan agotados extraordinariamente por un viaje en ferrocarril o tienen ataques de angustia durante el viaje, y se defienden contra la repetición de la experiencia penosa por medio de aquella neurosis cuyo síntoma es el miedo al ferrocarril.

Aquí se agrega (sin que aún haya podido llegarse a su comprensión) el hecho de que por la coincidencia del miedo al movimiento mecánico con una conmoción mecánica quede producida la grave neurosis traumática histeriforme. Debe suponerse, por lo menos, que estas influencias, que cuando son de pequeña intensidad devienen fuentes de excitación sexual, hacen surgir, cuando actúan en grado elevado, una profunda perturbación del mecanismo sexual.

Actividad muscular. —La actividad muscular es para los niños una necesidad de cuya satisfacción sacan un placer extraordinario. Que este placer tenga algo que ver con la sexualidad, ya entrañando una satisfacción sexual, ya originando una excitación de tal carácter, es una hipótesis que podrá sucumbir a las objeciones críticas que se alcen contra ella y que no dejarán de oponerse, asimismo, a la afirmación antes expuesta de que el placer producido por sensaciones de carácter pasivo es de naturaleza sexual o actúa como excitante sexual. Pero el hecho de que muchos individuos nos han comunicado que los primeros signos de excitabilidad de sus genitales aparecieron durante una pelea o lucha con sus compañeros de juego, situación en la cual, además del esfuerzo muscular general, actúa el contacto de la piel del niño con la de su contrincante. La tendencia a la lucha muscular con una determinada persona, así como, en años posteriores, la tendencia a la lucha oral, pertenece a los signos más claros de la elección de objeto orientada hacia dicha persona. En la producción de la excitación sexual por la actividad muscular se hallará quizá una de las raíces del instinto sadista. Para muchos individuos la conexión entre la lucha y la excitación sexual codetermina la posterior orientación preferida de su instinto sexual[56].

Procesos afectivos. —Menos dudas aparecen en la observación de las restantes fuentes de excitación sexual en los niños. Es fácil fijar, por observaciones directas o por investigaciones posteriores, que todos los procesos afectivos intensos, hasta las mismas excitaciones aterrorizantes, se extienden hasta el dominio de la sexualidad, hecho que puede constituir asimismo una aportación a la inteligencia del efecto patógeno de tales emociones. En los colegiales, el miedo al examen o la tensión ante un deber de difícil solución pueden tener gran importancia tanto para la aparición de manifestaciones sexuales como para su conducta en la escuela, pues en tales circunstancias aparece con frecuencia una sensación de excitación que lleva al tocamiento de los genitales o a un proceso análogo a la polución, con todas sus consecuencias perturbadoras. La conducta del niño en la escuela, que tantos problemas plantea a los profesores, debe relacionarse en general

---

[56] El análisis de casos de agorafobia y de perturbaciones neuróticas de la deambulación hace cesar la duda sobre la naturaleza sexual del placer del movimiento. La moderna educación cultural se sirve de los deportes para desviar a la juventud de la actividad sexual, o, mejor dicho, para sustituir el placer sexual por el placer de movimiento, haciendo así retroceder la actividad sexual a uno de sus componentes autoeróticos.

con su naciente sexualidad. El efecto sexualmente excitante de algunos afectos desagradables en sí, el temor, el miedo o el horror, se conserva en una gran cantidad de hombres a través de toda la vida adulta, y constituye la explicación de que tantas personas busquen la ocasión de experimentar tales sensaciones, cuando determinadas circunstancias accesorias, esto es, la pertenencia de tales sensaciones a un mundo aparente, como el de la lectura o el del teatro, mitigan la gravedad de las mismas.

Si pudiera suponerse que también las sensaciones intensamente dolorosas poseen igual efecto erógeno, sobre todo cuando el dolor es mitigado o alejado por una circunstancia accesoria, podría hallarse en esta situación una de las raíces principales del instinto masoquista-sadista, en cuya heterogénea composición vamos penetrando poco a poco.

Trabajo intelectual. —Es, por último, innegable que la concentración de la atención en un trabajo intelectual, y en general toda tensión anímica, tienen por consecuencia una coexcitación sexual en muchos hombres, tanto adolescentes como adultos, excitación que es probablemente el único fundamento justificado para la de otra manera tan dudosa atribución de las perturbaciones nerviosas al *surmenage* psíquico.

Volviendo a considerar, después de estas indicaciones y pruebas, no expuestas aquí en su totalidad ni de un modo completo, las fuentes de la excitación sexual infantil, pueden sospecharse o reconocerse las siguientes generalidades: parece existir un especial cuidado en que el proceso de la excitación sexual, cuya esencia nos es cada vez más misteriosa, sea puesto en marcha, cuidando de ello ante todo, de un modo más o menos directo, las excitaciones de las superficies sensibles —piel y órganos de los sentidos— y de un modo inmediato los efectos excitantes ejercidos sobre determinadas partes consideradas como zonas erógenas. En estas fuentes de la excitación sexual, el elemento regulador es la calidad de la excitación, aunque el elemento intensidad (en el dolor) no sea por completo indiferente. Pero, además, existen disposiciones orgánicas cuya consecuencia es la de hacer surgir la excitación sexual como efecto accesorio de una numerosa serie de procesos interiores en cuanto la intensidad de estos procesos ha traspasado determinadas fronteras cuantitativas. Los que hemos denominado instintos parciales de la sexualidad se derivan directamente de estas fuentes internas de la excitación sexual o se componen de aportaciones de tales fuentes y de las zonas erógenas. Es posible que nada importante suceda en el organismo que no contribuya con sus componentes a la excitación del instinto sexual.

No me parece posible por ahora lograr mayor claridad y seguridad en estas deducciones generales, y de esta imposibilidad hago responsable a dos factores. Es el primero, la novedad de este modo de considerar la cuestión, y el segundo, el hecho de que la esencia de la excitación sexual no es aún totalmente desconocida. Sin embargo, no quiero renunciar a hacer constar dos observaciones que permiten ampliar nuestro horizonte:

a) Diversas constituciones sexuales

Así como antes vimos la posibilidad de fundamentar una diversidad de las constituciones sexuales innatas en la diversa formación y desarrollo de las zonas erógenas, podemos también intentar algo análogo con relación a las fuentes indirectas de la excitación sexual. Podemos aceptar que estas fuentes producen aportaciones en todos los individuos, pero no en todos de igual intensidad y que en el mayor desarrollo de determinadas fuentes de la excitación sexual se halla un nuevo dato para la diferenciación de las diversas constituciones sexuales[57].

---

[57] Como deducción inevitable de las explicaciones anteriores aparece la de que a cada individuo debe atribuirse un erotismo oral, anal, vesical, etc., y que la constatación de los complejos anímicos correspondientes a cada uno de estos

b) Caminos de influencia recíproca

Dejando aparte la expresión figurada en la que durante tanto tiempo hablamos de "fuentes" de excitación sexual, podemos llegar a la hipótesis de que todos los caminos de enlace que nos conducen a la sexualidad partiendo de otras funciones pueden ser recorridos también en sentido inverso. Si, por ejemplo, la posesión común a dos funciones de la zona labial es el fundamento de que en la alimentación surja simultáneamente una satisfacción sexual, el mismo factor nos permitiría también llegar a la comprensión de las perturbaciones de las funciones alimenticias cuando las funciones erógenas de la zona común estén perturbadas. Sabiendo que la concentración de la atención puede hacer surgir una excitación sexual, podemos llegar a la hipótesis de que por una actuación en el mismo camino, pero en dirección opuesta, el estado de excitación sexual puede influir en nuestra disponibilidad sobre la atención susceptible de ser dirigida. Una gran parte de la sintomatología de la neurosis, que yo derivo de las perturbaciones de los procesos sexuales, se manifiesta en la perturbación de otras funciones físicas no sexuales, y esta influencia, hasta ahora incomprensible, se hace menos misteriosa cuando no representa más que la parte correspondiente en sentido opuesto a las influencias entre las cuales se halla la producción de la excitación sexual.

Los mismos caminos por los que las perturbaciones sexuales se extienden a las restantes funciones físicas tienen también que servir a otras funciones importantes en estados normales. Por estos mismos caminos tienen que tener lugar la orientación

---

erotismos no significará un juicio de anormalidad o neurosis. Las diferencias que separan lo normal de lo anormal no pueden hallarse más que en la energía relativa de los componentes aislados del instinto sexual y en la utilización que estos reciben en el curso del desarrollo.

del instinto sexual hacia fines distintos de los sexuales, esto es, la sublimación de la sexualidad.

Debemos cerrar este capítulo con la confesión de que sobre estos caminos, que existen ciertamente y que probablemente pueden recorrerse en ambos sentidos, existe muy poco seguramente conocido.

III

La metamorfosis de la pubertad

Con el advenimiento de la pubertad comienzan las transformaciones que han de llevar la vida sexual infantil hacia su definitiva constitución normal. El instinto sexual, hasta entonces predominantemente autoerótico, encuentra por fin el objeto sexual. Hasta este momento actuaba partiendo de instintos aislados y de zonas erógenas que, independientemente unas de otras, buscaban como único fin sexual un determinado placer. Ahora aparece un nuevo fin sexual a cuya consecución tienden de consumo todos los instintos parciales, al paso de las zonas erógenas se subordinan a la primacía de la zona genital[58]. Dado que el nuevo fin sexual de ambos sexos supone funciones muy diferentes, se separan ahora considerablemente sus respectivos desarrollos sexuales. El del hombre es la más consecuente y la más asequible a nuestro conocimiento, mientras que en la de la mujer aparece una especie de regresión. La normalidad de la vida sexual se produce por la coincidencia exacta de las dos corrientes dirigidas sobre el objeto sexual y el fin sexual, la de ternura y la de sensualidad, la primera de las cuales acoge en sí lo que resta del florecimiento infantil de la sexualidad, constituyendo este proceso algo como la perforación de un túnel comenzada por ambos extremos simultáneamente.

El nuevo fin sexual, consistente, en el hombre, en la descarga de los productos sexuales, no es totalmente distinto del antiguo

---

[58] Esta exposición esquemática trata de hacer resaltar las diferencias. Hasta qué punto la sexualidad infantil se aproxima por su elección de objeto a la organización sexual definitiva, lo expusimos al tratar de la ambivalencia.

fin que se proponía tan sólo la consecución del placer, pues el grado más elevado del mismo se halla ligado a este acto final del proceso sexual. El instinto sexual se pone ahora al servicio de la función reproductora; puede decirse que se hace altruista. Para que esta transformación quede perfectamente conseguida tiene que ser facilitada por la disposición original y por todas las peculiaridades del instinto.

Como en toda otra ocasión en la que el organismo tiene que llevar a cabo nuevas síntesis y conexiones para formar un complicado mecanismo, aparece también aquí el peligro de perturbaciones morbosas por defectuosa constitución de estos nuevos órdenes. Todas las perturbaciones morbosas de la vida sexual pueden considerarse justificadamente como inhibición del desarrollo.

I. Primacía de las zonas
genitales y placer preliminar

Ante nuestros ojos aparecen claramente el punto inicial y el final del proceso evolutivo descrito, pero las transiciones merced a las cuales va constituyéndose este desarrollo permanecen todavía en la obscuridad, y tendremos que dejar sin resolver más de un problema con ellas ligado.

Se ha escogido, como lo esencial en los procesos de la pubertad, lo más singular de los mismos, esto es, el manifiesto crecimiento de los genitales exteriores que, durante el período de lactancia y de la niñez, había quedado interrumpido hasta cierto punto. Simultáneamente, el desarrollo de los genitales internos ha avanzado tanto que pueden ya ser capaces de proporcionar productos sexuales o, en el sexo femenino, acogerlos para la formación de un nuevo ser. De esta manera se ha constituido un complicado aparato que espera su utilización.

Este aparato debe ser puesto en actividad por estímulos apropiados, y podemos observar que estos pueden actuar sobre él por tres caminos diferentes: partiendo del mundo exterior, por excitación de las zonas erógenas que ya conocemos; del interior orgánico, por caminos que aún han de ser investigados; y de la vida anímica, que constituye un almacén de impresiones exteriores y un lugar de recepción de estímulos internos. Por todos estos tres caminos puede surgir la misma cosa: un estado que se denomina *excitabilidad sexual* y se manifiesta por signos de dos géneros: anímicos y somáticos. Los signos anímicos consisten en una peculiar sensación de tensión, de un carácter altamente apremiante. Entre los diversos signos físicos corporales aparece en primer término una serie de transformaciones de los genitales que tienen un sentido indudable, el de hallarse estos *dispuestos* al acto sexual, o sea, preparados para su ejecución (erección del miembro viril y lubricación de la vagina).

La tensión sexual. —El carácter de tensión de la excitabilidad sexual parece un problema cuya solución se muestra tan difícil, como importante sería para la inteligencia de los procesos sexuales. A pesar de la diversidad de opiniones reinantes sobre esta cuestión en la psicología, debo mantener mi aserto de que una sensación de tensión tiene que llevar en sí un carácter desagradable. Para mí, es decisivo el hecho de que tal sensación trae consigo el impulso hacia una transformación de la situación psíquica y actúa conduciendo hacia la acción, cosa totalmente extraña a la esencia del placer experimentado. Pero si se cuenta la excitabilidad sexual entre los sentimientos desagradables, tropieza uno con el hecho de que la misma es percibida con indudable placer. Sin excepción aparece el placer en la tensión producida por los procesos sexuales. Hasta en las mismas transformaciones preparatorias de los genitales surge claramente una especie de sensación de satisfacción. ¿Cómo pueden conciliarse esta tensión desagradable y esta sensación de placer?

Todo lo que se halla ligado con el problema del placer y el dolor toca en uno de los sitios más sensibles de la psicología actual. Intentaremos adquirir la mayor suma de conocimientos posible con el examen de las condiciones de este caso particular, evitando abarcar el problema en su totalidad. Consideremos primero la forma en que las zonas erógenas se someten al nuevo orden. En el nacimiento de la excitación sexual les corresponde un principalísimo papel. Lo más lejano al objeto sexual, el sentido de la visión, llega en el proceso de elección de objeto, con más frecuencia que ningún otro sentido, a la situación de ser estimulado por aquella especial cualidad de la excitación, cuyo motivo en el objeto sexual designamos como belleza. Las excelencias del objeto sexual son por lo tanto denominadas "encantos"[59]. Esta excitación origina, al mismo tiempo que un determinado placer, una elevación de la excitabilidad sexual o un llamamiento a la misma. Si a esto se añade la excitación de otra zona erógena, por ejemplo, de la mano que toca, el efecto es el mismo: una sensación de placer fortificada enseguida por el placer producido por las transformaciones preparatorias, y, simultáneamente, una nueva elevación de la tensión sexual que se convierte pronto en un displacer claramente notable cuando no le es permitido producir nuevo placer. Más transparente es aún otro caso: cuando, por ejemplo, en una persona no excitada sexualmente se estimula una zona erógena por medio de un tocamiento. Este tocamiento hace surgir una sensación de placer, pero al mismo tiempo es más apto que ningún otro proceso para despertar la excitación sexual que demanda una mayoración de placer. El problema está en cómo el placer experimentado hace surgir la necesidad de un placer mayor.

---

[59] N. del Traductor. —En alemán, la palabra *Reiz* tiene la doble significación de 'estimulo' y 'encanto'.

Mecanismo del placer preliminar. —Claramente aparece el papel desempeñado en esta cuestión por las zonas erógenas. Lo que era aplicable a una, puede aplicarse a las demás. Todas ellas son utilizadas para producir por medio de un estímulo apropiado una determinada aportación de placer, de la cual surge la elevación de la tensión que, por su parte, debe hacer surgir la energía motora necesaria para llevar a término el acto sexual. La penúltima fase del mismo es, nuevamente, la apropiada excitación de una zona erógena, de la zona genital misma en el *glans penis* por el objeto más apropiado para ello, esto es, la mucosa vaginal; bajo el placer que esta excitación produce se gana ahora, por caminos reflejos, la energía motora necesaria para hacer brotar la materia seminal. Este último placer es el de mayor intensidad y se diferencia de los demás en su mecanismo, siendo producido totalmente por una exoneración y constituyendo un placer de satisfacción con el cual se extingue temporalmente la tensión de la libido.

No me parece injustificado fijar por medio de un término especial esta diferencia esencial entre el placer producido por la excitación de las zonas erógenas y el producido por la exoneración de la materia sexual. El primero puede ser denominado apropiadamente *placer preliminar*, en oposición al *placer final* o placer satisfactorio de la actividad sexual. El placer preliminar es entonces el que en grado mucho menor surgía ya del instinto sexual infantil. El placer final es nuevo, y, por lo tanto, se halla ligado probablemente a condiciones que no han aparecido hasta la pubertad. La fórmula para la nueva función de las zonas erógenas sería la siguiente: son utilizadas para hacer posible la aparición de mayor placer de satisfacción por medio del placer preliminar que producen y que se iguala al que producían en la vida infantil.

Hace poco tiempo he podido explicar otro ejemplo, perteneciente a un sector psíquico totalmente distinto, y en el cual un mayor efecto de placer era conseguido por medio de una sensación menor, que actuaba como cebo. También allí teníamos ocasión de aproximarnos a la esencia del placer[60].

Peligros del placer preliminar. —La conexión del placer preliminar con la vida sexual infantil aparece más estrecha por la función patógena que el primero puede ejercer. Del mecanismo en que está incluido el placer preliminar surge un peligro para la consecución del fin sexual normal, peligro que aparece cuando en un momento cualquiera de los procesos sexuales preparatorios resulta el placer preliminar demasiado grande, y su parte de tensión, demasiado pequeña. En este caso desaparece la energía instintiva necesaria para llevar a cabo o continuar el proceso sexual; el camino se acorta, y la acción preparatoria correspondiente se coloca en lugar del fin sexual normal. Este caso perjudicial puede ser determinado por el hecho de que la zona erógena correspondiente o el correspondiente instinto parcial hayan sido utilizados con exceso en la vida infantil para la consecución de placer. Si a esto se agregan elementos que determinan una fijación, aparece fácilmente para la vida posterior una obsesión que se opone a la ordenación de este placer en un nuevo contenido. De este género es, efectivamente, el mecanismo de muchas perversiones que representan una detención en los procesos preparatorios del acto sexual. El fallo de la función del mecanismo sexual por culpa del placer preliminar se evita cuando la primacía de las zonas genitales aparece indicada ya en la vida infantil, cosa que puede tener lugar desde los ocho años hasta la pubertad.

---

[60] Véase mi estudio titulado *El chiste y su relación con lo inconsciente*. El placer preliminar producido por la técnica del chiste es utilizado para hacer surgir un placer mayor por la supresión de obstáculos interiores.

N. del Traductor. —*El chiste y su relación con lo inconsciente* constituirá el tercer tomo de estas *Obras Completas*.

94

Las zonas genitales se conducen ya en esta época de un modo análogo al del período de la madurez, llegando a ser la residencia de sensaciones de excitación y de modificaciones preparatorias cuando es experimentado un placer cualquiera por satisfacción de otras zonas erógenas, aunque este efecto sea aún inútil, esto es, no aporte nada conducente a la continuación del proceso sexual. Así, pues, ya en los ocho años infantiles, y junto al placer de satisfacción, surge un determinado grado de tensión sexual, aunque menos constante y más limitado, y ahora podemos comprender por qué en la explicación de las fuentes de la sexualidad pudimos decir justificadamente que dicho proceso actuaba produciendo una satisfacción sexual y al mismo tiempo como excitante sexual. Observamos asimismo que hemos exagerado las diferencias entre la vida sexual infantil y la del período de madurez, y debemos ahora corregir nuestras exageraciones. No son sólo las desviaciones de la vida sexual normal las que quedan determinadas por las manifestaciones infantiles de la sexualidad; éstas determinan también la constitución normal.

II. El problema de la excitación sexual

Hemos dejado sin aclarar el origen y la esencia de la tensión sexual que surge simultáneamente con el placer en la satisfacción de las zonas erógenas. La hipótesis más próxima, o sea, la de que esta tensión surja del mismo placer, no sólo es por sí misma inverosímil, sino que sucumbe a la observación de que, en el máximo placer, o sea, el ligado a la descarga de los productos sexuales, no se produce tensión ninguna, sino que, por el contrario, cesa ésta en absoluto. El placer y la tensión sexuales no pueden, por lo tanto, estar ligados más que de un modo indirecto.

Función de las materias sexuales. —Además de que, normalmente, sólo la descarga de las materias sexuales pone fin a la excitación sexual, existen otros puntos de apoyo para relacionar la tensión sexual con los productos sexuales. En una vida continente acostumbra el aparato sexual descargarse de la materia sexual en períodos variables, pero no totalmente irregulares, exoneración que va acompañada de una sensación de placer y tiene lugar durante una alucinación onírica nocturna cuyo contenido es el acto sexual. En este proceso —la polución nocturna—es difícil negarse a reconocer que la tensión sexual, que sabe hallar como sustitutivo del acto sexual el corto camino alucinatorio, es una función de la acumulación de semen en el continente de los productos sexuales. En el mismo sentido testimonian las experiencias hechas sobre el agotamiento del mecanismo sexual. Cuando el acopio de semen se agota, no sólo es imposible la ejecución del acto sexual, sino que también falla la excitabilidad de las zonas erógenas, cuyo apropiado estímulo es incapaz entonces de producir placer. De este modo vemos que hasta para la excitabilidad de las zonas erógenas es imprescindible un determinado grado de tensión sexual.

Nos vemos, pues, impulsados a aceptar la hipótesis —que si no me equivoco está muy generalmente difundida— de que la acumulación de las materias sexuales crea y mantiene la tensión sexual, quizá por el hecho de que la presión de estos productos sobre las paredes de sus continentes actúa como estímulo sobre un centro espinal, el cual transmite su excitación a centros más elevados, surgiendo entonces en la conciencia la sensación de tensión. Si la excitación de las zonas erógenas eleva la tensión sexual, ello tiene que suceder en razón a que dichas zonas están en una previa conexión anatómica con estos centros, en los que elevan el grado de la excitación, poniendo en marcha el acto sexual cuando la excitación es suficiente, o estimulando, cuando no lo es, la producción de las materias sexuales.

El punto débil de esta teoría, aceptada por Krafft-Ebing en su exposición de los procesos sexuales, está en que, creada para la actividad sexual del hombre adulto, dedica escasa atención a tres circunstancias cuya explicación debería igualmente proporcionar. Son estas circunstancias las que se dan en la mujer, en el niño y en el castrado masculino. En estos tres casos no existe, en el mismo sentido que en el hombre, una acumulación de productos sexuales, lo cual quita valencia general a la teoría. Quizá puedan encontrarse, sin embargo, datos que permitan incluir en ellas estos casos. De todos modos, queda indicado que no se debe recargar al efecto de la acumulación de productos sexuales funciones para las que parece incapaz.

Valoración de los órganos sexuales internos. —De observaciones verificadas en algunos castrados masculinos, en los que, excepcionalmente, la libido no había experimentado modificación ninguna tras la castración, parece poder deducirse que la excitación sexual puede ser en un grado importante independiente de la producción de materiales sexuales. Además, es ya muy conocido que enfermedades que han destruido la producción de células sexuales masculinas han dejado intactas la libido y la potencia del individuo, no produciendo en el mismo más efecto que la esterilidad. No es tan maravilloso, como supone C. Riger, el que la pérdida de las glándulas seminales masculinas en la edad madura pueda tener lugar sin producir influencia ninguna sobre la conducta psíquica del individuo. La castración efectuada en épocas anteriores a la pubertad se acerca, en cambio, en sus resultados, a una desaparición de los caracteres sexuales; mas también en esto pudiera influir, además de la pérdida de las glándulas sexuales, una detención en el desarrollo de otros factores, ligada con la desaparición de aquellas.

Teoría química. —Los experimentos verificados en animales vertebrados, efectuando la ablación de las glándulas seminales (testículos y ovarios) y el correspondiente injerto de nuevos órganos de este género (Lipschütz, *l. c.*, pág. 13) han aclarado por fin, parcialmente, el origen de la excitación sexual, rechazando aún más la importancia de una supuesta acumulación de los productos sexuales celulares. Ha sido posible realizar así el experimento (E. Steinach) de transformar un macho en hembra y viceversa, experimento en el cual la conducta psicosexual del animal se transforma al mismo tiempo y en igual sentido que sus caracteres sexuales somáticos. Esta influencia determinante sexual no es, sin embargo, atribuible a la glándula seminal que produce las células específicas sexuales (espermatozoo—óvulo), sino al tejido intersticial de la misma, el cual ha sido denominado "glándula de la pubertad". Es muy posible que investigaciones subsiguientes descubran que la glándula de la pubertad posee normalmente una disposición hermafrodita, con la cual quedaría fundamentada automáticamente la teoría de la bisexualidad de los animales superiores, y ya es por el momento muy verosímil que no sea esta glándula el único órgano relacionado con la producción de la excitación sexual y los caracteres sexuales. De todos modos, este nuevo descubrimiento biológico se relaciona con el anteriormente verificado sobre la significación de la glándula tiroides para la sexualidad. Debemos, pues, creer que en la parte intersticial de las glándulas seminales se producen materias químicas especiales que son acogidas por la corriente sanguínea, produciendo la carga de tensión sexual de determinadas partes del sistema nervioso central. Nos son ya conocidos varios ejemplos de tal transformación de una excitación tóxica, producida por sustancias tóxicas introducidas en el organismo, en una excitación especial de un órgano. Cómo se origina la excitación sexual por estimulación de las zonas erógenas, dada una previa carga de los aparatos centrales, y qué mezcla de efectos excitantes, puramente tóxicos o fisiológicos, aparecen en estos procesos sexuales, es cosa de la que no podemos tratar ni siquiera hipotéticamente, pues no constituye una labor que pueda emprenderse por ahora. Como esencial para esta concepción de los procesos sexuales nos bastará por el momento la hipótesis de la existencia de materias especiales originadas por transformación de las materias sexuales. Esta concepción, aparentemente caprichosa, está apoyada por un conocimiento poco tenido en cuenta, pero muy digno de que se le dé mayor importancia: Aquellas neurosis que pueden hacerse depender tan sólo de perturbaciones de la vida sexual muestran la mayor analogía clínica con los fenómenos de intoxicación y abstinencia, que resultan de la toma habitual de materias tóxicas productoras de placer (alcaloides).

La teoría de la libido. —Con estas hipótesis sobre el fundamento químico de la excitación sexual se hallan de acuerdo las representaciones auxiliares que hemos creado para llegar al dominio de las manifestaciones psíquicas de la vida sexual. Hemos fijado el concepto de la libido como una fuerza cuantitativamente variable, cuyos procesos y las transformaciones podían apreciarse en los dominios de la excitación sexual. Separamos esta libido, por su origen particular, de la energía en que deben basarse los procesos anímicos, y, por lo tanto, le atribuimos también un carácter cualitativo. En la distinción entre energías psíquicas libidinosas y otras de carácter distinto expresamos la suposición de que los procesos sexuales del organismo se diferencian por un quimismo particular de los procesos de la nutrición. El análisis de las perversiones y las psiconeurosis nos ha llevado al conocimiento de que esta excitación sexual no es producida únicamente por los órganos llamados sexuales, sino por todos los del cuerpo. Construimos, por tanto, la idea de un *libidoquantum*, cuya representación psíquica denominamos *libido del yo* (*Ich libido*), y cuya producción, aumento, disminución, distribución y desplazamiento deben ofrecernos las posibilidades de explicación de los fenómenos psicosexuales observados.

Esta libido del *yo* no aparece cómodamente asequible al estudio analítico más que cuando ha encontrado su empleo psíquico en el revestimiento de objetos sexuales, esto es, cuando se ha convertido en *libido del objeto*. De este modo la vemos entonces concentrarse en objetos, fijarse en ellos o, en ocasiones, abandonarlos, trasladándose de unos a otros y dirigiendo desde estas posiciones la actividad sexual del individuo que conduce a la satisfacción, esto es, a la extinción parcial y temporal de la libido. El psicoanálisis de las llamadas neurosis de transferencia (histeria y neurosis obsesiva) nos permite hallar aquí un fijo y seguro conocimiento.

De los destinos de la libido del objeto podemos aún averiguar que es retirada de los objetos, quedando flotante en determinados estados de tensión hasta recaer de nuevo en el *yo*, de manera que vuelve a convertirse en libido del *yo*. Esta libido del *yo* la denominamos, en oposición a la del objeto, libido *narcisista*. Desde el psicoanálisis miramos como desde una frontera, cuya transgresión no nos está permitida, la actuación de la libido narcisista, y nos formamos una idea de su relación con la del objeto. La libido del *yo* o libido narcisista aparece como una gran represa de la cual parten las corrientes de revestimiento del objeto y a la cual retornan. El revestimiento del *yo* por la libido narcisista se nos muestra como el estado original que aparece en la primera infancia y es encubierto por las posteriores emanaciones de la libido, pero que, en realidad, permanece siempre latente detrás de las mismas.

La misión de una teoría de las perturbaciones neuróticas y psicóticas, fundada en el concepto de la libido, debe ser expresar todos los fenómenos y procesos observados en los términos de la economía de la misma. Es fácil adivinar que los destinos de la libido del *yo* alcanzarán en tal teoría la máxima importancia, especialmente en aquellos casos en que se trate de la explicación de las más profundas perturbaciones psicóticas. La dificultad aparece en el hecho de que el instrumento de nuestras investigaciones —el psicoanálisis— no nos proporciona, por lo pronto, datos seguros más que sobre las transformaciones de la libido del objeto; pero no es capaz de separar la libido del *yo* de las otras energías actuantes en el mismo[61]. Una continuación de la teoría de la libido es en consecuencia sólo posible, por lo pronto, en un camino especulativo, pero sería renunciar a todo lo ganado por medio de la observación psicoanalítica si, conforme a lo expuesto por C. G. Jung, se huyese del concepto mismo de la libido haciéndola coincidir con la fuerza instintiva psíquica.

La separación de las emociones instintivas sexuales de las demás, y, por lo tanto, la limitación de las primeras del concepto de la libido, encuentra fuerte apoyo en la hipótesis antes discutida de un quimismo especial de la función sexual.

III. Diferenciación de hombres y mujeres

Es conocido que con la pubertad es cuando aparece la definida diferenciación entre los caracteres masculino y el femenino, antítesis que influencia más decisivamente que ninguna otra la constitución vital humana. El desarrollo de los obstáculos a la sexualidad (pudor, repugnancia, compasión, etc.) aparece en las niñas más tempranamente, y encontrando una resistencia menor que en los niños. Asimismo, es en las niñas mucho mayor la inclinación a la represión sexual, y cuando surgen en ellas instintos parciales de la sexualidad, escogen con preferencia la forma pasiva. La actividad autoerótica de las zonas erógenas es en ambos sexos la misma, y por esta coincidencia falta en los años infantiles una diferenciación sexual tal y como aparece después de la pubertad. Con referencia a las manifestaciones

---

[61] Véase "Zur Einfuehrung des Narzissmas", en *Jahrbuch der Psychoanalyse*, VI, 1913. El término *narcisismo* no fue creado, como erróneamente se indica en este trabajo, por Näcke, sino por H. Ellis.

sexuales autoeróticas y masturbatorias pudiera decirse que la sexualidad de las niñas tiene un absoluto carácter masculino, y si se pudieran dar un contenido definido a los conceptos "masculino" y "femenino", se podría también sentar la afirmación de que *la libido es regularmente de naturaleza masculina, aparezca en el hombre o en la mujer e independientemente de que su objeto sea el hombre o la mujer*[62].

Desde que llegamos al conocimiento del punto de vista de la bisexualidad, consideramos este factor como el que aquí ha de darnos la pauta y opinamos que sin tener en cuenta la bisexualidad no podrá llegarse a la inteligencia de las manifestaciones sexuales observables en el hombre y en la mujer.

---

[62] Es indispensable representarse claramente que los conceptos "femenino" y "masculino", cuyo contenido parece tan equívoco a la opinión vulgar, pertenecen en la ciencia a los más confusos y pueden considerarse por lo menos en tres direcciones. Se usan estos términos, masculino-femenino, unas veces en sentido de actividad y pasividad, otras en sentido biológico y otras en sentido sociológico. La primera de estas tres significaciones es la única especial y utilizable en el psicoanálisis. A ella corresponde cuando la libido se designa en nuestras explicaciones como masculina, pues el instinto es siempre activo aun en aquellos casos en que se ha propuesto un fin pasivo. La segunda significación biológica, de masculino y femenino, es aquella que puede determinarse más claramente: Masculino y femenino son aquí caracterizados por la presencia de la célula seminal u ovárica, respectivamente, y por las funciones que de ellas parten. La actividad y sus manifestaciones accesorias, tales como un más enérgico desarrollo muscular, la agresión y la mayor intensidad de la libido están soldadas, en realidad, con la virilidad biológica, pero no necesariamente ligadas a ella, pues existen especies animales en las que estas cualidades son poseídas por la hembra. La tercera significación, sociológica, recibe su contenido de la observación de los individuos masculinos y femeninos, realmente existentes. Esta significación da como resultado, en el género humano, la imposibilidad de hallar, ni en sentido psicológico, ni en el biológico, una pura virilidad. Cada individuo muestra más bien una mezcla de sus caracteres sexuales biológicos con rasgos biológicos del otro sexo y una unión de actividad y pasividad tanto en cuanto estos rasgos característicos psíquicos dependen de los biológicos como en lo que son independientes.

Zonas directivas en el hombre y en la mujer. —Después de lo dicho, sólo me queda añadir lo siguiente: la zona erógena directiva continúa siendo en la mujer el clítoris y en el hombre el glande, esto es, homólogamente. Todo lo que he podido investigar sobre la masturbación en las niñas se refería exclusivamente al clítoris y no a las otras partes de los genitales exteriores, importante para las funciones sexuales posteriores. Dudo que la niña, bajo la influencia de la seducción o de la corrupción, llegue a otra cosa que a la masturbación clitoridiana, y si esto sucede alguna vez, ello constituye una rara excepción. Las descargas espontáneas de la excitación sexual, tan frecuentes en las niñas, se manifiestan en contracciones del clítoris y las frecuentes erecciones del mismo le hacen posible a la niña el juzgar acertadamente, y sin indicación alguna exterior, las manifestaciones sexuales del sexo contrario, transfiriendo simplemente al sexo masculino las sensaciones de sus propios procesos sexuales.

Si se quiere comprender la evolución en mujer de la niña, tiene que seguirse el camino recorrido por esta excitabilidad del clítoris. La pubertad, que produce en el niño aquel grave avance de la libido, de que ya tratamos, se caracteriza en la niña por una nueva ola de represión que se refiere precisamente a la sexualidad clitoridiana. Lo que sucumbe a la represión es un trozo de vida sexual masculina. La fortificación de los obstáculos sexuales creada por esta represión de la pubertad en la mujer constituye después un estímulo más para la libido del hombre y obliga a la misma a elevar sus rendimientos. Con el grado de la libido se eleva entonces también la sobrevaloración sexual, que recae con toda su fuerza en la mujer que se niega al hombre y rechaza su propia sexualidad. El clítoris conserva, entonces, el papel de cuando es excitado en el por fin consentido acto sexual y transmite esta excitación a los órganos femeninos vecinos, así como una astilla de pino es utilizada para transmitir el fuego a la demás leña más difícil de prender. Con frecuencia es necesario determinado tiempo para que llegue a verificarse por completo esta transferencia, y durante esta época la joven permanece totalmente anestésica. Esta anestesia puede ser duradera cuando la zona clitoridiana se niega a transmitir su excitabilidad, cosa que sucede cuando durante los años infantiles ha sido excesiva su actividad erógena. Conocido es que la anestesia en la mujer es, con frecuencia, sólo aparente y local. Son anestésicas en la entrada de la vagina, pero en ningún modo inexcitables en el clítoris o hasta en otras zonas. A estas causas erógenas de la anestesia se juntan después las psíquicas, igualmente determinadas por represión.

Cuando la transferencia de la excitabilidad erógena desde el clítoris a la entrada de la vagina queda establecida, ha cambiado la mujer la zona directiva de su posterior actividad sexual, mientras que el hombre conserva la suya sin cambio alguno desde la niñez. En este cambio de las zonas erógenas directivas, así como en el avance represivo de la pubertad, que echa a un lado la virilidad infantil, yacen las condiciones principales para la facilidad de adquisición de la neurosis por la mujer, especialmente de la histeria. Estas condiciones están ligadas, por lo tanto, íntimamente con la esencia de la femineidad.

IV. El hallazgo de objeto

Mientras que por los procesos de la pubertad queda fijada la primacía de las zonas erógenas, y la erección del miembro viril indica apremiantemente al sujeto el nuevo fin sexual, esto es, la penetración en una cavidad excitadora de la zona genital, tiene lugar en los dominios psíquicos el hallazgo de objeto, momento que se ha venido preparando desde la más temprana niñez. Cuando la primitiva satisfacción sexual estaba aún ligada con la absorción de alimentos, el instinto sexual tenía en el pecho materno un objeto sexual exterior al cuerpo del niño. Este objeto sexual desaparece después y quizá precisamente en la época en que fue posible para el niño construir la representación total de la persona a la cual pertenecía el órgano productor de satisfacción. El instinto sexual se hace en este momento autoerótico hasta que, terminado el período de latencia, vuelve a formarse la relación primitiva. No sin gran fundamento ha llegado a ser la succión del niño del pecho de la madre modelo de toda relación erótica. El hallazgo de objeto es realmente un segundo hallazgo[63].

Objeto sexual de la época de lactancia. —De estas primeras y más importantes relaciones sexuales queda gran parte, como resto, después de separada la actividad sexual de la alimentación. Este resto prepara la elección del objeto, esto es, ayuda a volver a constituir la felicidad perdida. Durante todo el período de latencia aprende el niño a amar a las personas que satisfacen sus necesidades y le auxilian en su carencia de adaptación a la vida. Y aprende a amarlas conforme al modelo y como una continuación de sus relaciones de lactancia con la madre o la nodriza. Quizá no se quiera aceptar el hecho de que el tierno sentimiento y la estimación del niño hacia las personas que le cuidan haya de identificarse con el amor sexual, pero en mi opinión, una investigación psicológica cuidadosa fijará siempre y sin dejar lugar a dudas esta identidad. La relación del niño con dichas personas es para él una inagotable fuente de excitación sexual y de satisfacción de las zonas erógenas. Sobre

---

[63] El psicoanálisis nos enseña que existen dos caminos para el hallazgo de objeto: primeramente, el que ya hemos expuesto y que se verifica apoyándose en el ejemplo infantil primitivo; y, en segundo lugar, el narcisista, que busca y encuentra en otras personas el propio *yo*. Este último tiene una importancia especialmente grande para el resultado patológico, pero no puede ser incluido en nuestro estudio actual.

todo, la madre, atiende al niño con sentimiento procedente de su propia vida sexual y le acaricia, besa y mece, tomándolo claramente como sustitutivo de un completo objeto sexual[64].

La madre se horrorizaría, probablemente, al conocer esta explicación y ver que con su ternura despierta el instinto sexual de su hijo y prepara su posterior intensidad. Considera sus actos como manifestaciones de "puro" amor asexual, dado que evita con todo cuidado excitar los genitales del niño más de los imprescindiblemente necesario al proceder a la higiene de su cuerpo. Pero el instinto sexual no es tan sólo despertado por excitaciones de la zona genital. Lo que llamamos ternura exteriorizará notablemente un día el efecto ejercido sobre las zonas erógenas. Si la madre comprendiera mejor la alta significación del instinto para la total vida psíquica y para todas las funciones éticas y anímicas, no se haría ningún reproche aun cuando admitiera totalmente nuestra concepción. Enseñando a amar a su hijo no hace más que cumplir uno de sus deberes. El niño tiene que llegar a ser un hombre completo, con necesidades sexuales enérgicas, y llevar a cabo durante su vida todo aquello a lo que el instinto impulsa al hombre. Un exceso de ternura materna quizá sea perjudicial para el niño por acelerar su madurez sexual, acostumbrarle mal y hacerle incapaz, en posteriores épocas de su vida, de renunciar temporalmente al amor o contentarse con una pequeña parte de él. Los niños que demuestran ser insaciables en su demanda de ternura materna presentan con ello uno de los más claros síntomas de futura nerviosidad. Por otra parte, los padres neurópatas son, en general, los más inclinados a una ternura sin medida, despertando así en sus hijos, antes que nadie y por sus caricias,

---

[64] Aquéllos que consideren "sacrílega" esta concepción, deberán leer el estudio, en igual sentido, de Havelock Ellis, sobre las relaciones entre la madre y el niño: (*Das Geschlechtsgefühl*, pág. 16).

la disposición a posteriores enfermedades neuróticas. Vemos, pues, que los padres neuróticos disponen de un camino distinto de la herencia para legar a sus hijos su enfermedad.

Miedo infantil. —Los mismos niños se conducen desde sus años más tempranos como si su cariño hacia las personas que los cuidan fuera de la naturaleza del amor sexual. El miedo de los niños no es en un principio más que una manifestación de que echan de menos la presencia de la persona querida. Así, experimentan miedo ante personas desconocidas y se asustan de la obscuridad porque en ella no ven a la persona amada, tranquilizándose cuando esta les coge de la mano. Se exagera el efecto de los relatos terroríficos de las niñeras cuando se culpa a estas de originar el miedo en los niños que tienen a su cuidado. Aquellos niños inclinados a terrores infantiles son precisamente los que pueden ser influidos por tales relatos, que no ejercen, en cambio, acción alguna sobre aquellos otros, no predispuestos. Y, precisamente, al miedo no se inclinan más que los niños que poseen un instinto sexual exagerado, desarrollado prematuramente o devenido exigente por un exceso de mimo. El niño se conduce aquí como el adulto, transformando en miedo su libido cuando no logra satisfacerla, así como el adulto se conducirá completamente igual que el niño cuando por insatisfacción de su libido haya llegado a contraer la neurosis, pues comenzará a angustiarse en cuanto esté solo, esto es, sin una persona de cuyo amor se crea seguro, e intentará hacer desaparecer este miedo por los expedientes más infantiles[65].

---

[65] La explicación del origen del miedo infantil me fue dada por un niño de tres años, al cual oí demandar un día hallándose en un cuarto obscuro: "Tía, háblame, tengo miedo de estar en un cuarto tan obscuro". La tía contesto: "¿Y qué te importa que te hable? De todas maneras, no me ves". "No le hace —respondió el niño—; cuando alguien me habla parece que hay luz".

Así, pues, no se asustaba por la obscuridad, sino porque echaba de menos a una persona amada, y podía prometer tranquilizarse en cuanto recibiera una

Diques del incesto. —Cuando la ternura de los padres hacia el niño ha evitado felizmente desarrollar de una manera prematura el instinto sexual del mismo, esto es, despertarlo antes de alcanzadas las condiciones físicas de la pubertad, y despertarlo de tal manera que la excitación anímica se abra paso hasta el sistema genital, puede acabar de cumplir su misión, dirigiendo a este niño, en la edad de la madurez, en la elección del objeto sexual. Lo más fácil para el niño será elegir como objeto sexual a aquellas mismas personas a las que ha amado y ama desde su niñez con una libido que podríamos calificar de mitigada[66]. Mas por la avanzada época en que tiene lugar la maduración sexual, se ha llegado al momento en que es necesario alzar, al lado de otros diques sexuales, los que han de oponerse a la tendencia al incesto, esto es, inculcar al niño aquellos preceptos morales que excluyen de la elección de objeto a las personas queridas durante la niñez y a los parientes consanguíneos. El respeto de estos límites es, ante todo, una exigencia civilizadora de la sociedad que tiene que defenderse de la concentración, en la familia, de intereses que le son necesarios para la constitución de unidades sociales más elevadas, y actúa, por lo tanto, en todos, y especialmente en el adolescente, para desatar o aflojar los lazos contraídos en la niñez con la familia[67].

---

prueba de la presencia de la misma. Uno de los resultados más importantes de la investigación psicoanalítica es el de que el miedo neurótico es originado por la libido y representa un producto de la transformación de la misma, conduciéndose con respecto a ella exactamente como el vinagre con respecto al vino. En mi *Introducción al Psicoanálisis* (1917) se incluye una más amplia discusión de este problema, discusión que de todos modos tampoco ha llegado a la total explicación del mismo.

[66] Compárese lo expuesto anteriormente sobre la elección infantil de objeto y sobre las "corrientes de ternura".

[67] El dique que se opone al incesto pertenece probablemente a las adquisiciones históricas de la humanidad y debe de estar fijado por herencia orgánica en muchos

La elección de objeto es llevada a cabo, al principio, tan sólo imaginativamente, pues la vida sexual de la juventud en maduración tiene apenas otro campo de acción que el de las fantasías, esto es, el de las representaciones no destinadas a convertirse en actos[68].

---

individuos como lo están otros tabúes morales (véase mi libro *Tótem y tabú*, 1913). Mas la investigación psicoanalítica nos enseña cuán intensamente lucha todavía el individuo, en sus épocas de desarrollo, con la tentación incestuosa, y con cuánta frecuencia la realiza en sus fantasías y aun en la realidad.

[68] Las fantasías de la época de la pubertad se ligan a la investigación sexual infantil, abandonada en épocas anteriores, y alcanzan también, en parte, a la época de latencia. Pueden conservarse inconscientes en su totalidad o en su mayor parte, y, por lo tanto, escapan con frecuencia a una fijación de fecha. Tienen una gran importancia para el origen de síntomas diversos, constituyendo los grados preliminares de los mismos, esto es, representando las formas en las que los componentes reprimidos de la libido encuentran su satisfacción. Asimismo, constituyen los datos de las fantasías nocturnas, que se hacen conscientes como sueños. Estos no son con frecuencia otra cosa que la resurrección de tales fantasías bajo la influencia de una excitación recibida durante el día. Entre las fantasías sexuales de la época de la pubertad sobresalen algunas que se caracterizan por su aparición general y amplia independencia de la vida peculiar de cada individuo. Así, las fantasías de la contemplación de acto sexual realizado por los padres, de la seducción temprana llevada a cabo por personas amadas, de la amenaza de castración y las de la vida en el seno materno, cuyo contenido está constituido por la existencia anterior al nacimiento y hasta por sucesos ocurridos en este tiempo y estado. Asimismo, la llamada "novela de familia" en la que el sujeto reacciona a la diferencia de su posición con respecto a los padres ahora, y en la infancia. Las relaciones de estas fantasías con el mito han sido indicadas por Otto Rank en su trabajo *Der Mithus der Geburt des Helden* (1909).

Puede decirse justificadamente que el complejo de Edipo es el complejo nódulo de las neurosis y representa la parte esencial del contenido de las mismas. En él llega a su punto más elevado la sexualidad infantil, que influye decisivamente por sus efectos en la sexualidad del adulto. A cada individuo se le presenta, al llegar al mundo, la misión de dominar el complejo de Edipo. Aquel que no lo logra, sucumbe a la neurosis. El progreso de la labor psicoanalítica ha señalado cada día más definidamente la importancia del complejo de Edipo, y su aceptación es el punto que precisamente separa a los partidarios del psicoanálisis de sus contrarios.

En estas fantasías resurgen en todos los hombres las tendencias infantiles, fortificadas ahora por la energía somática, y entre ellas, con frecuencia, y, en primer lugar, la impulsión sexual del niño hacia sus padres, diferenciada, en la mayoría de los casos, por la atracción de los sexos; esto es, del hijo por la madre y de la hija por el padre. Simultáneamente al vencimiento y repulsa de estas fantasías claramente incestuosas tiene lugar una de las reacciones psíquicas más importantes y también más dolorosas de la pubertad: la liberación del individuo de la autoridad de sus padres, por medio de la cual queda creada la contradicción de la nueva generación con respecto a la antigua, tan importante para el progreso de la civilización. En todas las estaciones del proceso evolutivo por las que el sujeto debe pasar quedan fijos algunos individuos, y así hay personas que no han vencido nunca la autoridad de los padres y no han conseguido retirar de ellos por completo o en absoluto su ternura. Estos casos están constituidos en su mayoría por muchachas que, para alegría de sus padres, conservan después de la pubertad todo su amor infantil hacia ellos. Y es muy instructivo comprobar que tales muchachas repugnan en su ulterior vida matrimonial conceder a sus maridos lo que les es debido. Llegan a ser esposas frías y permanecen sexualmente anestésicas. Esto nos muestra que el amor hacia los padres, aparentemente asexual, y el amor sexual proceden de las mismas fuentes, esto es, que el primero no corresponde más que a una fijación infantil de la libido.

Cuanto más se acerca uno a las profundas perturbaciones del desarrollo psicosexual, más innegable aparece la importancia de la elección de objeto incestuoso. En los psiconeuróticos queda relegada a lo inconsciente, a consecuencia de la repulsa sexual, una gran parte o la totalidad de las actividades psicosexuales de la elección de objeto. Para las muchachas de una exagerada necesidad de ternura y un horror igualmente exagerado ante las exigencias reales de la vida sexual, llega a ser una tentación irresistible asegurarse, por una parte, el ideal del amor asexual en su vida y esconder, por otra, su libido detrás de una ternura que puedan exteriorizar sin autorreproches, conservando así, durante toda la vida, su inclinación infantil hacia los padres o hermanos que volvió a surgir en ellas al llegar a la pubertad. El psicoanálisis puede demostrar sin trabajo alguno a estas personas que están enamoradas, en el sentido corriente de la palabra, de sus parientes consanguíneos, investigando sus pensamientos inconscientes y atrayéndolos a su conciencia con la ayuda de los síntomas y de otras manifestaciones de la enfermedad. También en los casos en que una persona, primitivamente sana, ha enfermado después de una desgraciada experiencia erótica, puede verse claramente que el mecanismo de tal aparición de la enfermedad es el retorno de su libido a las personas que prefirió durante su infancia.

Influencia duradera de la elección infantil de objeto. —Tampoco de aquellos que han evitado la fijación incestuosa de su libido puede decirse que han escapado por completo a la influencia de la misma. Un claro eco de esta fase evolutiva está constituido por el hecho de que, como suele ser muy frecuente, el primer amor del adolescente recaiga en una mujer ya madura, así como el de la muchacha en un hombre entrado en años y revestido de autoridad, o sea, en uno y otro sexo, personas que para el sujeto presentan analogía con la madre o el padre, respectivamente[69]. La elección de objeto se verifica siempre más o menos libremente conforme a este patrón. Ante todo, busca el hombre, en su objeto sexual, la semejanza con aquella imagen de su madre que, en su más temprana edad, quedó impresa en su memoria. Aquellos casos en los

---

[69] Véase mi trabajo: "Sobre un tipo especial de la elección de objeto en el hombre" (1910), incluido en la *Colección de ensayos sobre Neurología*, tomo IV.

que la madre, viva aún, ve con hostilidad la elección de objeto realizada por su hijo, constituyen una afirmación de nuestra hipótesis. Dada esta importancia de las relaciones infantiles con los padres para la posterior elección del objeto sexual, es fácil comprender que cada perturbación de estas relaciones infantiles origine después los más graves resultados para la vida sexual posterior a la pubertad. Los celos del amante no carecen tampoco nunca de una raíz infantil o, por lo menos, de algo infantil que eleva su intensidad. Las diferencias entre los mismos padres y los matrimonios desgraciados producen en los hijos la más grave predisposición a un desarrollo sexual perturbado o a la adquisición de enfermedades neuróticas.

La inclinación infantil hacia los padres es quizá el más importante, pero no el único de los sentimientos que, renovados en la pubertad, marcan después el camino a la elección de objeto. Otros factores del mismo origen permiten al hombre, siempre en relación con su infancia, desarrollar más de una única serie sexual y exigir muy diferentes condiciones para la elección de objeto[70].

Prevención de la inversión. —Uno de los requisitos de la elección normal de objeto es el de recaer precisamente en el sexo contrario. Como hemos visto, no llega a efectuarse así sin alguna vacilación. Los primeros sentimientos subsiguientes a la pubertad aparecen —sin que ello constituya una falta duradera— como totalmente erróneos. Dessoir ha llamado muy justificadamente la atención sobre la regularidad de la exagerada inclinación que aparece entre los adolescentes por sus compañeros del mismo sexo. El poder más importante, entre los que se oponen a una inversión duradera del objeto

---

[70] Infinitas peculiaridades de la vida erótica humana, así como lo obsesivo del enamoramiento mismo, son principalmente comprensibles por la referencia a la infancia y como resto de influencia de la misma.

sexual, es ciertamente la atracción que manifiestan los caracteres sexuales opuestos, unos por otros. La explicación de este fenómeno no encuentra lugar apropiado dentro de nuestro estudio; pero sí haremos constar que tal atracción no alcanza por sí sola a excluir totalmente la inversión siendo necesario que aparezcan otros factores auxiliares. Ante todo, el obstáculo autoritario de la sociedad. En aquellos países en los que la inversión no es considerada como un crimen, puede verse que corresponde por completo a la inclinación sexual de un considerable número de individuos. Además, debe aceptarse, con respecto al hombre, el hecho de que los recuerdos infantiles de las ternuras de la madre y de otras personas femeninas ayudan enérgicamente a dirigir su elección hacia la mujer, mientras que la intimidación sexual tempranamente experimentada por parte del padre y la posición de concurrencia con respecto a él, desvían al sujeto de las personas de su mismo sexo.

Ambos factores son valederos también con respecto a la muchacha, cuya actividad sexual se halla bajo la guarda especial de la madre. De esta manera se constituye una relación hostil con respecto al propio sexo, que influye decisivamente en la elección de objeto, orientándola hacia lo normal. La educación del niño por personas masculinas (en la antigüedad los esclavos) parece favorecer la homosexualidad. En la aristocracia contemporánea, la frecuencia de la inversión se hace comprensible por el empleo de servidumbre masculina y por la escasez de cuidados personales de que la madre hace objeto a sus hijos. En algunos histéricos ha podido demostrarse que la temprana desaparición de los padres, por muerte o divorcio, motivando la acumulación de todo el amor del niño en la persona restante, fue la condición para el sexo de la persona elegida después como objeto sexual, haciendo posible así la inversión duradera.

Síntesis

Es tiempo ya de llegar a sintetizar nuestras conclusiones. Hemos partido de las aberraciones del instinto sexual con respecto a su objeto y su fin. Hemos hallado el problema de si dichas aberraciones nacen de una disposición innata o son adquiridas a resultas de influencias de la vida. La solución de este problema nos fue dada por el conocimiento de las características del instinto sexual de los psiconeuróticos, esto es, de un numeroso grupo de hombres no muy apartados de los sanos. Este conocimiento lo adquirimos por medio del psicoanálisis y hallamos que en tales personas pueden revelarse las tendencias a todas las perversiones como poderes inconscientes que actúan en calidad de generadores de síntomas. Pudimos, pues, decir que la neurosis era el negativo de la perversión. Frente a la gran difusión de las tendencias perversas se nos impuso la hipótesis de que la disposición a las perversiones era la primitiva y general del instinto sexual humano, partiendo de la cual se desarrollaba la conducta normal sexual a consecuencia de transformaciones orgánicas y de obstáculos psíquicos aparecidos en el curso de la maduración. La disposición primitiva esperábamos poderla hallar en la infancia, y entre los poderes limitadores de la dirección del instinto sexual hicimos resaltar el pudor, la repugnancia, la compasión y las construcciones sociales de la moral y de la autoridad. De este modo tuvimos que considerar en cada una de las aberraciones de la vida sexual normal algo de obstaculización del desarrollo y algo de infantilismo. Hicimos resaltar la importancia de las variantes de la disposición primitiva y aceptamos, entre ellas las influencias de la vida, una relación cooperativa y no antitética. Por otro lado, nos aparecía el instinto sexual mismo, dado que la disposición primitiva tenía que ser compleja, como algo compuesto de muchos factores, que en las perversiones se separaban unos de otros. De este modo, se demostraron las perversiones, por un lado, como obstáculos y, por otro, como disociaciones del desarrollo normal, uniéndose ambas concepciones en la hipótesis de que el instinto sexual del adulto quedaba originado por la reunión de muy diversos sentimientos de la vida infantil en una unidad, en un impulso hacia un único fin.

Añadiremos todavía una explicación del predominio de las inclinaciones perversas en los psiconeuróticos, reconociéndolo como un henchimiento colateral de caminos accesorios debido a un desplazamiento del lecho de la corriente principal, originado por represión, y nos volvimos entonces hacia el examen de la vida sexual en la infancia[71]. Encontramos muy de lamentar que se negara a la infancia el instinto sexual, considerándose las manifestaciones sexuales infantiles, tan frecuentemente observables, como fenómenos excepcionales. Nos parecía más bien que el niño trae consigo al mundo semillas de actividad sexual, y ya en la absorción de alimentos goza accesoriamente de una satisfacción sexual que intenta después renovar de continuo con la conocidísima actividad de la succión. La actividad sexual del niño no se desarrolla paralelamente a sus otras funciones, sino que, después de un corto período de florecimiento, que se extiende desde los dos a los cinco años, entra en el llamado período de latencia. En el mismo no cesa de ningún modo la

---

[71] Esto es valedero no sólo para las tendencias perversas que aparecen "negativamente" en la neurosis, sino también para las positivas, o sea, las perversiones propiamente dichas. Estas últimas no deben, por lo tanto, referirse solamente a la fijación de las tendencias infantiles, sino también a la regresión a ellas como resultado del desplazamiento de otros caminos de la corriente sexual. Por esta razón también las perversiones positivas son accesibles a la terapia psicoanalítica.

producción de la excitación sexual, sino que esta sufre únicamente una detención, produciendo un acopio de energía, utilizada en su mayor parte para fines distintos de los sexuales, esto es, por un lado, para la cesión de componentes sexuales destinados a formar sentimientos sociales, y por otro, mediante la represión y la formación de reacciones para la construcción de los posteriores diques sexuales. Así, pues, los poderes destinados a conservar en un determinado camino el instinto sexual son construidos en la infancia a costa de emociones sexuales, en su mayor parte perversas, y con el auxilio de la educación. Otra parte de las emociones sexuales infantiles escapa a esta utilización y puede exteriorizarse como una actividad sexual. Vimos después que la excitación sexual del niño proviene de muy diversas fuentes. Ante todo, se produciría una satisfacción por la excitación sensible apropiada de las llamadas zonas erógenas, pudiendo funcionar como tales cada una de las partes de la piel y cada órgano de los sentidos —en realidad, todos y cada uno de los órganos— mientras que existen determinadas zonas erógenas especiales, cuya excitación queda asegurada desde un principio por ciertos mecanismos orgánicos. Se origina, además, una excitación sexual, como producto accesorio, en una amplia serie de procesos orgánicos en cuanto estos alcanzan una determinada intensidad, y especialmente en todas las emociones intensas, aunque presenten un carácter doloroso. Las excitaciones surgidas de todas estas fuentes no actuarían todavía conjuntamente, sino que cada una perseguiría su fin especial, limitado exclusivamente a la consecución de un determinado placer. El instinto sexual no estaría, por lo tanto, *centrado* en la infancia, y sería, al principio, autoerótico, careciendo de objeto.

Aun durante los años infantiles comenzaría a hacerse notar la zona erógena genital, produciendo, como toda otra zona erógena, una satisfacción, ante una estimulación sensible apropiada, u originándose de una manera no del todo comprensible y simultáneamente a la satisfacción procedente de otras fuentes, una excitación sexual relacionada especialmente con la zona genital. Hemos tenido que lamentar no poder alcanzar una explicación suficiente de las relaciones entre la satisfacción sexual, así como entre la actividad de la zona genital y la de las restantes fuentes de la sexualidad.

Por el estudio de las perturbaciones neuróticas hemos observado que en la vida sexual infantil pueden reconocerse, desde un principio, indicios de una organización de los componentes instintivos sexuales. En una primera fase, muy temprana, se halla en primer término el erotismo oral. Una segunda de estas organizaciones "progenitales" está caracterizada por el predominio del *sadismo* y del *erotismo anal*, y únicamente en una tercera fase es codeterminada la vida sexual por la participación de las zonas genitales propiamente dichas.

Hemos tenido después que dejar fijado como uno de los resultados más sorprendentes de nuestra investigación el de que este primer florecimiento de la vida sexual infantil, entre los dos y los cinco años, muestra también una elección de objeto con todas sus reacciones anímicas, de manera que la fase correspondiente a él ligada, a pesar de la defectuosa síntesis de los componentes sexuales y de la inseguridad del fin sexual, debe estimarse como antecedente muy importante de la posterior organización sexual definitiva.

La división de dos períodos del desarrollo sexual del hombre, esto es, la interrupción de este desarrollo por la época de la latencia, nos parece digna de una especial atención, pues creemos que contiene una de las condiciones para la adquisición por el hombre de la capacidad de desarrollo de una más elevada cultura, así como también para su tendencia a la neurosis. En los animales más próximos al hombre no ha podido demostrarse, que yo sepa, nada análogo. La derivación del origen de esta cualidad humana habrá de buscarse en la historia primitiva del género humano.

No podemos decir qué cantidad de manifestaciones sexuales debe considerarse como normal y no perjudicial a un posterior desarrollo en la infancia. El carácter de las manifestaciones sexuales se muestra predominantemente masturbatorio y, por experiencia, admitimos, además, que las influencias exteriores, la seducción o corrupción, pueden hacer surgir temporales interrupciones del período de latencia y hasta traer consigo la total cesación del mismo, produciéndose el resultado de conservar en el niño un instinto sexual polimórficamente perverso. Vemos, asimismo, que esta prematura actividad sexual del niño influye sobre su educabilidad.

A pesar de lo fragmentario de nuestros conocimientos de la vida sexual infantil, tuvimos que intentar estudiar las transformaciones motivadas en ella por la aparición de la pubertad. Como las más importantes, escogimos dos: la subordinación de todos los orígenes de excitación sexual bajo la primacía de las zonas genitales y el proceso del hallazgo de objeto. Ambas se hallan ya preparadas durante la vida infantil.

La primera tiene lugar por medio de la utilización del placer preliminar, en la cual los actos sexuales independientes, ligados con placer y excitación, se convierten en actos preparatorios del nuevo fin sexual, la descarga del producto sexual, cuya consecución, acompañada de intenso placer, pone fin a la excitación sexual. Tuvimos que tener en cuenta, al ocuparnos de esta cuestión, la diferenciación del ser sexual en hombre y mujer, y encontramos que para la maduración femenina es necesaria una nueva represión que hace desaparecer una parte de virilidad infantil y prepara a la mujer para el cambio de la zona genital directiva. Por último, encontramos dirigida la elección de objeto por la inclinación infantil del sujeto, renovada en la pubertad, hacia sus padres o guardadores, y orientada, por la barrera puesta durante esta época al incesto, hacia otras personas análogas a estas, pero distintas de ellas.

Añadamos, por último, que durante el período de transición de la pubertad marchan inconexos, pero unos junto a otros, los procesos evolutivos somáticos y psíquicos hasta que, con la aparición de una intensa emoción erótica psíquica, que produce la inervación de los genitales, queda constituida la unidad de la función erótica, normalmente necesaria.

Factores perturbadores del desarrollo. —Cada paso de este largo período evolutivo puede convertirse en un punto de fijación, y cada grieta de esta síntesis tan complicada en motivo de disociación del instinto sexual, como ya hemos visto en el examen de diferentes ejemplos. Quédanos sólo llevar a cabo un ligero examen de los diversos factores, internos y externos, perturbadores del desarrollo, y ver qué punto del mecanismo es atacado por la perturbación de ellos emanada. Estos factores, que expondremos seguidamente, no son, ni mucho menos, de un igual valor, y debemos estar preparados a las dificultades que surgirán al tratar de dar a cada uno de ellos la valoración correspondiente.

Constitución y herencia. —En primer lugar, debemos citar aquí la innata *diversidad de la constitución sexual*, el factor más importante, pero que, como puede comprenderse, sólo es deducible de sus manifestaciones posteriores y no siempre con seguridad. Bajo el concepto de diversidad innata de la constitución sexual nos representamos un predominio de esta o aquella fuente de excitación sexual, y creemos que tal diversidad de las disposiciones tiene que exteriorizarse en el último resultado, aunque este consiga mantenerse dentro de los límites de lo normal. Cierto es que pueden sospecharse variaciones tales de la disposición original, que necesariamente y sin ayuda ninguna conduzcan al desarrollo de una vida sexual anormal. Estas variaciones pueden denominarse *degenerativas* y considerarse como manifestaciones de una degeneración heredada. Con respecto a esto debo hacer constar un hecho singular. En más de la mitad de los casos graves de histeria, neurosis obsesiva, etc., sometidos por mí a la psicoterapia, he logrado hallar la prueba de que uno de los progenitores del sujeto había padecido antes del matrimonio una infección sifilítica; dato que me ha sido proporcionado, ya por confesarme el sujeto que uno de sus ascendientes había padecido o padecía una tabes o una parálisis progresiva, ya de otro modo cualquiera en el curso de la anamnesis. Hago constar especialmente que los niños enfermos de neurosis, por mí tratados, no presentaban signo físico alguno de sífilis hereditaria, de manera que la constitución sexual anormal podía considerarse en ellos como la última ramificación de la herencia luética. De este modo, hallándome lejos de considerar como condición etiológica regular o indispensable para la constitución neurótica la sífilis de los progenitores, tengo de todas maneras que reconocer como muy importantes, y no sólo debidas a la casualidad, las condiciones por mí observadas.

Las circunstancias hereditarias de los perversos positivos son menos conocidas, pues estos sujetos saben eludir la investigación. Está, sin embargo, justificado el aceptar que a las perversiones puede aplicarse algo análogo a lo que aplicamos a la neurosis. Con frecuencia encontramos la perversión y la psiconeurosis en la misma familia, y distribuidas de tal manera con respecto a los sexos que los miembros masculinos, o uno de ellos, son perversos positivos, y, en cambio, los femeninos, correlativamente a la tendencia de su sexo a la represión, son perversos negativos o histéricos, cosa que constituye una buena prueba de las relaciones esenciales halladas por nosotros entre ambas perturbaciones.

Elaboración posterior. —No puede, sin embargo, afirmarse que con la agregación de los diversos componentes de la constitución sexual quede inequívocamente determinado el carácter de la vida sexual. La condicionalidad continúa y aparecen otras posibilidades, según el destino que corresponda a las diversas agregaciones de sexualidad, procedentes de cada una de las fuentes. Esta elaboración posterior es claramente el factor decisivo, mientras que la agregación de iguales componentes a una misma constitución puede llevarnos a tres resultados distintos. Cuando todos los factores se conservan en la interrelación aceptada como anormal y se fortifican con la maduración, el resultado final no puede ser más que una vida sexual perversa. El análisis de tales disposiciones constitucionales anormales no ha sido llevado a cabo seriamente todavía, pero conocemos ya casos que encuentran fácilmente su explicación en esta hipótesis. Casi todos los autores opinan, por ejemplo, que toda una serie de perversiones por fijación tiene como condición necesaria una debilidad innata del instinto sexual. En esta forma me parece inaceptable tal concepción que se convierte, en cambio, en una hipótesis muy significativa cuando se refiere no a una debilidad innata del instinto sexual, sino a una debilidad constitucional de uno de los factores del mismo, esto es, de la zona genital, la cual toma después la síntesis de las actividades sexuales aisladas como función conducente al fin de la reproducción. Esta síntesis exigida en la pubertad tiene que fracasar en estos casos, y los más fuertes entre los demás componentes de la sexualidad conseguirán exteriorizarse como perversiones[72].

Represión. —Otro resultado final aparece cuando en el curso del desarrollo experimentan el proceso de represión algunos de los componentes de excesiva energía, debiendo tenerse en cuenta que este proceso de represión no corresponde por

---

[72] Con frecuencia se ve en estos casos que en la pubertad aparece, en primer lugar, una corriente sexual normal, que después y a consecuencia de su debilidad interior, sucumbe a los primeros obstáculos exteriores y se convierte, por medio de la regresión, en una fijación perversa.

completo a una desaparición total de los elementos reprimidos. Los impulsos que sucumben a este proceso originándose, pero un obstáculo psíquico les impide llegar hasta su fin, rechazándolos hacia otros caminos, hasta que logran manifestarse en calidad de síntomas. El resultado puede ser una vida sexual aproximadamente normal —en general muy limitada—, pero que se completa por la enfermedad psiconeurótica. Precisamente estos casos nos han llegado a ser muy conocidos por la investigación psicoanalítica de los neuróticos. La vida sexual de tales personas ha empezado como la de los perversos, y una gran parte de su infancia está llena de actividades sexuales perversas que en ocasiones se extienden hasta llenar un gran período de la época de madurez. Posteriormente y por causas internas (en la mayoría de los casos antes de la pubertad, pero en algunos, bastante tiempo después) tiene lugar una transformación represiva, y desde este momento, en lugar de la perversión, aparece la neurosis sin que por esto desaparezcan los antiguos sentimientos. Esto nos recuerda el refrán "joven prostituta, vieja querida", pues lo que sucede es que la juventud ha sido aquí excesivamente corta. Tal solución de la perversión por la neurosis, en la vida de la misma persona, así como la distribución antes indicada de perversión y neurosis en diversas personas de la misma familia, debe considerarse relacionada con nuestro conocimiento de que la neurosis es el negativo de la perversión.

Sublimación. —El tercer desenlace a que puede llegar una disposición anormal se hace posible por el proceso de la *sublimación*, en el cual es proporcionada una derivación y una utilización, en campos distintos, a las excitaciones de energía excesiva, procedentes de las diversas fuentes de la sexualidad, de manera que de la peligrosa disposición surge una elevación de la capacidad de rendimiento psíquico. Hallase aquí, sin duda, una de las fuentes de la actividad artística, y según que tal sublimación sea completa o incompleta, el análisis del carácter de personas de alta intelectualidad, y en especial de las que poseen aptitudes artísticas, revelará con mayor o menor precisión esta relación mixta entre la capacidad de rendimiento, la perversión y la neurosis. Una especie de sublimación es también el dominio de los impulsos sexuales por medio de las *formaciones de reacciones* que tiene lugar al comienzo del período de latencia infantil y continúa durante toda la vida en los casos favorables. Lo que llamamos el "carácter" de un hombre está construido en gran parte con los materiales de emociones sexuales, y se compone de los instintos fijados desde la niñez, de los adquiridos por sublimación y de aquellas construcciones destinadas al sometimiento efectivo de las emociones perversas y reconocidas como inutilizables[73].

Así pues, la disposición sexual general perversa de la infancia puede considerarse como la fuente de toda una serie de nuestras virtudes, en tanto en cuanto da motivo a la creación de las mismas por la formación de reacciones[74].

Sucesos accidentales. —Enfrente de los procesos de represión y sublimación, cuyas condiciones internas nos son totalmente desconocidas, muestran menos significación e importancia todas las demás influencias. Aquel que considere la represión y la sublimación como partes integrantes de la disposición constitucional y exteriorizaciones de la misma podrá afirmar, desde luego, que la constitución definitiva de la vida sexual es, ante

---

[73] En algunos rasgos del carácter se ha reconocido una conexión con determinados componentes erógenos. De este modo, el ahorro y el orden se derivan de la utilización del erotismo anal. La ambición está determinada por una enérgica disposición erótica uretral.

[74] Un conocedor de la naturaleza humana como Emile Zola, nos describe en *La joie de vivre* a una muchacha que con un alegre desinterés sacrifica todo lo que posee y pudiera ambicionar, su fortuna y sus deseos, a la persona amada, sin esperanza ninguna de recompensa. La niñez de esta muchacha ha sido dominada por una insaciable necesidad de ternura, que en una ocasión tuvo que transformarse en crueldad.

todo, el resultado de la constitución innata. En cambio, ningún conocedor de la cuestión negará que en tal acción conjunta de factores puede también haber lugar para la influencia modificante de los sucesos vividos accidentalmente en la infancia y en las épocas posteriores a ella. No es fácil valorar la acción de los factores constitucionales y accidentales en su recíproca relación. En teoría existe una inclinación a exagerar la valoración de los primeros. La práctica terapéutica hace resaltar, en cambio, la importancia de los últimos. No deberá nunca olvidarse que entre ambos existe siempre una relación de cooperación y no de exclusión. El factor constitucional debe esperar sucesos que le hagan entrar en acción, y el factor accidental necesita apoyarse en el constitucional para comenzar a actuar. En la mayoría de los casos debemos representarnos una *serie complementaria*, en la cual la intensidad que se debilita en uno de los factores es equilibrada por la del otro, que aumenta en grado proporcional. Pero no tiene objeto ninguno de negar la existencia de casos extremos en los puntos finales de la serie.

Conforme a la investigación psicoanalítica, debe atribuirse a los sucesos de la primera infancia un puesto principal entre los factores accidentales. Una de las series etiológicas se divide entonces en dos, que pueden denominarse, respectivamente, *serie disposicional* y *serie definitiva*. En la primera actúan la constitución y los sucesos accidentales de la misma manera conjunta que en la segunda la disposición y los posteriores sucesos traumáticos. Todos los factores perjudiciales para el desarrollo sexual exteriorizan su acción haciendo surgir una *regresión*, esto es, un retorno a una fase evolutiva anterior.

Continuaremos aquí nuestra labor de exponer los factores que hemos llegado a conocer como más influyentes en el desarrollo sexual, sea que representen poderes efectivos o simplemente manifestaciones de los mismos.

Madurez precoz. —Uno de tales factores es la precocidad sexual espontánea, que se revela con seguridad por lo menos en la etiología de las neurosis, aunque, como todos los demás factores, no alcance tampoco por sí solo a constituir una causa. Se exterioriza por interrupciones, acortamiento o cesación del período de latencia infantil y llega a ser causa de perturbaciones, motivando exteriorizaciones sexuales que, de un lado, por el estado incompleto de los obstáculos sexuales, y, de otro, por el escaso desarrollo del sistema genital, no pueden presentar otro carácter que el de perversiones. Estas tendencias a la perversión pueden conservarse como tales o devenir, tras de la aparición de represiones, fuerzas que originan síntomas neuróticos. En todo caso, la temprana madurez sexual dificulta el dominio posterior del instinto sexual por las elevadas instancias psíquicas y eleva el carácter obsesivo que ya sin duda alguna adquieren de por sí las representaciones psíquicas del instinto.

La madurez sexual temprana aparece con frecuencia paralelamente a un desarrollo intelectual prematuro, ambas circunstancias se encuentran unidas en la historia infantil de los más importantes y capaces individuos, pareciendo, por lo tanto, no actuar tan patógenamente cuando aparecen juntas como cuando sólo tienen lugar la precoz maduración sexual.

Factores temporales. —Análogamente a la madurez temprana, atraen nuestra atención otros factores que pueden tratarse en unión de ella como factores temporales. Parece estar fijado, filogenéticamente, en qué orden ha de ser activado cada uno de los sentimientos instintivos y durante cuánto tiempo puede manifestarse hasta que sucumbe a un nuevo sentimiento instintivo o a una represión típica. Mas tanto en la sucesión temporal, como en la duración de los mismos, aparecen variaciones que necesariamente tienen que ejercer una influencia determinante sobre el resultado final. No puede ser indiferente que una determinada corriente aparezca antes o después de la corriente antitética correspondiente pues los efectos de una represión no pueden retrotraerse. Una desviación temporal en la síntesis de los componentes produce regularmente una transformación del resultado. Por otro lado, los sentimientos instintivos que aparecen intensamente llegan muchas veces a su fin con sorprendente rapidez; así, por ejemplo, la conexión heterosexual de los que posteriormente son homosexuales manifiestos. Las corrientes que con más energía aparecen en los años infantiles no justifican el temor de que dominaran duraderamente el carácter del adulto, y debe esperarse su desaparición y sustitución por sus contrarias ("los tiranos suelen reinar poco tiempo"). No podemos ni siquiera indicar de qué pueden depender tales perturbaciones temporales de los procesos evolutivos. Se abre aquí una visión sobre una falange de problemas biológicos y quizá históricos a los que no nos hemos acercado aún lo suficiente para comenzar un combate.

Adherencia. —La importancia de todas las manifestaciones sexuales tempranas es elevada por un factor psíquico de origen desconocido, al que no se puede considerar, por ahora, más que como una interinidad psicológica. Me refiero a la singularmente elevada adherencia o capacidad de fijación que estas impresiones de la vida sexual poseen cuando afectan a individuos posteriormente neuróticos o perversos, dado que iguales manifestaciones tempranas sexuales no llegan, en otras personas, a imprimir una indeleble huella que constituya una obsesión de repetición, y dirija para toda la vida los caminos del instinto sexual. Quizá quede explicada en parte esta adherencia por otro factor psíquico que no podemos omitir en el origen de los motivos de la neurosis, esto es, por el predominio, en la vida psíquica, de las huellas de recuerdos sobre las impresiones recientes. Este factor es claramente dependiente de la cultura intelectual y crece con la altura de la cultura personal. En antítesis a esto, ha sido caracterizado el salvaje como "el infeliz hijo del momento"[75]. A causa de la relación antitética entre cultura y libre desarrollo de la sexualidad, cuyas consecuencias pueden hallarse en la constitución de nuestra vida, es tan poco importante, en un grado bajo social o cultural, como grandemente lo es para la vida adulta, en un grado más alto de ella, el modo en que haya transcurrido la vida sexual del niño.

Fijación. —Los citados factores psíquicos influyen tan sólo sobre las excitaciones accidentales experimentadas por la sexualidad infantil. Tales excitaciones, y en primer lugar la seducción por otros niños o por adultos, aportan el material que con ayuda de dichos factores puede quedar fijado en una perturbación duradera. Una buena parte de las desviaciones posteriormente observables de la vida sexual normal ha sido fijada desde el principio en los perversos y en los neuróticos por impresiones del período infantil, aparentemente libre de toda sexualidad.

En la causación intervienen la madurez temprana, la intensidad de la adherencia y la casual excitación del instinto sexual por influencias exteriores.

El resultado poco satisfactorio de estas investigaciones sobre las perturbaciones de la vida sexual es producido por el hecho de que no sabemos casi nada de los procesos biológicos en los cuales consiste la esencia de la sexualidad, y, por lo tanto, no podemos formar con nuestros conocimientos aislados una teoría suficiente para la inteligencia, tanto de lo normal, como de la patológico.

---

[75] Probablemente la elevación de la adherencia es el resultado de una manifestación sexual somática, especialmente intensa en los años infantiles.

II

PSICOANÁLISIS: CINCO CONFERENCIAS
PRONUNCIADAS EN LA *CLARK UNIVERSITY*
(ESTADOS UNIDOS)

I

Constituye algo nuevo para mí, y que no deja de producirme cierta turbación, el presentarme ante un auditorio del continente americano, integrado por personas amantes del saber, en calidad de conferenciante. Dando por hecho que sólo a la conexión de mi nombre con el tema del psicoanálisis debo el honor de hallarme en esta cátedra, mis conferencias versarán sobre tal materia, y en ellas procuraré facilitaros, lo más sintéticamente posible, una visión total de la historia y desarrollo de dicho nuevo método investigativo y terapéutico.

Si constituye un mérito haber dado vida al psicoanálisis, no es a mí a quien corresponde atribuirlo, pues no tomé parte alguna en sus albores. No había yo terminado aún mis estudios y me hallaba preparando los últimos exámenes de la carrera, cuando otro médico vienés, el doctor Josef Breuer[76], empleó por vez primera este método en el tratamiento de una muchacha histérica (1880-1882). Vamos, pues, a ocuparnos, en primer lugar, del historial clínico de esta enferma, el cual aparece expuesto con todo detalle en la obra que posteriormente, y con el título de *Estudios sobre la histeria*, publicamos el doctor Breuer y yo[77].

---

[76] Doctor Josef Breuer. Individuo correspondiente de la Real Academia de Ciencias. Conocido por sus trabajos sobre la respiración y sobre la fisiología del equilibrio. Nació en 1842.

[77] *Studien über Hysteria*, 1895. El doctor A. A. Brill ha traducido al inglés algunos capítulos de la parte del doctor Freud en este libro titulado *Selected papers on Hysteria and other Psychoneuroses by S. Freud*, (núm. 4 de las *Nervous and Mental Disease Monograph Series*, New York).

N. del Traductor. —La colaboración del doctor Freud en los *Estudios sobre la histeria* se publicará íntegra en estas *Obras Completas*.

Réstame hacer una observación antes de entrar en materia. He sabido, no sin cierto agrado, que la mayoría de mis oyentes no pertenece a la carrera de Medicina, y quiero disipar en ellos un posible temor, haciéndoles saber que para seguirme en lo que aquí he de exponerles no es necesaria una especial cultura médica. Caminaremos algún espacio al lado de los médicos, pero pronto nos separaremos de ellos para acompañar tan sólo al doctor Breuer en su propia y peculiarísima ruta.

La paciente del doctor Breuer, una muchacha de veintiún años y de excelentes dotes intelectuales, presentó en el curso de su enfermedad, que duró más de dos años, una serie de perturbaciones físicas y psíquicas merecedoras de la mayor atención. Padecía una parálisis rígida de la pierna y brazo derechos, acompañada de anestesia de los mismos y que temporalmente atacaba también a los miembros correspondientes del lado contrario. Además, perturbaciones del movimiento de los ojos y diversas alteraciones de la visión, dificultad de mantener erguida la cabeza, intensa "tussis nervosa", repugnancia a los alimentos, y una vez, durante varias semanas, incapacidad de beber, a pesar de la ardiente sed que la atormentaba. Sufría, por último, una minoración de la facultad de expresión, que llegó hasta la pérdida de la capacidad de hablar y entender su lengua materna, añadiéndose a todo esto estados de ausencia, enajenación, delirio y alteración de toda su personalidad, estados que más adelante examinaremos con todo detalle.

Ante un tal cuadro patológico os sentiréis inclinados, aun no siendo médicos, a suponer que se trata de una grave dolencia, probablemente cerebral, con pocas esperanzas de curación y conducente a un rápido y fatal desenlace. Mas dejad que un médico os diga que en una serie de casos con síntomas de igual gravedad puede estar muy justificada una distinta opinión más optimista. Cuando un tal cuadro patológico se presenta en un individuo joven del sexo femenino, cuyos órganos vitales internos (corazón, riñón) no muestran anormalidad ninguna en el reconocimiento objetivo, pero que ha pasado, en cambio, por violentas conmociones *anímicas*, y cuando los síntomas aislados se diferencian en ciertos sutiles caracteres de la forma que generalmente presentan en las afecciones a que parecen corresponder, entonces los médicos no atribuyen una extrema gravedad al caso y afirman que no se trata de una dolencia cerebral orgánica, sino de aquel misterioso estado conocido desde el tiempo de los griegos con el nombre de *histeria*, y que puede fingir toda una serie de síntomas de una grave enfermedad. En estos casos, no considera el médico amenazada la vida del paciente, y hasta supone muy probable una completa curación. Pero no siempre es fácil distinguir una tal histeria de una grave dolencia orgánica. No creemos necesario explicar aquí cómo puede llevarse a cabo un diagnóstico diferencial de este género; bástenos la seguridad de que el caso de la paciente de Breuer era uno de aquellos en los que ningún médico experimentado puede dejar de diagnosticar la histeria, enfermedad que, según consta en el historial clínico, atacó a la joven en ocasión de hallarse cuidando a su padre, al que amaba tiernamente, en la grave dolencia que le llevó al sepulcro. A causa de su propio padecimiento tuvo la hija que separarse de la cabecera del querido enfermo.

Hasta aquí nos ha sido provechoso caminar al lado de los médicos, mas pronto nos separaremos de ellos. No debéis creer que la esperanza de un enfermo en la eficacia del auxilio facultativo pueda aumentar considerablemente al diagnosticarse la histeria en lugar de una grave afección cerebral orgánica. Nuestra ciencia, que permanece aún hasta cierto punto impotente ante las graves dolencias cerebrales, no facilita tampoco grandes medios para combatir la histeria, y el médico tiene que abandonar a la bondadosa naturaleza la determinación de la forma y momento en que ha de cumplirse su esperanza prognosis[78].

Así pues, con el diagnóstico de la histeria varía muy poco la situación del enfermo; pero, en cambio, se transforma esencialmente la del médico. Es fácil observar que este se sitúa ante el histérico en una actitud por completo diferente de la que adopta ante el atacado de una dolencia orgánica, pues se niega a conceder al primero igual interés que al segundo, fundándose en que su enfermedad es mucho menos grave, aunque parezca aspirar a que se le atribuya una igual importancia. El médico, al que sus estudios han dado a conocer tantas cosas que permanecen ocultas a los ojos de los profanos, ha podido formarse de las causas de las enfermedades y de las alteraciones que estas ocasionan, por ejemplo, las producidas en el cerebro de un enfermo por la apoplejía o por un tumor, ideas que hasta cierto grado tienen que ser exactas puesto que le permiten llegar a la comprensión de los detalles del cuadro patológico. Mas ante las singularidades de los fenómenos histéricos, toda su ciencia y toda su cultura anatómico-fisiológica y patológica le dejan en la estacada. No llega a comprender la histeria y se halla ante ella en la misma situación que un profano, cosas todas que no pueden agradar a nadie que tenga en algún aprecio su saber. Los histéricos pierden, por tanto, la simpatía del médico, que llega a considerarlos como personas que han transgredido las leyes de su ciencia y adopta ante ellos la posición del creyente ante el hereje. Así, los supone capaces de todo lo malo, los acusa de exageración, engaño voluntario y simulación, y los castiga retirándoles su interés.

---

[78] Sé que esta afirmación no es ya cierta hoy en día; pero, en mi conferencia, me retrotraía yo y retrotraía a mis oyentes a los años anteriores al de 1880. Si las cosas han variado desde entonces, ello se debe en gran parte a los esfuerzos cuya historia trato de exponer aquí esquemáticamente.

No mereció, por cierto, el doctor Breuer este reproche en el caso que nos ocupa. Aun cuando no halló al principio alivio alguno para su paciente, le dedicó, no obstante, todo su interés y toda su simpatía. A ello contribuyeron en gran manera las excelentes cualidades espirituales y de carácter de la paciente misma, de las que Breuer testimonia en su historial. Mas la cuidadosa observación del médico halló pronto el camino por el que se hizo posible prestar a la enferma una primera ayuda.

Habíase observado que la paciente en sus estados de ausencia y alteración psíquica acostumbraba a murmurar algunas palabras que hacían el efecto de ser fragmentos arrancados de un contexto que ocupaba su pensamiento. El médico se hizo comunicar estas palabras, y sumiendo a la enferma en una especie de hipnosis, se las repitió para incitarla a ligar algo a ellas. Así sucedió, en efecto, y la sujeto reprodujo ante el médico las creaciones psíquicas que la habían dominado en los estados de ausencia y se habían revelado fragmentariamente en las palabras pronunciadas. Tratábase de fantasías hondamente tristes y a veces de una poética belleza —sueños diurnos podríamos llamarlas— que tomaban, en general, su punto de partida de la situación de una muchacha junto al lecho en que yacía su padre enfermo. Cuando la paciente había relatado de este modo cierto número de tales fantasías, quedaba como libertada de algo que la oprimía y retornaba a la vida psíquica normal. Este bienestar, que duraba varias horas, desaparecía de costumbre al día siguiente para dar paso a una nueva ausencia, que podía hacerse cesar de igual manera, o sea, provocando el relato de las fantasías nuevamente formadas. No había, pues, posibilidad de sustraerse a la idea de que la alteración psíquica que se revelaba en las ausencias no era sino una secuela de la excitación emanada de estas fantasías saturadas de efecto. La misma paciente, que en este período de su enfermedad presentaba la singularidad de no hablar ni entender su propio idioma, sino únicamente el inglés, dio al nuevo tratamiento el nombre de *talking cure*[79] y lo calificó, en broma, de *chimney sweeping*[80].

Pronto pudo verse —y como casualmente— que por medio de este "barrido" del alma podía conseguirse algo más que una temporal desaparición de las perturbaciones psíquicas, pues se logró hacer cesar determinados síntomas siempre que en la hipnosis recordaba la sujeto, entre manifestaciones afectivas, con qué motivo y en qué situación habían aparecido los mismos por vez primera. "Había habido durante el verano una época de un intensísimo calor y la enferma había padecido ardiente sed, pues sin que pudiera dar razón alguna para ello se había visto, de repente, imposibilitada de beber. Tomaba en su mano el ansiado vaso de agua y en cuanto lo tocaba con los labios lo apartaba de sí como atacada de hidrofobia, viéndose además claramente que durante los segundos en que llevaba a cabo este manejo se hallaba en estado de ausencia. Para mitigar la sed que la atormentaba, no vivía más que de frutas acuosas, melones, etc. Cuando ya llevaba unas seis semanas en tal estado, comenzó a hablar un día, en la hipnosis, de su institutriz inglesa, a la que no tenía gran afecto, y contó con extremadas muestras de asco que un día había entrado ella en su cuarto y había visto que el perrito de la inglesa, un repugnante animalucho, estaba bebiendo agua en un vaso; mas no queriendo que la tacharan de descortés e impertinente, no había hecho observación ninguna. Después de exteriorizar enérgicamente en este relato aquel enfado, que en el momento en que fue motivado tuvo que reprimir, demandó agua, bebió sin dificultad una gran cantidad y despertó de la hipnosis con el vaso en los labios. Desde este momento desapareció por completo la perturbación que le impedía beber"[81].

---

[79] Conversación curativa o charla curativa.

[80] Limpiar la chimenea; deshollinar.

[81] *Studien über Hysterie*, 3.ª edición, pág. 26.

Permitidme que me detenga unos momentos ante esta experiencia. Nadie había hecho cesar aún por tal medio un síntoma histérico ni penetrado tan profundamente en la inteligencia de su motivación. Tenía, pues, que ser este un descubrimiento de importantísimas consecuencias si se confirmaba la esperanza de que otros síntomas, quizá la mayoría, hubiesen surgido del mismo modo en la paciente y pudieran hacerse desaparecer por igual camino. No rehuyó Breuer la labor necesaria para convencerse de ello e investigó, conforme a un ordenado plan, la patogénesis de los otros más graves síntomas, confirmándose por completo sus esperanzas. En efecto, casi todos ellos se habían originado así, como residuos o precipitados de sucesos saturados de afecto, según los denominamos posteriormente, *traumas psíquicos*, y el carácter particular de cada uno se hallaba en relación directa con el de la escena traumática a la que debía su origen. Empleando la terminología técnica diremos que los síntomas se hallaban *determinados* por aquellas escenas cuyos restos en la memoria representaban, no debiendo, por lo tanto, ser considerados como rendimientos arbitrarios o misteriosos de la neurosis. Algo se presentó, sin embargo, con lo que Breuer no contaba. No siempre era un único suceso el que dejaba tras de sí el síntoma, sino que en la mayoría de los casos se trataba de numerosos y análogos traumas repetidos que se unían para producir tal efecto. Toda esta cadena de recuerdos patógenos tenía entonces que ser reproducida en orden cronológico y precisamente inverso, esto es, comenzando por los últimos y siendo imprescindible para llegar al primer trauma, con frecuencia el de más poderoso efecto, recorrer en el orden indicado todos los demás.

Seguramente esperaréis oír de mis labios otros ejemplos de motivación de síntomas histéricos además del ya expuesto del horror al agua producido por haber visto a un perro bebiendo en un vaso. Mas si he de circunscribirme a mi programa, tendré que limitarme a escasas pruebas. Así, relata Breuer que las perturbaciones ópticas de la paciente provenían de situaciones tales como la de que "hallándose con los ojos anegados en lágrimas junto al lecho de su padre, le preguntó este de repente qué hora era, y para poder verlo, forzó la vista acercando mucho a sus ojos el reloj, cuya esfera le pareció entonces de un tamaño extraordinario (macropsia y estrabismo convergente), o se esforzó en reprimir sus lágrimas para que el enfermo no las viera"[82]. Todas las impresiones patógenas provenían desde luego de la época durante la cual tuvo que dedicarse a cuidar a su padre. "Una vez despertó durante la noche, llena de angustia por la alta fiebre que presentaba el enfermo y presa de impaciente excitación por la espera de un cirujano que para operarle había de llegar desde Viena. La madre se había ausentado algunos instantes y Ana se hallaba sentada junto a la cama con el brazo derecho apoyado en el respaldo de la silla. Cayó en un estado de sueño despierto y vio cómo por la pared avanzaba una negra serpiente que se disponía a morder al enfermo. (Es muy probable que en la pradera que se extendía tras la casa existieran algunas culebras de este género, cuya vista hubiera asustado a la muchacha en ocasiones anteriores y suministrase ahora el material de la alucinación). Ana quiso rechazar al reptil, pero se sintió paralizada; su brazo derecho que colgaba por encima del respaldo de la silla había quedado totalmente "dormido", anestesiado y parético, y cuando fijó sus ojos en él se transformaron los dedos en pequeñas serpientes cuyas cabezas eran calaveras (las uñas). Probablemente intentó rechazar al reptil con su mano derecha paralizada y con ello entró la anestesia y parálisis de la misma en asociación con la alucinación de la serpiente. Cuando esta hubo desaparecido, quiso Ana, llena de espanto, ponerse a rezar, pero no le fue

---

[82] *Studien über Hysterie*, 3.ª edición, pág. 31.

posible hallar palabras en ningún idioma, hasta que recordó una oración infantil que en inglés le habían enseñado, quedando desde este momento imposibilitada de pensar o hablar sino en tal idioma"[83]. Con el recuerdo de esta escena en una de las sesiones de hipnotismo cesó por completo la parálisis rígida del brazo derecho, que se mantenía desde el comienzo de la enfermedad, y quedó conseguida la total curación.

Cuando, bastantes años después, comencé yo a emplear el método investigativo y terapéutico de Breuer con mis propios enfermos, obtuve resultados que coincidieron en un todo con los suyos. Una señora de unos cuarenta años padecía un tic consistente en producir un ruido singular, castañeteando la lengua, siempre que se hallaba excitada y aun sin causa ninguna determinante. Tenía este tic su origen en dos sucesos que poseían un carácter común: el de haberse propuesto la paciente no hacer ruido alguno en determinado momento, viendo burlado su propósito e interrumpido el silencio, como si sobre ella actuara una voluntad contraria, por aquel mismo castañeteo. La primera vez fue cuando, habiendo logrado dormir con gran trabajo a un hijo suyo que se hallaba enfermo, hizo intención de no producir ruido alguno que le despertara. La segunda tuvo lugar dando con sus dos hijos un paseo en coche, durante el cual estalló una tormenta que espantó a los caballos. En esta situación pensó también la señora que debía evitar todo ruido que excitase aún más a los asustados animales[84]. Sirva este ejemplo como muestra de los muchos contenidos en nuestros *Estudios sobre la histeria*.

Si me permitís una generalización, por otra parte, inevitable en una exposición tan sintética como esta, podremos resumir los

---

[83] *l. c.*, pág. 30.

[84] *l. c.*, 2.ª edición, págs. 43 y 46.

conocimientos adquiridos hasta ahora en la siguiente fórmula: *Los enfermos histéricos sufren de reminiscencias.* Sus síntomas son residuos y símbolos conmemorativos de determinados sucesos (traumáticos). Quizá una comparación con otros símbolos conmemorativos, de un orden diferente, nos permita llegar a una más profunda inteligencia de este simbolismo. También las estatuas y monumentos con los que ornamos nuestras grandes ciudades son símbolos de esta clase. Si dais un paseo por Londres, hallaréis ante una de sus mayores estaciones ferroviarias una columna gótica ricamente ornamentada a la que se da el nombre de *Charing Cross.* En el siglo XIII, uno de los reyes de la dinastía de Plantagenet mandó erigir cruces góticas en los lugares en que había reposado el ataúd en que eran conducidos a Westminster los restos de su amada esposa, la reina Eleonor. Charing Cross fue el último de estos monumentos que debían perpetuar la memoria del fúnebre cortejo[85]. En otro lugar de la ciudad, no lejos del puente de Londres, existe otra columna más moderna, llamada simplemente *The monument* por los londinenses y que fue erigida en memoria del gran incendio que estalló el año de 1666 en aquel punto y destruyó una gran parte de la ciudad. Estos monumentos son símbolos conmemorativos al igual que los síntomas histéricos; hasta aquí parece justificada la comparación. Mas ¿qué diríais de un londinense que en la actualidad se detuviera lleno de tristeza ante el monumento erigido en memoria del entierro de la reina Eleonor, en lugar de proseguir su camino hacia sus ocupaciones, con la premura exigida por las presentes condiciones del trabajo o de seguir pensando con alegría en la joven reina de su corazón? ¿Y qué pensaríais del que se parara a llorar ante "el monumento" a la

---

[85] El monumento actual no es el primitivo, aunque sí se halle colocado en el mismo lugar en que éste se alzaba. El nombre de *Charing,* según me comunicó el doctor Jones, es una derivación de las palabras *chère reine.*

destrucción de su amada ciudad, reconstruida después con cien veces más esplendor? Pues igual a la de estos poco prácticos londinenses es la conducta de todos los histéricos y neuróticos: no sólo recuerdan dolorosos sucesos ha largo tiempo acaecidos, sino que siguen experimentando una intensa reacción emotiva ante ellos; les es imposible libertarse del pasado y descuidan por él la realidad y el presente. Tal fijación de la vida psíquica a los traumas patógenos es uno de los caracteres principales y más importantes, prácticamente, de la neurosis.

Creo muy justa la objeción que, sin duda, está surgiendo en vuestro espíritu al comparar mis últimas palabras con la historia clínica de la paciente de Breuer. En esta, todos los traumas provenían de la época en que tuvo que prestar sus cuidados a su enfermo padre, y sus síntomas no pueden ser considerados sino como signos conmemorativos de la enfermedad y muerte del mismo. Corresponden, por lo tanto, a un gran dolor experimentado por la paciente, y la fijación al recuerdo del fallecido padre, tan poco tiempo después de su muerte, no puede considerarse como algo patológico, sino que constituye un sentimiento normal en absoluto. Así, pues, concedo que tendréis razón en pensar que la fijación a los traumas no es en la paciente de Breuer nada extraordinario. Mas en otros casos como el del tic por mí tratado, cuyos motivos de origen tuvieron lugar quince y diez años atrás, se muestra con toda claridad este carácter de adherencia anormal al pasado, y en el caso de Breuer, se hubiera también desarrollado probablemente tal carácter si la paciente no se hubiera sometido, tan poco tiempo después de haber experimentado los traumas y surgido los síntomas, al tratamiento catártico.

No hemos expuesto hasta ahora más que la relación de los síntomas histéricos con los sucesos de la vida del enfermo. Mas también de las observaciones de Breuer podemos deducir cuál ha de ser la idea que debemos formarnos del proceso de la patogénesis y del de la curación. Respecto al primero, hay que hacer resaltar el hecho de que la enferma de Breuer tuvo que reprimir, en casi todas las situaciones patógenas, una fuerte excitación, en lugar de procurarle su normal exutorio por medio de la correspondiente exteriorización afectiva en actos y palabras. En el trivial suceso del perro de su institutriz, reprimió por consideración a esta las manifestaciones de su intensa repugnancia, y mientras se hallaba velando a su padre enfermo cuidó constantemente de no dejarle darse cuenta de su angustia y sus dolorosos temores. Al reproducir después ante el médico estas escenas, se exteriorizó con singular violencia, como si hasta aquel momento hubiese estado reservando y aumentando su intensidad, el afecto en ellas reprimido. Se observó, además, que el síntoma que había quedado como resto de los traumas psíquicos llegaba a su máxima intensidad durante el período del tratamiento dedicado a descubrir su origen, logrado lo cual desaparecía para siempre y por completo. Por último, se comprobó que el recuerdo de la escena traumática, provocado en el tratamiento, resultaba ineficaz cuando por cualquier razón tenía lugar sin exteriorizaciones afectivas. El destino de estos afectos, que pueden considerarse como magnitudes desplazables, era, por tanto, lo que regía así la patogénesis como la curación. Todas estas observaciones nos obligaban a suponer que la enfermedad se originaba por el hecho de encontrar impedida su normal exteriorización los afectos desarrollados en las situaciones patógenas, y que la esencia de dicho origen consistía en que tales afectos "aprisionados" eran objeto de una utilización anormal, permaneciendo, en parte, como duradera carga de la vida psíquica y fuentes de continua excitación de la misma, y en parte sufrieron una transformación en *inervaciones* y *paralizaciones* físicas que se presentaban como los síntomas corporales del caso. Este último proceso ha sido denominado por nosotros *conversión histérica*. Cierta parte de nuestra excitación anímica deriva ya normalmente por los caminos de la inervación física, dando lugar a lo que conocemos con el nombre de "expresión de las emociones". La conversión histérica exagera esta parte de la derivación de un proceso anímico saturado de afecto, y corresponde a una nueva expresión de las emociones, mucho más intensa y dirigida por nuevos caminos. Cuando una corriente afluye a dos canales tendrá siempre lugar una elevación de nivel en uno de ellos, en cuanto en el otro tropiecen las aguas con algún obstáculo.

Observaréis que nos hallamos en camino de llegar a una teoría puramente psicológica de la histeria, teoría en la cual colocamos en primer término los procesos afectivos. Una segunda observación de Breuer nos fuerza a conceder una gran importancia a los estados de conciencia en la característica del proceso patológico. La enferma de Breuer mostraba muy diversas disposiciones anímicas, estados de ausencia, enajenación y transformación del carácter, al lado de su estado normal. En este último, no sabía nada de las escenas patógenas ni de su relación con sus síntomas, habiendo olvidado las primeras o, en todo caso, destruido la conexión patógena. Durante la hipnosis se conseguía, no sin considerable trabajo, hacer volver a su memoria tales escenas, y por medio de esta labor de hacerla recordar de nuevo se lograba la desaparición de los síntomas. Muy difícil sería hallar la justa interpretación de este hecho si las enseñanzas y experimentos del hipnotismo no nos facilitasen el camino. Por el estudio de los fenómenos hipnóticos nos hemos acostumbrado a la idea, extraña en un principio, de que en el mismo individuo son posibles varias agrupaciones anímicas que pueden permanecer hasta cierto punto independientes entre sí, que no "saben nada" unas de otras y que atraen alternativamente a la conciencia. Tales casos, a los que se ha dado el nombre de *double conscience*, suelen aparecer también espontáneamente. Cuando en este desdoblamiento de la personalidad permanece constantemente ligada la conciencia a uno de los dos estados, se da a este el nombre de estado psíquico *consciente*, y el de *inconsciente* al que resta separado de él. En los conocidos fenómenos de la llamada sugestión posthipnótica, en la cual el sujeto, impulsado por una incoercible fuerza, lleva a cabo, durante el estado normal posterior a la hipnosis, un mandato recibido en ella, se tiene un excelente ejemplo de las influencias que sobre el estado consciente puede ejercer el inconsciente, desconocido para él, y conforme a este modelo puede explicarse perfectamente el proceso de la histeria. Breuer se decidió a aceptar la hipótesis de que los síntomas histéricos surgían en tales estados anímicos que denominó estados *hipnoides*. Aquellas excitaciones que se producen hallándose el sujeto en estos estados hipnoides se hacen fácilmente patógenas, dado que en ellas no existen condiciones favorables a una derivación normal de los procesos excitantes. Originan estos, entonces, un inusitado producto —el síntoma— que se incrusta como un cuerpo extraño en el estado normal, al que, en cambio, escapa el conocimiento de la situación patógena hipnoide. Allí donde perdura un síntoma se halla también una amnesia, una laguna del recuerdo, y el hecho de cegar esta laguna lleva consigo la desaparición de las condiciones de origen del síntoma.

Temo que esta parte de mi exposición no os haya parecido muy transparente. Mas es necesario que tengáis en cuenta que se trata de difíciles concepciones que quizá no se puedan hacer mucho más claras, lo cual constituye una prueba de que nuestro conocimiento no ha avanzado aún mucho. La teoría de Breuer, de los estados *hipnoides*, ha resultado superflua y embarazosa, habiendo sido abandonada por el psicoanálisis actual. Más adelante veréis, aunque en estas conferencias no pueda insistir sobre ello y tenga que ceñirme a simples indicaciones, qué influencias y procesos había por descubrir tras de los límites, trazados por Breuer, de los estados hipnoides. Después de lo hasta ahora expuesto estará muy justificada en vosotros la impresión de que las investigaciones de Breuer no han podido daros más que una teoría muy poco completa y una insatisfactoria explicación de los fenómenos observados; pero las teorías completas no caen llovidas del cielo, y hay que desconfiar más justificadamente aun cuando alguien nos presenta, desde los comienzos de sus investigaciones, una teoría sin fallo ninguno y bien redondeada. Una tal teoría no podrá ser nunca más que hija de la especulación y no fruto de una investigación de lo efectivo, exenta totalmente de prejuicios.

II

Al mismo tiempo que Breuer ensayaba con su paciente la *talking cure*, comenzaba Charcot en París, con las histéricas de La Salpêtrière, aquellas investigaciones de las que había de surgir una nueva comprensión de esta enfermedad. Sus resultados no podían ser todavía conocidos en Viena por aquellos días. Mas cuando aproximadamente diez años después publicamos Breuer y yo una comunicación provisional sobre el mecanismo psíquico de los fenómenos histéricos, fundada en los resultados obtenidos en la primera paciente que Breuer trató por el método catártico, nos hallamos por completo dentro de las investigaciones de Charcot. Nosotros considerábamos los sucesos patógenos vividos por nuestros enfermos, o sea, los traumas psíquicos, como equivalentes a aquellos traumas físicos cuya influencia en las parálisis histéricas había fijado Charcot, y la teoría de Breuer de los estados hipnoides no es otra cosa que un reflejo del hecho de haber reproducido Charcot artificialmente en la hipnosis tales parálisis traumáticas.

El gran investigador francés, del que fui discípulo en los años de 1885 y 1886, no se hallaba inclinado a las teorías psicológicas. Su discípulo P. Janet fue el primero que intentó penetrar más profundamente en los singulares procesos psíquicos de la histeria, y nosotros seguimos su ejemplo, tomando como punto central de nuestra teoría el desdoblamiento psíquico y la pérdida de la personalidad. Según la teoría de P. Janet —muy influida por las doctrinas dominantes en Francia sobre la herencia y la degeneración—, la histeria es una forma de la alteración degenerativa del sistema nervioso, alteración que se manifiesta en una innata debilidad de la síntesis psíquica. Los enfermos histéricos serían incapaces, desde un principio, de mantener formando una unidad la diversidad de los procesos anímicos, siendo esta la causa de su tendencia a la disociación psíquica. Si me permitís una comparación trivial, pero muy precisa, diré que el histérico de Janet recuerda a una mujer débil que ha salido de compras y vuelve a su casa cargada de infinidad de paquetes que apenas puede sujetar con sus brazos. En esto se le escapa uno de los paquetes y cae al suelo. Al inclinarse para recogerlo deja caer otro y así sucesivamente. Mas no está muy de acuerdo con esta supuesta debilidad anímica de los histéricos el hecho de que al lado de los fenómenos de debilitación de las funciones se observen en ellos, a modo de compensación, elevaciones parciales de la capacidad funcional. Durante el tiempo en que la paciente de Breuer había olvidado su lengua materna y todas las demás que poseía, excepto el inglés, alcanzó su dominio sobre este idioma a un grado tal, que le era posible, teniendo delante un libro alemán, ir traduciéndolo al inglés con igual rapidez, corrección y facilidad que si se tratase de una lectura directa.

Cuando posteriormente emprendí yo la tarea de continuar por mi cuenta las investigaciones comenzadas por Breuer, llegué muy pronto a una idea muy distinta sobre la génesis de la disociación histérica (desdoblamiento de la conciencia). Dado que yo no partía de experimentos de laboratorio, como P. Janet, sino de una labor terapéutica, tenía que surgir necesariamente una tal divergencia, decisiva para todo resultado.

A mí me impulsaba sobre todo la necesidad práctica. El tratamiento catártico, tal como lo había empleado Breuer, tenía por condición sumir al enfermo en una profunda hipnosis, pues únicamente en estado hipnótico podía el paciente llegar al conocimiento de los sucesos patógenos relacionados con sus síntomas, conocimiento que se le escapaba en estado normal. Mas el hipnotismo se me hizo pronto enfadoso por constituir un medio auxiliar en extremo inseguro y, por decirlo así, místico. Una vez experimentado que, a pesar de grandes esfuerzos, no lograba sumir en estado hipnótico más que a una mínima parte de mis enfermos, decidí prescindir del hipnotismo y hacer independiente de él el tratamiento catártico. No pudiendo variar a mi arbitrio el estado psíquico de la mayoría de mis pacientes, me propuse trabajar hallándose estos en estado normal, empresa que en un principio parecía por completo insensata y carente de toda probabilidad de éxito. Se planteaba el problema de averiguar por boca del paciente algo que uno no sabía y que el enfermo mismo ignoraba. ¿Cómo podía conseguirse esto? Vino aquí en mi auxilio el recuerdo de un experimento singularísimo y muy instructivo que había yo presenciado en la clínica de Bernheim, en Nancy. Nos enseñaba Bernheim, entonces, que las personas a las que había sumido en un sonambulismo hipnótico y hecho ejecutar diversos actos, sólo aparentemente perdían, al despertar, el recuerdo de lo sucedido, siendo posible reavivar en ellas tal recuerdo hallándose en estado normal. Cuando se interrogaba al sujeto por los sucesos acaecidos durante su estado de sonambulismo, afirmaba al principio no saber nada, pero al no contentarse Bernheim con tal afirmación y apremiarle, asegurándole que no tenía más remedio que saberlo, lograba siempre que volvieran a su conciencia los recuerdos olvidados.

Este mismo procedimiento utilicé yo con mis pacientes. Cuando llegaba con alguno de ellos a un punto en que me manifestaba no saber ya más, le aseguraba yo que lo sabía y que no tenía más que tomarse el trabajo de decirlo, llegando hasta afirmarle que el recuerdo deseado sería el que acudiera a su memoria en el momento en que yo colocase mi mano sobre su frente. De este modo conseguí, sin recurrir al hipnotismo, que los enfermos me revelasen todo lo necesario para la reconstitución del enlace entre las olvidadas escenas patógenas y los síntomas que quedaban como residuo de las mismas. Mas era este un penosísimo procedimiento, que llegaba a ser agotador y no podía adoptarse como técnica definitiva.

No lo abandoné, sin embargo, antes de deducir, de las observaciones hechas en su empleo, conclusiones definitivas. Había logrado, en efecto, confirmar que los recuerdos olvidados no se habían perdido. Se hallaban a merced del enfermo y dispuestos a surgir por asociación con sus otros recuerdos no olvidados, pero una fuerza indeterminada se lo impedía, obligándolos a permanecer inconscientes. La existencia de esta fuerza era indudable, pues se sentía su actuación al intentar, contrariándola, hacer retornar a la conciencia del enfermo los recuerdos inconscientes. Esta fuerza que mantenía el estado patológico se hacía, pues, notar como una *resistencia* del enfermo.

En esta idea de la resistencia he fundado mi concepción de los procesos psíquicos en la histeria. Demostrando que para el restablecimiento del enfermo era necesario suprimir tales resistencias, este mecanismo de la curación suministraba datos suficientes para formarse una idea muy precisa del proceso patógeno. Las fuerzas que en el tratamiento se oponían, en calidad de resistencia, a que lo olvidado deviniese de nuevo consciente, tenían que ser también las que anteriormente habían producido tal olvido y expulsado de la conciencia los sucesos patógenos correspondientes. A este proceso por mí supuesto le di el nombre de *represión*, considerándolo demostrado por la innegable aparición de la *resistencia*.

Mas aún podía plantearse el problema de cuáles eran estas fuerzas y cuáles las condiciones de la represión en la cual reconocemos ya el mecanismo patógeno de la histeria. Una investigación comparativa de las situaciones patógenas llegadas a conocer en el tratamiento catártico permitía resolver el problema. En todos estos casos se trataba del nacimiento de una optación contraria a los demás deseos del individuo y que, por lo tanto, resultaba intolerable para las aspiraciones éticas y estéticas de su personalidad. Originábase así un conflicto, una lucha interior, cuyo final era que la representación que aparecía en la conciencia llevando en sí el deseo, inconciliable, sucumbía a la represión, siendo expulsada de la conciencia y olvidada junto con los recuerdos a ella correspondientes. La incompatibilidad de dicha idea con el *yo* del enfermo era, pues, el motivo de la represión, y las aspiraciones éticas o de otro género del individuo, las fuerzas represoras. La aceptación del deseo intolerable o la perduración del conflicto hubieran hecho surgir el dolor en alto grado, dolor que la represión ahorraba, revelándose así como uno de los dispositivos protectores de la personalidad anímica.

No expondré aquí más que uno solo de los muchos casos por mí observados, pero en él pueden verse claramente las condiciones y ventajas de la represión, aunque, para no traspasar los límites que me he impuesto en estas conferencias, tenga también que reducir considerablemente la historia clínica y dejar a un lado importantes hipótesis.

Una muchacha que poco tiempo antes había perdido a su padre al que amaba tiernamente y al que había asistido con todo cariño durante su enfermedad —situación análoga a la de la paciente de Breuer—, sintió germinar en ella, al casarse su hermana mayor, una especial simpatía hacia su cuñado, sentimiento que pudo fácilmente ocultar y disfrazar detrás del natural cariño familiar. La hermana enfermó y murió poco después, en ocasión en que su madre y nuestra enferma se hallaban ausentes. Llamadas con toda urgencia, acudieron sin tener aún noticia exacta de la desgracia, cuya magnitud se les ocultó al principio. Cuando la muchacha se aproximó al lecho en que yacía muerta su hermana, surgió en ella, durante un instante, una idea que podría quizá expresarse con las siguientes palabras: *Ahora ya está él libre y puede casarse conmigo.* Debemos aceptar, sin duda alguna, que esta idea que reveló a la conciencia de la muchacha su intenso amor hacia su cuñado, amor que hasta entonces no había sido en ella claramente consciente, fue entregada en el acto a la represión por la repulsa indignada de sus otros sentimientos. La muchacha enfermó, presentando graves síntomas histéricos, y al someterla a tratamiento pudo verse que había olvidado en absoluto la escena que tuvo lugar ante el lecho mortuorio de su hermana y la perversa idea egoísta que en su imaginación surgió en aquellos instantes. Luego, en el curso del tratamiento, volvió a recordarla, reprodujo el momento patógeno, dando muestras de una intensa emoción y quedó curada por completo.

Quizá pueda presentaros más vivamente el proceso de la represión y su necesaria relación con la resistencia por medio de un sencillo símil, que tomaré de las circunstancias en las que en este mismo momento nos hallamos. Suponed que en esta sala y entre el público que me escucha, cuyo ejemplar silencio y atención nunca elogiaré bastante, se encontrara un individuo que se condujese perturbadoramente y que con sus risas, exclamaciones y movimientos distrajesen mi atención del desempeño de mi cometido hasta el punto de verme obligado a manifestar que me era imposible continuar así mi conferencia. Al oírme, pónense en pie varios espectadores y, después de una corta lucha, arrojan del salón al perturbador, el cual queda de este modo, expulsado o "reprimido", pudiendo yo reanudar mi discurso. Mas para que la perturbación no se repita en caso de que el expulsado intente volver a penetrar aquí, varios de los señores que han ejecutado mis deseos quedan montando una guardia junto a la puerta y constituyéndose de este modo una "resistencia" subsiguiente a la represión llevada a cabo. Si denomináis lo "consciente" a esta sala y lo "inconsciente" a lo que tras de sus puertas queda, tendréis una imagen bastante precisa del proceso de la represión.

Veamos ahora claramente en qué consiste la diferencia entre nuestras concepciones y las de Janet. Nosotros no derivamos el desdoblamiento psíquico de una insuficiencia innata del aparato anímico para la síntesis, sino que lo explicamos dinámicamente por el conflicto de fuerzas psíquicas encontradas y reconocemos en él el resultado de una lucha activa entre ambas agrupaciones psíquicas. De nuestra teoría surgen numerosos nuevos problemas. En todo individuo se originan conflictos psíquicos y existe un esfuerzo del *yo* para defenderse de los recuerdos penosos, sin que, generalmente, se produzca el desdoblamiento psíquico. No puede, por lo tanto, rechazarse la idea de que para que el conflicto tenga la disociación por consecuencia, son necesarias otras condicionantes, y tenemos que reconocer que con nuestra hipótesis de la represión no nos hallamos al final, sino muy al principio de una teoría psicológica. Mas tened en cuenta que en estas materias no es posible avanzar sino paso a paso, debiéndose esperar que una más amplia y penetrante labor perfeccione en lo futuro los conocimientos adquiridos.

No debe intentarse examinar el caso de la paciente de Breuer desde el punto de vista de la represión. Su historia clínica no se presta a ello por haberse logrado los datos que la componen por medio del hipnotismo, y sólo prescindiendo de este es como podemos observar las resistencias y represiones, y adquirir una idea exacta del verdadero proceso patógeno. El hipnotismo encubre la resistencia y proporciona acceso a determinado sector psíquico, pero, en cambio, hace que la resistencia se acumule en los límites de este sector, formando una impenetrable muralla que impide una más profunda penetración.

El más valioso resultado de las observaciones de Breuer fue el descubrimiento de la conexión de los síntomas con los sucesos patógenos o traumas, resultado que no debemos dejar ahora de considerar desde el punto de vista de la teoría de la represión. Al principio no se ve realmente cómo puede llegarse a la formación de síntomas partiendo de la represión. En lugar de exponer aquí una complicada serie de deducciones teóricas, volveré a hacer uso del símil que antes apliqué a dicho proceso. Suponed que con la expulsión del perturbador y la guardia situada a las puertas de la sala no terminara el incidente, pues pudiera muy bien suceder que el expulsado, lleno de ira y habiendo perdido toda clase de consideraciones, siguiera dándonos qué hacer. No se encuentra ya entre nosotros y nos hemos librado de su presencia, de sus burlonas risas y de sus observaciones a media voz, pero la represión ha sido vana hasta cierto punto, pues el perturbador arma, desde fuera, un intolerable barullo, y sus gritos y puñetazos contra la puerta estorban mi conferencia más que en su anterior grosera conducta. En estas circunstancias, veríamos con gran alegría que, por ejemplo, nuestro digno presidente, el doctor Stanley Hall, tomando a su cargo el papel de mediador y pacificador, saliera a hablar con el intratable individuo y volviera a la sala pidiéndonos que le permitiésemos de nuevo entrar en ella y garantizándonos su mejor conducta. Confiados en la autoridad del doctor Hall, nos decidimos a levantar la represión, restableciéndose de este modo la paz y la tranquilidad. Es esta una exacta imagen de la misión del médico en la terapia psicoanalítica de las neurosis.

Para expresarlo más directamente: Por medio de la investigación de los histéricos y otros enfermos neuróticos llegamos al convencimiento de que en ellos *ha fracasado* la represión de la idea que entraña el deseo intolerable. Han llegado a expulsarla de la conciencia y de la memoria, ahorrándose así aparentemente una gran cantidad de dolor, *pero en lo inconsciente perdura la optación reprimida*, espiando una ocasión de ser activada, y cuando esta se presenta, sabe enviar a la conciencia una disfrazada e irreconocible *formación sustitutiva* (*Ersatzbildung*) de lo reprimido, a la que pronto se enlazan las mismas dolorosas sensaciones que se creían ahorradas por la represión. Esta formación sustitutiva de la idea reprimida —el síntoma— queda protegida de subsiguientes ataques de las fuerzas defensivas del *yo* y, en lugar de un poco duradero conflicto, aparece ahora un interminable padecimiento. En el síntoma puede hallarse, junto a los rasgos de deformación, un resto de analogía con la idea primitivamente reprimida; los caminos por los que se verificó la formación sustitutiva se revelan durante el tratamiento psicoanalítico del enfermo, y para la curación es necesario que el síntoma sea conocido de nuevo y por los mismos caminos hasta la idea reprimida. Una vez reintegrado lo reprimido a la actividad anímica consciente, labor que supone el vencimiento de considerables resistencias, el conflicto psíquico que así queda establecido, y que el enfermo quiso evitarse con la represión, puede hallar, bajo la guía del médico, una mejor solución que la ofrecida por el proceso represor. Existen varias de estas apropiadas soluciones que ponen un feliz término al conflicto y a la neurosis y que, en casos individuales, pueden muy bien ser combinadas unas con otras. Puede convencerse a la personalidad del enfermo de que ha rechazado injustificadamente el deseo patógeno y hacerla aceptarlo en todo o en parte; puede también dirigirse este deseo hacia un fin más elevado y por tanto irreprochable (*sublimación* de dicho deseo), y puede, por último, reconocerse totalmente justificada su reprobación, pero sustituyendo el mecanismo —automático y, por lo tanto, insuficiente— de la represión por una condenación ejecutada con ayuda de las más altas funciones espirituales humanas, esto es, conseguir su dominio consciente.

Perdonadme si no he conseguido exponeros con mayor claridad estos capitales puntos de vista del método terapéutico llamado *psicoanálisis*. Las dificultades no estriban tan sólo en la novedad de la materia. Sobre la naturaleza de los deseos intolerables que, a pesar de la represión, logran hacerse notar desde lo inconsciente y sobre las condiciones subjetivas o constitucionales que tienen que aparecer conjuntamente en una persona para que tenga lugar un tal fracaso de la represión y una formación sustitutiva o de síntomas, trataremos en conferencias sucesivas.

III

Como no siempre es fácil decir la verdad, sobre todo cuando es preciso ser breve, me veo obligado hoy a rectificar una inexactitud en que incurrí en mi última conferencia. Dije que, cuando hube renunciado al hipnotismo, apremiaba a mis enfermos para que me comunicasen lo que se les ocurriera sobre la materia de que se trataba, indicándoles que sabían todo lo que suponían haber olvidado y que la idea que surgiese en ellos en aquel instante contendría seguramente lo buscado, había logrado, en efecto, que la primera ocurrencia del enfermo trajera consigo el elemento deseado, revelándose como la olvidada continuación del recuerdo, y esto no es cierto por completo; si así lo expuse fue en aras de la brevedad. Realmente, sólo en los comienzos del tratamiento pude conseguir, con un simple apremio por mi parte, que se presentase el elemento olvidado. Al continuar con la misma técnica, comenzaban siempre a aparecer ocurrencias que por carecer de toda conexión con la materia tratada no podían ser las buscadas y eran rechazadas como falsas por los enfermos mismos. Una mayor presión por mi parte resultaba ya inútil en estos casos y, por lo tanto, parecía constituir un error el haber abandonado el hipnotismo.

En esta perplejidad me acogí a un prejuicio cuya verificación científica fue llevada a cabo años después en Zurich por mi amigo C. G. Jung y sus discípulos. Debo afirmar que a veces es muy útil abrigar prejuicios. Creía yo firmemente en la rigurosa determinación de los procesos anímicos y no me era posible aceptar que una ocurrencia exteriorizada por el enfermo, hallándose intensamente fija su atención en un tema dado, fuera por completo arbitraria y exenta de toda relación con dicho tema, o sea, con la idea olvidada que hallar procurábamos. Que la tal ocurrencia no fuera idéntica a la representación buscada era cosa que podía explicarse satisfactoriamente por la situación psicológica supuesta. En los enfermos sometidos al tratamiento, actuaban dos fuerzas contrarias; por un lado, su aspiración consciente a traer a la conciencia los elementos olvidados que existían en lo inconsciente; por otro, la resistencia que ya conocemos y que luchaba para impedir que lo reprimido, o sus productos, deviniese consciente. Cuando esta resistencia era nula o muy pequeña, lo olvidado se hacía consciente sin deformación ninguna, hecho que incitaba a sospechar que la desfiguración de lo buscado sería tanto mayor cuanto más enérgica fuese la resistencia opuesta a que lo olvidado se hiciese consciente. La ocurrencia del enfermo, que se presentaba en lugar de lo buscado, habíase originado, pues, como un síntoma; era una nueva y efímera formación artificial sustitutiva de lo reprimido y tanto menos análoga a ello cuanto mayor fuese la desfiguración que bajo el influjo de la resistencia hubiese experimentado. Mas, de todos modos, tendría que presentar cierta semejanza con lo buscado, en virtud de su naturaleza de síntoma; y dada una resistencia no demasiado intensa, tenía que ser posible adivinar el oculto elemento buscado, partiendo de la ocurrencia manifestada por el enfermo. Esta ocurrencia debía ser, con respecto al elemento reprimido, algo como una alusión, como una expresión del mismo en lenguaje *indirecto*.

En la vida anímica normal conocemos casos en los que situaciones análogas a la aquí supuesta por nosotros producen parecidos resultados. Uno de estos casos es el del chiste. Los problemas de la técnica psicoanalítica me han hecho ocuparme también de la técnica de la formación del mismo. Expondré aquí un ejemplo de este género, relativo a un chiste formulado en lengua inglesa.

La anécdota es como sigue[86]: Dos negociantes poco escrupulosos, que habían conseguido reunir una gran fortuna merced a una serie de osadas empresas, se esforzaban en hacerse admitir en la buena sociedad, y para conseguirlo les pareció un buen medio encargar sus retratos al pintor más distinguido y caro de la ciudad, cada obra del cual se consideraba como un acontecimiento en el mundo elegante. En una gran *soirée* expusieron después los cuadros y condujeron al salón en el que se hallaban colgados, uno junto a otro, al crítico de arte más influyente y conocido, con objeto de hacerle pronunciar un juicio admirativo. El crítico contempló largo rato los retratos, movió después la cabeza como si echase algo de menos, e indicando con la mirada el espacio libre comprendido entre las dos obras de arte, se limitó a preguntar: "And where is the Saviour?"[87].

Veo que os ha hecho reír este excelente chiste en cuya inteligencia penetraremos ahora. Comprendemos que el crítico quiere decir: "Sois un par de bribones semejantes a aquellos entre los cuales se crucificó al Redentor". Mas no lo dice así, sino que sustituye esta frase por algo que al principio parece singularmente incongruente e inapropiado a las circunstancias, pero que en seguida reconocemos como una *alusión* a la injuria que tenía propósito de exteriorizar y como un sustitutivo de la misma, que no aminora en nada su valor. No podemos esperar que en el chiste aparezcan todas aquellas circunstancias que sospechamos existen en la génesis de la ocurrencia espontánea de nuestros pacientes, pero sí queremos hacer resaltar la identidad de motivación entre el chiste y la ocurrencia. ¿Por qué no dice el crítico directamente a los dos bribones lo que desea decirles? Pues porque junto a su antojo de decírselo con toda claridad en

---

[86] Véase *El chiste y su relación con lo inconsciente*, en el tomo III de estas *Obras Completas*.
[87] "Y el Redentor, ¿dónde está?"

su propia cara, actúan en él muy buenos motivos contrarios. No deja de tener sus peligros el ofender a personas cuyo huésped se es y que disponen de los forzudos puños de una numerosa servidumbre. Puede correrse aquella suerte que en mi anterior conferencia me sirvió de símil para aclarar el concepto de la "represión". Por este motivo no exterioriza el crítico directamente la injuria que se proponía expresar, sino que la lanza disfrazada y deformada como una alusión y un desahogo con el cual burla la coerción que pesa sobre su propósito. A la misma constelación se debe, a nuestro juicio, el hecho de que el paciente produzca, en lugar del elemento olvidado que de hallar se trata, una *ocurrencia sustitutiva* (*Ersatzeinfall*) más o menos deformada.

Es muy apropiado dar, siguiendo el ejemplo de la escuela de Zurich (Bleuler, Jung y otros), el nombre de "complejo" a una agrupación de elementos ideológicos conjugados y saturados de afecto. Vemos, pues, que cuando partimos, en el tratamiento de un enfermo, de lo último que recuerda sobre un punto determinado, para buscar un complejo reprimido, tenemos todas las probabilidades de adivinarlo si el sujeto pone a nuestra disposición una cantidad suficiente de sus espontáneas ocurrencias. Dejamos, por lo tanto, hablar al enfermo lo que quiera y nos atenemos firmemente a la presuposición de que no puede ocurrírsele cosa alguna que no dependa indirectamente del complejo buscado. Si este camino de hallar lo reprimido os parece demasiado prolijo, puedo, por lo menos, aseguraros que es el único practicable.

Al emplear esta técnica encontramos aún el obstáculo de que el paciente se detiene con frecuencia, comienza a vacilar y afirma que no sabe qué decir, ni se le ocurre cosa alguna. Si esto fuera exacto y tuviera razón el enfermo, nuestro procedimiento probaría ser insuficiente. Pero una más sutil observación muestra que una tal falta de ocurrencias no aparece jamás en la práctica, produciéndose tan sólo su apariencia por el hecho de que el enfermo, influido por las resistencias, disfrazadas bajo la forma de diversos juicios críticos sobre el valor de la idea que en él ha surgido, la retiene sin exteriorizarla o la rechaza. Contra esto hay el remedio de ponerle desde luego al tanto de que ha de sentirse inclinado a observar tal conducta durante el tratamiento y pedirle que no se ocupe de ejercer crítica alguna sobre sus ocurrencias. Debe manifestar, renunciando en absoluto a una selección crítica, todo aquello que a su imaginación acuda, aunque lo considere inexacto, sin conexión alguna con la cuestión tratada o falto de sentido. Sobre todo, no deberá ocultar nada de aquello que se le ocurra y con lo que le sea desagradable ocupar su pensamiento. La obediencia a estos preceptos asegura la consecución del material que ha de ponernos sobre las huellas de los complejos reprimidos.

Este material de ocurrencias, que el enfermo rechaza despreciativamente cuando se halla bajo el influjo de la resistencia en lugar de bajo el del médico, constituye para el investigador psicoanalítico el mineral del que, con ayuda de sencillas artes interpretativas, extrae su total contenido del valioso metal. Si queréis haceros con un rápido y provisional conocimiento de los complejos reprimidos de un enfermo, aunque sin penetrar en su ordenación ni en su enlace, podéis serviros para ello del examen por medio del *experimento de asociación*, tal y como ha sido perfeccionado por Jung[88] y sus discípulos. Este procedimiento procura al investigador psicoanalítico iguales medios que el análisis cualitativo a los químicos; en la terapia de los enfermos neuróticos puede prescindirse de él, pero es, en cambio, totalmente indispensable para la demostración objetiva de los complejos y para la investigación de la psicosis, con tanto éxito emprendidas por la escuela de Zurich.

---

[88] C.G. Jung: *Diagnostiche Assoziationsstudien*, 1906.

La interpretación de las ocurrencias que exterioriza el paciente cuando se somete a los preceptos psicoanalíticos capitales no es el único de nuestros medios técnicos para el descubrimiento de lo inconsciente. Al mismo fin conducen otros dos procedimientos: la interpretación de sus sueños y la evaluación de sus *actos fallidos* (*Fehihandlugen*) y *actos casuales* (*Zufallshandlugen*).

Confieso a mi distinguido auditorio que he vacilado largo tiempo pensando si no sería mejor ofrecer aquí, en lugar de esta rápida y sintética visión sobre todo el campo del psicoanálisis, una detallada exposición de la *interpretación de los sueños*[89]. Un motivo en apariencia secundario y puramente subjetivo me ha hecho desistir de ello. Parecíame inadecuado y casi escandaloso presentarme en calidad de "onirocrítico" ante personas de esta nación, orientada hacia fines prácticos, sin previamente hacerles saber la importancia a que puede aspirar tal anticuado y ridiculizado arte. La interpretación de los sueños es, en realidad, la Vía Regia para llegar al conocimiento de lo inconsciente y la base más firme del psicoanálisis, constituyendo al mismo tiempo un campo de experimentación en el que todos podemos penetrar y adquirir nuevas e interesantísimas ideas. Cuando se me pregunta cómo se puede llegar a practicar el psicoanálisis, respondo siempre que por el estudio de los propios sueños. Con justo tacto han eludido hasta ahora los adversarios de nuestras teorías penetrar en la crítica de la interpretación de los sueños o han pasado rápidamente sobre ella con las objeciones más superficiales. Mas si, por el contrario, llegáis a aceptar las soluciones que el psicoanálisis da al problema de la vida oní-

---

[89] *Die Traumdeutung*, 6.ª edición aumentada con aportaciones de Otto Rank, Viena, 1921.

N. del Traductor. —*La interpretación de los sueños*, tomo VI y VII de estas *Obras Completas*.

rica, no presentarán ya dificultad ninguna a vuestros ojos las novedades que pensáis encierra nuestra disciplina.

Al estudiar los sueños no hay que olvidar que si, por un lado, presentan nuestras producciones oníricas nocturnas la mayor analogía exterior y el más grande parentesco íntimo con las creaciones de la perturbación mental, por otro, en cambio, son compatibles con una total salud en la vida despierta. No constituye ninguna paradoja afirmar que quien se limite a mirar con asombro, sin intentar llegar a su comprensión, estas alucinaciones, delirios y modificaciones del carácter, que pudiéramos llamar "normales", no puede tampoco tener la menor probabilidad de comprender, más que de un modo totalmente profano, las formaciones anormales de los estados anímicos patológicos. Entre estos profanos podéis contar a casi todos los psiquíatras actuales. Seguidme ahora en una rápida excursión a través del campo de los problemas oníricos.

Cuando nos hallamos despiertos, acostumbramos considerar tan despreciativamente nuestros sueños como el paciente las ideas que el investigador psicoanalítico le hace manifestar. Rechazándolos de nuestro pensamiento, los olvidamos generalmente en el acto y por completo. Nuestro desprecio se funda en el extraño carácter que presentan aun aquellos sueños que no son confusos ni descabellados y en el evidente absurdo e insensatez de otros, y nuestra repulsa se basa en las desenfrenadas tendencias, inmorales y desvergonzadas, que, en algunos sueños, se manifiestan claramente. En cambio, el mundo antiguo no participó de este desprecio de los sueños, y en la actualidad tampoco las capas inferiores de nuestro pueblo se dejan engañar con respecto a la estimación que a los mismos debe concederse, y esperan de ellos, como los antiguos, la revelación del porvenir.

Por mi parte, confieso que no hallo necesidad de hipótesis mística ninguna para cegar las lagunas de nuestro actual conocimiento y que, por lo tanto, no he podido hallar jamás nada que confirmara una naturaleza profética de los sueños. Hay muchas cosas de otro género, y también harto maravillosas, que decir sobre ellos.

En primer lugar, no todos los sueños son esencialmente extraños al sujeto que los ha tenido, ni confusos e incomprensibles para él. Examinando los sueños de los niños más pequeños, desde el año y medio de edad, se halla que son grandemente sencillos y fáciles de explicar. El niño pequeño sueña siempre la realización de deseos que han surgido en él el día anterior y que no han sido satisfechos. No es necesario ningún arte interpretativo para hallar esta sencilla solución, sino únicamente averiguar lo que el niño hizo o dijo durante el día anterior al sueño (*día del sueño—Traumtag*). La más satisfactoria solución del problema sería, ciertamente, que también los sueños de los adultos fueran, como los de los niños, realizaciones de sentimientos optativos provocados durante el día del sueño. Y así es en realidad. Las dificultades que es necesario vencer para llegar a esta solución van desapareciendo poco a poco, conforme se va haciendo más penetrante el análisis de los sueños.

La primera y más importante de las objeciones es la de que los sueños de los adultos presentan, en general, un contenido ininteligible que no deja reconocer el más pequeño indicio de una realización de deseos. La respuesta a tal objeción es la siguiente: Dichos sueños han sufrido una deformación; el proceso psíquico que entrañan hubiera debido hallar originariamente una muy diferente traducción verbal. Hay que diferenciar el *contenido manifiesto del sueño*, tal y como se recuerda con extrema vaguedad por la mañana y se reviste penosamente y con aparente arbitrariedad de palabras, de las *ideas latentes del sueño*, que permanecen en lo inconsciente. Esta deformación del sueño es el mismo proceso que expuse antes en la investigación de la formación de los síntomas histéricos, e indica que tanto en la formación de los sueños como en la de los síntomas actúa el mismo juego de fuerzas anímicas encontradas. El contenido manifiesto del sueño es el sustitutivo deformado de las ideas inconscientes del mismo, y esta deformación es obra de fuerza defensivas del *yo*, resistencias que, durante el estado de vigilia, impiden por completo el acceso a la conciencia a los deseos reprimidos de lo inconsciente, y que debilitadas cuando el sujeto duerme, conservan, sin embargo, energía suficiente para obligar a dichos deseos a envolverse en un disfraz. De este modo resulta tan difícil para el sujeto reconocer el sentido de sus sueños como para el histérico la relación y el significado de sus síntomas.

Que existen ideas latentes del sueño, y que entre ellas y el contenido manifiesto del mismo se mantiene, en efecto, la relación antes descrita, son extremos de los que nos convence el análisis de los sueños, análisis cuya técnica es idéntica a la psicoanalítica. Se prescinde por completo de la aparente conexión de los elementos en el sueño manifiesto y se reúnen todas las ocurrencias que conforme a la regla psicoanalítica de libre asociación vayan surgiendo ante cada uno de dichos elementos considerados separadamente. Luego, por el examen del material así reunido, podremos adivinar las ideas latentes del sueño, de igual manera que por las ocurrencias del enfermo ante sus síntomas y recuerdos hemos adivinado sus ocultos complejos. En las ideas latentes del sueño así descubiertas puede verse siempre cuán justificado está igualar los sueños del adulto a los de los niños. Lo que ahora se sustituye, como verdadero sentido del sueño, al contenido manifiesto del mismo, es siempre claramente comprensible, aparece ligado a las impresiones del día anterior y se revela como realización de un sueño insatisfecho. El sueño manifiesto, que es el que por nuestro recuerdo conocemos al despertar, no puede describirse más que como una realización *disfrazada* de deseos *reprimidos*.

Por medio de una labor sintética puede llegarse también al conocimiento del proceso de deformación que convierte las ideas inconscientes del sueño en el contenido manifiesto del mismo, proceso al que damos el nombre de *elaboración del sueño* y que merece todo nuestro interés teorético, porque en él podremos estudiar, mejor que en ningún otro, qué insospechados procesos psíquicos son posibles en lo inconsciente o, dicho con mayor precisión, *entre* dos sistemas psíquicos separados: la conciencia y lo inconsciente. Entre estos nuevos procesos psíquicos se destacan el de la *condensación* y el del *desplazamiento*. La elaboración del sueño es un caso especial de las influencias recíprocas de diversas agrupaciones anímicas, esto es, de los resultados del desdoblamiento anímico, y parece, en lo esencial, idéntica a aquella labor de deformación que, dada una represión fracasada, transforma en síntomas los complejos reprimidos.

En el análisis de los sueños descubriréis con admiración la insospechada importancia del papel que en el desarrollo del hombre desempeñan las impresiones y sucesos de la temprana infancia. En la vida onírica del hombre prolonga su existencia el niño, conservando bien todas sus peculiaridades y deseos, aun aquellos que han llegado a ser inutilizables en la vida adulta. Con el poder incoercible se presentarán ante nosotros los desarrollos, represiones, sublimaciones y formaciones reactivas por medio de las cuales ha surgido del niño, muy diferentemente dispuesto, el hombre llamado normal, sujeto, y en parte víctima, de la civilización tan penosamente alcanzada.

Quiero también llamaros la atención sobre el hecho de que en el análisis de los sueños hemos hallado que lo inconsciente se servía, sobre todo, para la representación de complejos sexuales de un determinado simbolismo, variable en parte individualmente y en parte típicamente fijado, que parece coincidir con el simbolismo cuya existencia sospechamos detrás de nuestros mitos y leyendas. No sería imposible que estas últimas creaciones de los pueblos pudieran hallar su explicación partiendo de los sueños.

He de advertiros, por último, que no debéis dejaros extraviar por la objeción de que la existencia de pesadillas o sueños de angustia contradice nuestra concepción de los sueños como realización de deseos. Aparte de que también estos sueños terroríficos necesitan ser interpretados antes de poder pronunciarse sobre ellos, hay que hacer observar que, en general, el terror no depende tan sencillamente del contenido del sueño como suele creerse, sin conocer ni tener en cuenta las condiciones de la angustia neurótica. El terror es una de las reacciones defensivas del *yo* contra aquellos deseos reprimidos que han llegado a adquirir una gran energía, y es, por tanto, muy explicable su existencia en el sueño cuando la formación del mismo se ha puesto excesivamente al servicio de la realización de tales deseos reprimidos.

Vemos, pues, que la investigación de los sueños estaría ya justificada en sí por las conclusiones a que nos lleva sobre cuestiones que sin ella serían tan difíciles de conocer. Mas nosotros hemos llegado a ella en conexión con el tratamiento psicoanalítico de los neuróticos. Por lo dicho hasta ahora, podéis comprender fácilmente cómo la interpretación de los sueños, cuando no es dificultada en exceso por las resistencias del enfermo, conduce al conocimiento de los deseos ocultos y reprimidos del mismo y de los complejos que tales deseos sustentan. Podemos, pues, pasar ahora al tercer grupo de fenómenos anímicos cuyo estudio ha llegado a ser un medio técnico para el psicoanálisis.

Son estos fenómenos los *actos fallidos* de los hombres, tanto normales como nerviosos; actos a los que no se acostumbra, en general, a dar importancia ninguna: el olvido de cosas que podían saberse y que en realidad se saben en otros momentos (por ejemplo, el olvido temporal de los nombres propios), las equivocaciones orales en las que con tanta frecuencia se incurre, los análogos errores cometidos en la escritura y en la lectura, los actos de aprehensión errónea y la pérdida y rotura de objetos, etc.; cosas todas a las que no se suele buscar una determinación psicológica y que se dejan pasar considerándolas como sucesos casuales y resultantes de la distracción, falta de atención y otras condiciones análogas. A todo ello se agregan los actos y gestos que los hombres ejecutan sin darse cuenta, y, por tanto, claro está que sin atribuirles condición anímica alguna, tales como el juguetear con los objetos, tararear melodías, andarse en los vestidos o en alguna parte de la propia persona y otros manejos semejantes[90]. Estas pequeñeces, *actos fallidos*, *sintomáticos* y *casuales*, no se hallan tan desprovistas de significación como parece aceptarse, en general, por un tácito acuerdo; muy al contrario, son extraordinariamente significativas y pueden ser fácil y seguramente interpretadas examinando la situación en la que se ejecutan, examen del que resulta que también constituyen manifestaciones de impulso e intenciones que deben ser sustraídas a la propia conciencia o que proceden de los mismos complejos y optaciones que hemos estudiado como creadores de los síntomas y plasmadores de los sueños. Merecen, por tanto, estos actos ser reconocidos como síntomas, y su observación puede conducir, como la de los sueños, al descubrimiento de los elementos ocultos de la vida anímica. Por ellos revela generalmente el hombre sus más íntimos secretos, y si aparecen con especiales facilidad y frecuencia hasta en individuos sanos, que han logrado llevar a cabo con todo éxito la represión de sus tendencias inconscientes, ello se debe a su futilidad y nimia apariencia. Mas, no obstante, pueden aspirar tales actos a una más alta valoración teórica, pues nos muestran

---

[90] Véase el primer volumen de estas *Obras Completas*, titulado *Psicopatología de la vida cotidiana*.

que la represión y la formación de sustitutivos tienen también lugar en condiciones de salud normal.

Observaréis que el investigador psicoanalítico se caracteriza por una estricta fe en el determinismo de la vida psíquica. Para él no existe nada pequeño, arbitrario ni casual en las manifestaciones psíquicas, espera hallar siempre una motivación suficiente hasta en aquellos casos en que no se suele sospechar ni inquirir la existencia de la misma, y está incluso preparado a encontrar una *motivación múltiple del mismo* efecto psíquico, mientras que nuestra necesidad causal, que suponemos innata, se declara satisfecha con una única causa psíquica.

Reunid ahora todos los medios que para el descubrimiento de lo escondido, olvidado y reprimido en la vida psíquica poseemos: el estudio de las ocurrencias del paciente provocadas por libre asociación, el de sus sueños y el de sus actos fallidos y sintomáticos; añadid a ello la valoración de otros fenómenos que aparecen durante el tratamiento psicoanalítico y sobre los que haré más adelante, al tratar de la *transferencia*, algunas observaciones, y llegaréis conmigo a la conclusión de que nuestra técnica es suficientemente eficaz para poder cumplir su cometido, atraer a la conciencia el material psíquico patógeno y poner así término a la dolencia provocada por la formación de síntomas sustitutivos. El que en el curso de nuestros esfuerzos terapéuticos logremos enriquecer y hacer más profundo nuestro conocimiento de la vida psíquica de los hombres, tanto normales como enfermos, no puede ciertamente ser considerado sino como un especial atractivo y una ventaja de esta labor.

No sé si abrigaréis la impresión de que la técnica a través de cuyo arsenal acabo de conduciros es de una extraordinaria dificultad. Mi opinión es la de que está proporcionada al objeto cuyo dominio ha de conseguir. Mas lo seguro es que no se trata de algo que pueda improvisarse, sino que tiene que ser aprendido al igual que la técnica histológica o quirúrgica. Quizá os asombre saber que en Europa hemos escuchado multitud de juicios sobre el psicoanálisis, pronunciados por personas que no conocen nada de nuestra técnica ni la han empleado jamás, y que, no obstante, nos pedían, como por burla, que les demostrásemos la exactitud de nuestros resultados. Entre estos impugnadores ha habido, ciertamente, personas a las que en otras materias no faltaba la lógica científica y que, por ejemplo, no hubieran rechazado el resultado de una investigación microscópica por el hecho de no ser apreciable dicho resultado sin aparato ninguno, a simple vista y directamente sobre el preparado anatómico, ni hubieran pronunciado tampoco un juicio adverso antes de haber comprobado la cuestión por sí mismos con ayuda del microscopio. Mas en lo tocante al psicoanálisis, hay que tener en cuenta que la aceptación de sus teorías tiene que luchar con circunstancias muy desfavorables. El psicoanálisis trata de conducir a un reconocimiento consciente los elementos reprimidos de la vida psíquica, y aquellos que han de juzgarla son también hombres que poseen tales represiones y que quizá sólo a duras penas logran mantenerlas. De este modo tiene nuestra disciplina que despertar en ellos la misma resistencia que despierta en el enfermo, y que fácilmente consigue disfrazarse de repulsa intelectual, y hace surgir argumentos análogos a aquellos que por medio de la regla capital psicoanalítica dominamos nosotros en nuestros pacientes. Como en estos, hallamos también con frecuencia en nuestros adversarios una extraordinaria influencia afectiva de la capacidad de juicio en el sentido de una minoración de la misma. La soberbia de la conciencia que, por ejemplo, rechaza tan despreciativamente los sueños, pertenece a los más enérgicos dispositivos protectores previstos en general en todos nosotros contra la revelación de los complejos inconscientes, y tal es la causa de que sea tan difícil hacer llegar a los hombres a la convicción de la realidad de lo inconsciente y darles a conocer algo nuevo que contradice su conocimiento consciente.

IV

Desearéis saber ahora qué es lo que con ayuda de los medios técnicos descritos hemos averiguado sobre los complejos patógenos y los deseos reprimidos de los neuróticos.

Ante todo, una cosa: la investigación psicoanalítica refiere, con sorprendente regularidad, los síntomas patológicos del enfermo a impresiones de su vida erótica; nos muestra que los deseos patógenos son de la naturaleza de los componentes instintivos eróticos y nos obliga a aceptar que las perturbaciones del erotismo deben ser consideradas como las influencias más importantes de todas aquellas que conducen a la enfermedad. Y esto, en ambos sexos.

Sé que esta afirmación no se acepta fácilmente. Hasta aquellos investigadores que siguen con buena voluntad mis trabajos psicológicos se hallan inclinados a opinar que exagero la participación etiológica de los factores sexuales y se dirigen a mí con la pregunta de por qué otros estímulos psíquicos no han de dar también motivo a los fenómenos de la represión y la formación de sustitutivos. A ello puedo contestar que ignoro por qué los estímulos no sexuales carecen de tales consecuencias y que no tendría nada que oponer a que su actuación produjese resultados análogos a los de carácter sexual, pero que la experiencia demuestra que nunca adquieren tal significación e importancia y que lo más que hacen es apoyar el efecto de los factores sexuales sin jamás poder sustituirse a ellos. Este estado de cosas no fue afirmado por mí teóricamente; en 1895, cuando publiqué *Estudios sobre la histeria* en colaboración con el doctor Breuer, no había yo llegado aún a este punto de vista, que he tenido forzosamente que aceptar más tarde conforme mis experimentos iban haciéndose más numerosos y penetrando más en el corazón de la materia.

Entre vosotros, los que habéis acudido a estas conferencias, se hallan algunos de mis más íntimos amigos y discípulos que me han acompañado en mi viaje hasta aquí. Interrogadlos, y oiréis de sus labios que también ellos acogieron al principio con absoluta incredulidad la afirmación de la decisiva importancia de la etiología sexual; hasta que luego su propia labor analítica los obligó a aceptarla y hacerla suya.

La conducta de los enfermos no facilita ciertamente la aceptación de mi discutida teoría. En lugar de ayudarnos, proporcionándonos de buena voluntad datos sobre su vida sexual, intentan ocultar esta por todos los medios. Los hombres no son generalmente sinceros en las cuestiones sexuales. No muestran a la luz su sexualidad, sino que la cubren con espesos mantos tejidos de mentiras, como si en el mundo de la sexualidad reinara un cruel temporal. Y no dejan de tener razón: en nuestro mundo civilizado, el sol y el viento no son nada favorables a la actividad sexual; ninguno de nosotros puede realmente mostrar a los demás su erotismo, libre de todo disfraz. Mas cuando los pacientes se dan cuenta de que pueden librarse de toda coerción durante el tratamiento, arrojan aquella mentirosa envoltura, y entonces es cuando se halla uno en situación de formar juicio exacto sobre el discutido problema. Desgraciadamente, los médicos no ocupan con respecto a los demás hombres un lugar de excepción en lo relativo a la conducta personal ante los problemas de la vida sexual, y aun muchos de ellos caen dentro de aquella mezcla de gazmoñería y concupiscencia que en las cuestiones sexuales rige la conducta de la mayoría de los "hombres civilizados".

Continuemos ahora la exposición de nuestros resultados. En otra serie de casos, la investigación psicoanalítica refiere los síntomas no acontecimientos sexuales, sino a vulgares sucesos traumáticos. Mas esta diferenciación pierde toda su importancia por otro hecho. La labor analítica necesaria para la aclaración absoluta y la definitiva curación de un caso patológico no se detiene nunca en los sucesos del período de enfermedad, sino que llega, en todos los casos, hasta la pubertad y la temprana infancia del paciente, para tropezar allí con los sucesos e impresiones determinantes de la posterior enfermedad. Sólo los sucesos de la infancia explican la extremada sensibilidad, ante traumas posteriores, y únicamente por el descubrimiento y atracción a la conciencia de estas huellas de recuerdos, casi siempre olvidadas, adquirimos poder suficiente para hacer desaparecer los síntomas. Llegamos aquí al mismo resultado que en la investigación de los sueños, esto es, que son deseos duraderos y reprimidos de la niñez los que para la formación de síntomas han suministrado su energía, sin la cual la reacción a traumas posteriores hubiera tenido lugar normalmente. Y estos poderosos deseos de la niñez deben ser considerados siempre, y con una absoluta generalidad, como sexuales.

Ahora sí que estoy cierto de haber excitado vuestro asombro. ¿Hay, pues, una sexualidad infantil? —preguntaréis—. ¿No es más bien la infancia una edad caracterizada por la ausencia del instinto sexual? Nada de eso; el instinto sexual no entra de repente en los niños al llegar a la pubertad, como nos cuenta el Evangelio, que el demonio entró en los cuerpos de los cerdos. El niño posee desde un principio sus instintos y actividades sexuales; los trae consigo al mundo, y de ellos se forma, a través de las numerosas etapas, de una importantísima evolución, la llamada sexualidad normal del adulto. Ni siquiera es difícil observar las manifestaciones de esta actividad sexual infantil; por el contrario, más bien es necesario poseer cierto arte para dejarlas pasar desapercibidas o interpretarlas erróneamente.

Un favorable destino me ha puesto en situación de acogerme al testimonio de un compatriota vuestro. Indicaré aquí un trabajo del doctor Sanford Bell, publicado en 1902 en el *American Journal of Psychology*. Su autor es un antiguo discípulo de la Clark University, la misma institución en una de cuyas aulas nos hallamos hoy reunidos. En este trabajo, titulado *A preliminary study of the emotion of love between the sexes*, y aparecido tres años antes de mi *Tres ensayos para una teoría sexual*, dice el autor la misma cosa que yo acabo de exponeros: "La emoción del amor sexual no surge por vez primera en el período de la adolescencia, como se ha pensado hasta ahora"[91]. El doctor Sanford Bell ha trabajado en esta cuestión, muy a la americana, como diríamos en Europa, reuniendo en el transcurso de quince años nada menos que 2,500 observaciones positivas, entre ella 800 realizadas por él mismo.

De los signos por los que se revelan tales enamoramientos infantiles dice en su trabajo: "Observando sin prejuicio alguno estas manifestaciones en cientos de parejas de niños, no puede eludirse el atribuirlas un origen sexual. El ánimo más deseoso de exactitud tiene que quedar satisfecho cuando a estas observaciones se agrega la confesión de aquellas personas que en su niñez han experimentado tal emoción con una elevada intensidad y cuyos recuerdos infantiles son relativamente precisos". Mas cuando el asombro de aquellos de entre vosotros que no quieren creer en la sexualidad infantil llegará a su grado máximo, será al oír que entre estos niños tempranamente enamorados muchos no han pasado de la tierna edad de tres, cuatro y cinco años.

No me admiraría que estas observaciones de un compatriota vuestro consiguieran vuestro asentimiento con mayor facilidad que las mías. Por mi parte, he logrado hace poco deducir del análisis de un niño de cinco años que padecía una neurosis de angustia —análisis llevado a cabo por su mismo

---

[91] N. del Traductor. —En inglés en el original.

padre, conforme a las reglas psicoanalíticas— un cuadro casi completo de las manifestaciones instintivas somáticas y de las producciones anímicas en un temprano estadio de la vida erótica infantil[92]. Debo también haceros recordar que mi amigo, el doctor C. G. Jung, os leía hace pocas horas en esta misma sala las observaciones verificadas en el caso de una niña aún menor, que por el mismo motivo que mi paciente —el nacimiento de un hermanito— reveló emociones sensuales y formaciones de deseos y complejos, totalmente análogas. No desespero, pues, de que lleguéis a familiarizaros con la idea, extraña al principio, de la sexualidad infantil, y quiero presentaros todavía el honroso ejemplo del psiquíatra de Zurich, E. Bleuler, que aún no hace muchos años manifestaba "que no lograba comprender mis teorías sexuales" y que posteriormente ha confirmado en su totalidad, por observaciones propias, mi concepción de la sexualidad infantil[93].

Es muy explicable que, sean o no investigadores médicos, no quieran los hombres saber nada de la vida sexual del niño. Han olvidado su propia actividad sexual infantil bajo la presión de la educación civilizadora y no quieren que se les recuerde lo que han reprimido. Muy distintas serían las convicciones a que llegarían si comenzaran sus investigaciones con un autoanálisis, una revisión y una interpretación de sus recuerdos infantiles.

Rechazad vuestras dudas y seguidme en la aceptación de la existencia de una sexualidad infantil desde los primeros años. El instinto sexual del niño se nos revela como muy complejo, y

---

[92] N. del Traductor. —*Análisis de la fobia de un niño de cinco años. (Caso «Juanito»)*. Publicado en el *Jahrbuch für Psychoanalyt. und Psychopathologische Forschungen*, 1909. También se encuentra incluido en la 3.ª serie de la *Colección de ensayos sobre Neurología*.

[93] Bleuler: "Sexuelle Abnormitäten der Kinder", en *Jahrbuch, der scheweiz. Gessellschatt für Schulgesundheitsflege*, IX, 1908.

es susceptible de una descomposición en numerosos elementos de muy diverso origen. Ante todo, es aún independiente de la procreación, a cuyo servicio entrará más tarde, y sirve por lo pronto para la consecución de sensaciones de placer de muy diversos géneros, a las que por sus analogías y conexiones reunimos bajo la común consideración de placer sexual. La fuente principal del placer sexual infantil es el estímulo apropiado de determinadas partes del cuerpo especialmente excitables, esto es, además de los genitales, la boca, el ano, la abertura del meato, y también la piel y otras superficies sensoriales. Dado que en esta primera fase de la vida sexual infantil la satisfacción es conseguida en el propio cuerpo y aparte de todo objeto exterior, la denominamos, conforme al término implantado por Havelock Ellis, fase del *autoerotismo*, y llamaremos *zonas erógenas* a las partes del cuerpo que intervengan en la consecución de placer. El "chupeteo" o succión productora de placer observable en los niños más pequeños es un buen ejemplo de una tal satisfacción autoerótica conseguida en una zona erógena. El primer observador científico de este fenómeno, un pediatra de Budapest llamado Lindner, lo interpretó ya como una satisfacción sexual y ha descrito minuciosamente su transición a otras más elevadas formas de la actividad sexual[94]. Otra satisfacción sexual de esta edad infantil es aquel estímulo masturbatorio de los genitales que tan gran importancia conserva para la vida posterior y que muchos individuos no logran jamás dominar. Junto a estas y otras actividades autoeróticas, se manifiestan muy tempranamente en el niño aquellos componentes instintivos del placer sexual, o como nosotros acostumbramos a decir, de la libido, que presuponen una persona exterior al sujeto. Estos instintos aparecen en dos formas, activa y pasiva, constituyendo pares

---

[94] *Jahrbuch für Kinderheilkunde*, 1879.

antitéticos. Citaré entre ellos, como los de mayor importancia de este grupo, el placer de causar dolor (sadismo) con su contrario pasivo (masoquismo), y el placer visual, de cuyas formas activa y pasiva surgen posteriormente el afán de saber y la tendencia a la exposición artística o teatral. Otras actividades sexuales del niño caen ya dentro de la *elección de objeto*, en la cual se convierte en elemento principal una segunda persona que debe originariamente su importancia a consideraciones relativas al instinto de conservación. Sin embargo, la diferencia de sexos no desempeña aún en este período infantil un papel decisivo, y sin cometer injusticia alguna, puede atribuirse a todo niño una parte de disposición homosexual.

Esta desordenada vida sexual del niño, muy rica en contenido, pero disociada y en la cual cada instinto busca por cuenta propia, independientemente de todos los demás, la consecución de placer, experimenta una síntesis y una organización en dos direcciones principales, de tal manera, que con el término de la pubertad queda en la mayoría de los casos completamente desarrollado el definitivo carácter sexual del individuo. Por un lado, se subordinan los diversos instintos a la primacía de la zona genital, con lo que toda la vida sexual entra al servicio de la procreación, y la satisfacción de dichos instintos queda reducida en importancia a la preparación y favorecimiento del acto sexual propiamente dicho. Por otro, la elección de objeto anula el autoerotismo haciendo que en la vida erótica no quieran ser satisfechos, sino en la persona amada, todos los componentes del instinto sexual. Mas no todos los componentes instintivos originales son admitidos en esta definitiva fijación de la vida sexual. Ya antes de la pubertad han sido sometidos determinados instintos, bajo la influencia de la educación, a represiones extraordinariamente enérgicas y han aparecido potencias anímicas tales como el pudor, la repugnancia y la moral, que mantienen como vigilantes guardianes dichas represiones. Cuando luego, en la época de la pubertad, llega la marea alta de la necesidad sexual, encuentra en las citadas reacciones o resistencias, diques que le marcan su entrada en los caminos llamados normales y la hacen imposible vivificar de nuevo los instintos sometidos a la represión. Esta recae especialmente sobre los placeres infantiles coprófilos, o sea, los relacionados con los excrementos y, además, sobre la fijación a las personas de la primitiva elección de objeto.

Un principio de Patología general expresa que cada proceso evolutivo trae consigo las semillas de la disposición patológica en cuanto puede ser obstruido o retrasado o no tener lugar sino incompletamente. Esto mismo es aplicable al tan complicado desarrollo de la función sexual, el cual no en todos los individuos se lleva a cabo sin tropiezo alguno, dejando en estos casos tras de sí, ora anormalidades, ora disposición a la posterior adquisición de enfermedades por el camino de la regresión. Puede suceder que no todos los instintos parciales se someten a la primacía de la zona genital, y entonces el instinto que ha quedado independiente constituye lo que llamamos una *perversión* y algo que puede sustituir el fin sexual normal por el suyo propio. Sucede muy frecuentemente, como ya hemos indicado, que el autoerotismo no es dominado por completo, defecto del cual dan testimonio, en tiempos posteriores, las más diversas perturbaciones. La original equivalencia de ambos sexos como objetos sexuales puede también mantenerse, y resultar de ella una tendencia a la actividad homosexual en la vida adulta, tendencia que puede llegar, en determinadas circunstancias, a la homosexualidad exclusiva. Esta serie de perturbaciones corresponde a los impedimentos directos de la función sexual y comprende las *perversiones* y el nada raro *infantilismo* general de la vida sexual.

La disposición a la neurosis debe derivarse también, pero con un camino distinto, de una perturbación del desarrollo sexual. Las neurosis son a las perversiones lo que en fotografía el negativo a la positiva. En ellas aparecen como sustentadores de los complejos y origen de los síntomas los mismos componentes instintivos que en las perversiones, pero en este caso actúan desde lo inconsciente. Han experimentado, pues, una represión, mas, a pesar de la misma, pudieron afirmarse en lo inconsciente. El psicoanálisis nos permite reconocer que una manifestación extremadamente enérgica de estos instintos, en épocas muy tempranas, conduce a una especie de *fijación* parcial que constituye un punto débil en el conjunto de la función sexual. Si el ejercicio de la función sexual normal encuentra luego algún obstáculo en la madurez, la represión de la época evolutiva queda rota precisamente en aquellos puntos en los que han tenido lugar fijaciones infantiles.

Me objetaréis quizá ahora que nada de esto es sexualidad. Confieso que he usado esta palabra en un sentido mucho más amplio del que estáis acostumbrados a atribuirle. Pero es muy discutible si no sois vosotros los que la empleáis en un sentido demasiado estrecho cuando la limitáis a los dominios de la procreación. Haciéndolo así, sacrificáis la inteligencia de las perversiones y la conexión entre la perversión, la neurosis y la vida sexual normal, quedando imposibilitados de reconocer, según su verdadera importancia, los comienzos, fácilmente observables, de la vida erótica —somática y psíquica— de los niños. Pero os decidáis o no a dar un más amplio sentido de la palabra discutida, debéis tener siempre en cuenta que el investigador psicoanalítico concibe la sexualidad en aquel amplio sentido al que nos conduce la aceptación de la sexualidad infantil.

Volvamos de nuevo al desarrollo sexual del niño. Quédanos todavía por examinar en él algunos puntos, que antes, dedicada nuestra atención más a las manifestaciones somáticas que a las anímicas, de la vida sexual, dejamos escapar. La primitiva elección infantil del objeto, cuya naturaleza obedece a la importancia del niño para valerse por sí solo, reclama todo nuestro interés. Se dirige al principio hacia los guardadores del infantil sujeto y luego, en seguida, hacia sus padres. Según me ha demostrado la observación directa de los niños confirmada por la investigación analítica de los adultos, la relación del niño con sus padres no está en ningún modo exenta de elementos de excitación sexual. El niño toma a sus dos progenitores y, especialmente a uno de ellos, como objeto de sus deseos eróticos, con lo cual no hace generalmente más que obedecer a un estímulo iniciado por sus mismos padres, cuya ternura posee los más claros caracteres de una actividad sexual, si bien desviada en sus fines. El padre prefiere, en general, a la hija y la madre al niño, y el niño reacciona a ello con el deseo, si es varón, de hallarse en el supuesto de su padre, o en el de su madre, si es mujer. Los sentimientos despertados en estas relaciones entre padres e hijos y en las de los hermanos entre sí no son sólo de naturaleza tierna y positiva, sino también negativos y hostiles. El complejo que de este modo se forma está destinado a una pronta represión, pero ejerce luego desde lo inconsciente una magna y duradera influencia y debemos manifestar nuestra sospecha de que, con sus ramificaciones, constituye el *complejo nódulo* (*Kernkomplex*) de todas y cada una de las neurosis, hallándonos preparados a encontrarlo con no menos eficacia en otros dominios de la vida psíquica. El mito del rey Edipo, que mata a su padre y toma a su madre por mujer, es una exposición aún muy poco disfrazada del deseo infantil ante el cual se alzan después, rechazándolo, las barreras del incesto. El Hamlet shakespeariano reposa sobre la misma base, aunque más encubierta, del complejo del incesto.

En la época en que el niño está todavía dominado por el complejo nódulo aún no reprimido, dedica una importantísima parte de su actividad al servicio de los intereses sexuales; comienza a investigar de dónde vienen los niños, y utilizando los datos que a su observación se ofrecen, adivina de las circunstancias reales más de lo que los adultos pueden sospechar. Generalmente, lo que despierta su interés investigativo es la amenaza material de la aparición de un nuevo niño en el que al principio no ve más que un competidor. Bajo la influencia de los instintos parciales que en él actúan, llega a formular numerosas *teorías sexuales infantiles*, tales como las de que ambos sexos poseen iguales genitales masculinos, que los niños se conciben comiendo y son paridos por el recto y que el comercio sexual es un acto de carácter hostil, una especie de sojuzgamiento violento. Mas precisamente el incompleto desarrollo de su constitución sexual y la laguna que en sus conocimientos supone la ignorancia de la forma del aparato genital femenino (vagina), obligan al infantil investigador a abandonar su labor, considerándola inútil. El hecho mismo de esta investigación infantil, así como las pueriles teorías sexuales a que da lugar, presenta gran importancia como determinante para la formación del carácter del niño y del contenido de la neurosis que puede adquirir posteriormente.

Es inevitable y de todo punto normal que el niño haga de sus padres los objetos de su primera elección erótica. Pero su libido no debe permanecer fija en estos primeros objetos, sino tomarlos después únicamente como modelos y pasar de ellos a personas extrañas en la época de la definitiva elección de objeto. El *desligamiento* del niño de sus padres se convierte así en un indispensable deber educativo si el valor social del joven individuo no ha de correr un serio peligro. Durante la época en la que la represión lleva a cabo la selección entre los instintos parciales de la sexualidad, y después, cuando ha de debilitarse la influencia de los padres, la cual ha proporcionado la energía necesaria para estas represiones, recaen sobre la labor educativa importantes deberes que actualmente no siempre son desempeñados de una manera comprensiva y libre de objeciones.

No vayáis quizá a juzgar que con estas discusiones sobre la vida sexual y la evolución psicosexual del niño nos hemos alejado mucho del psicoanálisis y de la labor curativa de las perturbaciones nerviosas. Si queréis, podéis describir exclusivamente el tratamiento psicoanalítico como una continuada educación dirigida al vencimiento de los restos de la infancia.

V

Con el descubrimiento de la sexualidad infantil y la referencia de los síntomas neuróticos a componentes instintivos eróticos, hemos llegado a establecer algunas inesperadas fórmulas sobre la esencia y las tendencias de las neurosis. Vemos que los hombres enferman cuando a consecuencia de obstáculos exteriores o falta interna de adaptación queda vedada para ellos la satisfacción de sus necesidades sexuales en la *realidad*, y vemos que entonces se *refugian en la enfermedad* para hallar con su ayuda una satisfacción sustitutiva de la que les ha sido negado. Reconocemos que los síntomas patológicos contienen una parte de la actividad sexual del sujeto o, a veces, su entera vida sexual, y encontramos en el alejamiento de la realidad la tendencia capital, pero también el daño principal de la enfermedad. Sospechamos que la resistencia que nuestros enfermos oponen a su restablecimiento no es de constitución simple, sino compuesta de varios motivos. No solamente se resiste el *yo* del enfermo a levantar las represiones por medio de las cuales ha salido de su situación original, sino que tampoco los instintos sexuales se resignan a prescindir de sus satisfacciones sustitutivas mientras permanezca aún inseguro si la realidad les ofrecerá o no algo mejor.

La fuga en que el sujeto abandona la insatisfactoria realidad para refugiarse en aquello que por su nocividad biológica denominamos enfermedad, pero que jamás deja de ofrecer al enfermo un inmediato placer, se lleva a cabo por el camino de la *regresión*, del retorno a fases tempranas de la vida sexual a las que en su época no faltó satisfacción. Esta represión es aparentemente doble: *temporal*, en cuanto la libido, la necesidad erótica, retrocede a grados evolutivos temporalmente anteriores, y *formal*, en cuanto para la manifestación de esta necesidad se emplean los originales y primitivos medios expresivos psíquicos, mas ambos géneros de regresión se hallan orientados hacia la niñez y se reúnen para la constitución de un estado infantil de la vida sexual.

Cuanto más se penetra en la patogénesis de la enfermedad nerviosa más se descubre la conexión de las neurosis con otras producciones de la vida psíquica humana, aun con las de un más alto valor. Nosotros los hombres, con las grandes aspiraciones de nuestra civilización y bajo el peso de nuestras íntimas represiones, hallamos la realidad totalmente insatisfactoria y mantenemos, por lo tanto, una vida imaginativa en la cual gustamos de compensar los defectos de la realidad por medio de la producción de realizaciones de deseos. Estas fantasías entrañan mucho de la propia esencia constitucional de la personalidad y también de los impulsos en ella reprimidos para su adaptación a la realidad. El hombre que alcanza grandes éxitos de su vida es aquel que por medio del trabajo logra convertir en realidad sus fantasías optativas. Donde esto fracasa a consecuencia de las resistencias del mundo exterior y de la debilidad del individuo, surge entonces el apartamiento de la realidad; el individuo se retira a su satisfactoria fantasía y, en el caso de enfermedad, convierte su contenido en síntomas. Bajo determinadas condiciones favorables le será aún posible hallar otro camino que, partiendo de dichas fantasías, le conduzca de nuevo a la realidad, salvándole de extrañarse de ella duraderamente por medio de la represión a lo infantil. Cuando la persona enemistada con el mundo real posee aquello que llamamos *dotes artísticos* y cuya psicología permanece aún misteriosa para nosotros, puede transformar sus fantasías, no en síntomas, sino en creaciones artísticas, escapar así a la neurosis y volver a encontrar por este rodeo la relación con la realidad[95]. En los casos en que a una persistente rebelión contra el mundo real se une la falta o la insuficiencia de estas preciosas dotes, resulta inevitable que la libido, siguiendo el origen de la fantasía, llegue por el camino de la regresión a la resurrección de los deseos infantiles y con ella a la neurosis. Esta reemplaza en nuestros días al convento al cual acostumbraban antes retirarse aquellas personas desengañadas de la vida o que se sentían demasiado débiles para vivirla.

Permitidme que en este punto exponga el resultado capital conseguido por medio de la investigación psicoanalítica de los neuróticos y que es el de que las neurosis no tienen un especial contenido psíquico que no pueda hallarse también en los individuos sanos, o como lo ha expresado C. G. Jung, que los neuróticos enferman a causa de los mismos complejos con los que luchamos los sanos. De circunstancias cuantitativas y de las relaciones de las fuerzas que combaten entre sí depende que la lucha conduzca a la salud, a la neurosis o a sublimaciones compensadoras.

Os he ocultado hasta ahora algo que constituye la más importante confirmación de nuestra hipótesis de las fuerzas instintivas sexuales de la neurosis. Siempre que sometemos a un nervioso al tratamiento psicoanalítico aparece en él el extraño fenómeno llamado *transferencia* (*Uebertragung*), esto es, que el enfermo dirige hacia el médico una serie de tiernos sentimientos mezclados frecuentemente con otros hostiles, conducta sin fundamento alguno real y que según todos los detalles de su aparición tiene que ser derivada de los antiguos deseos imaginativos devenidos inconscientes. Así, pues, el enfermo vive, en su relación con el médico, aquella parte de su vida sentimental que ya no puede hacer volver a su memoria, y por medio de este vivir de nuevo

---

[95] Véase la obra de Otto Rank titulada *Der Künstler*, A. Heller, Viena, 1907.

en la "transferencia" es como queda convencido, tanto de la existencia como del poder de tales impulsos sexuales inconscientes. Los síntomas, que para emplear una comparación tomada de los dominios de la Química son los precipitados de anteriores sucesos eróticos (en el más amplio sentido), no pueden disolverse y ser transformados en otros productos psíquicos más que a la elevada temperatura de la transferencia. El médico desempeña en esta reacción, según acertadísima frase de S. Ferenczi[96], el papel de un *fermento catalítico* que atrae temporalmente los afectos que en el proceso van quedando libres. El estudio de la transferencia nos proporciona también la clave para la inteligencia de la sugestión hipnótica que en un principio empleamos con nuestros enfermos como medio técnico para la investigación de lo inconsciente. El hipnotismo se reveló entonces como un auxiliar terapéutico, pero, en cambio, como un obstáculo para el conocimiento científico de la cuestión, pues si hacía desaparecer las resistencias en determinado campo, no evitaba que se alzasen de nuevo en los límites del mismo, formando impenetrables murallas que impedían todo nuevo avance. No hay que creer que el fenómeno de la transferencia, sobre el cual no puedo extenderme aquí mucho, desgraciadamente, sea un producto de la influencia psicoanalítica. La transferencia surge espontáneamente en todas las relaciones humanas, lo mismo que en la del enfermo y el médico; es, en general, la verdadera portadora de la influencia terapéutica y actúa con tanta mayor energía cuanto menos se sospecha su existencia. Así, pues, no es el psicoanálisis el que la crea, sino que se limita a revelarla a la conciencia y se apodera de ella para dirigir los procesos psíquicos hacia el fin deseado. No puedo de todos modos abandonar el

---

[96] S. Ferenczi: "Introjektion und Uebertragung", en *Jahrbuch f. psychoanal. und psychopath. Forschungen*, I, II, 1909.

tema de la transferencia sin hacer resaltar que este fenómeno es decisivo, no sólo para la convicción del enfermo, sino también para la del médico. Sé que todos mis partidarios han llegado a convencerse de la exactitud de mis afirmaciones sobre la patogénesis de las neurosis precisamente por sus experiencias personales en lo referente a la transferencia, y comprendo muy bien que no se llegue a tal seguridad de juicio en tanto no haya efectuado uno por sí mismo psicoanálisis y haya tenido ocasión de observar directamente los efectos de dicho fenómeno.

A mi juicio existen, por parte del intelecto, dos obstáculos opuestos al reconocimiento de las ideas psicoanalíticas: En primer lugar, lo desacostumbrado de contar con una estricta y absoluta determinación de la vida psíquica y, en segundo, el desconocimiento de las peculiaridades que constituyen la diferencia entre los procesos anímicos inconscientes y los conscientes que no son familiares. Una de las más extendidas resistencias contra la labor psicoanalítica —tanto en los sanos como en los enfermos— se refiere al último de dichos dos factores. Se teme causar un daño con el psicoanálisis y se siente miedo de atraer a la conciencia del enfermo los instintos sexuales reprimidos, como si ello trajese consigo el peligro de que dominasen en él a las aspiraciones éticas más elevadas y le despojasen de sus conquistas culturales. Se observa que el paciente presenta heridas en su vida anímica, pero se evita tocar a ellas para no aumentar sus sufrimientos. Podemos aceptar y proseguir esta analogía. Es indudablemente más piadoso no rozar las partes enfermas, cuando con ello no se ha de saber más que causar dolor. Pero el cirujano no prescinde de investigar el foco de la enfermedad cuando intenta una operación que ha de producir un restablecimiento duradero, y nadie pensará en culparle de los inevitables sufrimientos que el reconocimiento haya de causar ni de los fenómenos de reacción que surgen en el operado, si con la intervención quirúrgica alcanza su propósito y consigue que después de una temporal agravación de su estado, llegue el enfermo a una definitiva curación. Análogas son las circunstancias del psicoanálisis, y este puede aspirar a ser considerado al igual de la cirugía. El aumento de dolor que pueda producir al enfermo durante el tratamiento es —dada una acertada técnica— infinitamente menor que el producido en una intervención quirúrgica, y considerando la gravedad del mal que de curar se trata, aparece como un elemento nada merecedor de tenerse en cuenta. El temido resultado final de una destrucción del carácter civilizado por los instintos liberados de la represión es totalmente imposible, pues este temor no tiene en cuenta algo que nuestra experiencia nos ha señalado con toda seguridad, y es que el poder anímico y somático de un deseo, cuando su represión ha fracasado, es mucho mayor siendo inconsciente que siendo consciente, de manera que con su atracción a la conciencia no se hace sino debilitarlo. El deseo inconsciente no es susceptible de ser influido y permanece independiente de toda circunstancia, mientras que el consciente es refrenado por todo lo igualmente consciente contrario a él. La labor psicoanalítica entra así, como un ventajoso sustitutivo de la fracasada represión, al servicio de las aspiraciones civilizadoras más elevadas y valiosas.

¿Cuáles son, pues, los destinos de los deseos inconscientes libertados por el psicoanálisis, y cuáles los caminos que seguimos para impedir que dañen la vida del paciente? Existen varias soluciones. El resultado más frecuente es el de que tales deseos quedan ya dominados, durante el tratamiento, por la actividad anímica correcta de los sentimientos más elevados a ellos contrarios. La *represión* es sustituida por una *condenación* llevada a cabo con los medios más eficaces. Esto se hace posible por el hecho de que lo que se trata de hacer desaparecer son sólo consecuencias de anteriores estadios evolutivos del *yo*. El individuo no llevó a cabo anteriormente más que una represión del instinto inutilizable, porque en dicho momento no se hallaba él mismo sino imperfectamente organizado, y era débil; mas en su actual madurez y fuerza puede quizá dominar a la perfección lo que le es hostil. Un segundo término de la labor psicoanalítica es el de que los instintos inconscientes descubiertos pueden ser dirigidos a aquella utilización que en un desarrollo no perturbado hubiera debido hallar anteriormente. La extirpación de los deseos infantiles no es de ningún modo el fin ideal del desarrollo. El neurótico ha perdido por sus represiones muchas fuentes de energía anímica, cuyo caudal le hubiese sido muy valioso para la formación de su carácter y para su actividad en la vida. Conocemos otro más apropiado proceso de la evolución, la llamada *sublimación*, por la cual no queda perdida la energía de los deseos infantiles, sino que se hace utilizable dirigiendo cada uno de los impulsos hacia un fin más elevado que el inutilizable y que puede carecer de todo carácter sexual. Precisamente los componentes del instinto sexual se caracterizan por esta capacidad de sublimación, de cambiar su fin sexual por otro más lejano y de un mayor valor social. A las aportaciones de energía conseguidas de este modo para nuestras funciones anímicas debemos probablemente los más altos éxitos civilizados. Una temprana represión excluye la sublimación del instinto reprimido. Mas una vez levantada la primera, queda libre de nuevo el camino para efectuar la segunda.

No debemos, por último, omitir el tercero de los resultados posibles de la labor psicoanalítica. Una cierta parte de los impulsos libidinosos reprimidos tiene derecho a una satisfacción directa, y debe hallarla en la vida. Nuestras aspiraciones civilizadoras hacen demasiado difícil la existencia a la mayoría de las organizaciones humanas, coadyuvando así al apartamiento de la realidad y a la formación de la neurosis sin conseguir un aumento de civilización por esta exagerada represión sexual. No debíamos engreírnos tanto como para descuidar por completo lo originariamente animal de nuestra naturaleza, ni debemos tampoco olvidar que la felicidad del individuo no puede ser borrada de entre los fines de nuestra civilización. La plasticidad de los componentes sexuales, que se manifiesta en su capacidad de sublimación, puede constituir una gran tentación de perseguir, por medio de una sublimación progresiva, efectos civilizadores cada vez más grandes. Pero así como no contamos con transformar en nuestras máquinas más de una parte del calor empleado en trabajo mecánico útil, así tampoco debíamos aspirar a apartar de sus fines propios toda la energía del instinto sexual. No es posible conseguir tal cosa, y si la limitación de la sexualidad ha de llevarse demasiado lejos, traerá consigo todos los daños de una exagerada e irregular explotación.

No sé si consideraréis esta última observación como una genialidad mía. Para daros una exacta representación indirecta de este mi convencimiento, recurriré a relataros una historieta de cuya moraleja podéis encargaros. La literatura alemana nombra una ciudad, la Schilda, a cuyos moradores se atribuye toda clase de ideas astutas. Cuéntase que poseían un caballo con cuyo trabajo y fuerza se hallaban muy contentos, pero que, según ellos, tenía el caro defecto de consumir demasiada avena en sus piensos. En vista de ello, decidieron quitarle poco a poco tan mala costumbre, disminuyendo diariamente su ración en una pequeña cantidad hasta acostumbrarle a la abstinencia completa. Durante algún tiempo la cosa marchó admirablemente; llegó un día en que el caballo no comió más que una brizna, y al siguiente, debía ya trabajar sin pienso alguno. Mas he aquí que en la mañana de dicho día el perverso animal fue hallado muerto, sin que los ciudadanos de Schilda pudieran explicarse por qué.

Nosotros nos inclinaríamos a creer que el pobre caballo había muerto de hambre, y que sin una cierta ración de avena no podía esperarse que ningún animal rindiese trabajo alguno.

III

LOS SUEÑOS

De esta obra no existía, hasta agosto de 1922, traducción a idioma ninguno. La presente versión está tomada de la segunda edición alemana (Wiesbaden, 1911).

I

En tiempos que podemos llamar precientíficos, la explicación de los sueños era para los hombres cosa corriente. Lo que de ellos recordaban al despertar era interpretado como una manifestación benigna u hostil de poderes supraterrenos, demoníacos o divinos. Con el florecimiento de la disciplina intelectual de las ciencias físicas, toda esta significativa mitología se ha transformado en psicología, y actualmente son muy pocos, entre los hombres cultos, los que dudan aún de que los sueños son una *propia función psíquica* del durmiente.

Pero desde el abandono de la hipótesis mitológica han quedado los sueños necesitados de alguna explicación. Las condiciones de su génesis, su relación con la vida psíquica despierta, su dependencia de estímulos percibidos durante el sueño, las muchas singularidades de su contenido que repugnan al pensamiento despierto, la incongruencia entre sus representaciones y los afectos a ellas ligados, y por último, su fugacidad y su repulsa por el pensamiento despierto, que, considerándolos como algo extraño a él, los mutila o extingue en la memoria, son problemas que desde hace muchos siglos demandan una satisfactoria solución, aún no hallada. El más interesante de todos ellos es el relativo a la significación de los sueños, el cual entraña dos interrogantes principales. Refiérese la primera a la significación psíquica del acto de soñar, al lugar que el sueño ocupa entre los demás procesos anímicos y a su eventual función biológica. La segunda trata de inquirir si los sueños pueden ser *interpretados*, esto es, si cada uno de ellos posee un "sentido" tal como estamos acostumbrados a hallarlo en otros productos psíquicos.

Tres distintas orientaciones se han seguido en el estudio de los sueños. Una de ellas, que ha conservado como un eco de la antigua valoración de este fenómeno, ha sido adoptada por varios filósofos, para los cuales la base de la vida onírica es un estado especial de la actividad psíquica al que incluso consideran superior al normal. Tal es, por ejemplo, la opinión de Schubert, según el cual el sueño sería la liberación del espíritu del poder de la naturaleza exterior, un desligamiento del alma de las cadenas de la materia. Otros pensadores no van tan lejos, pero mantienen el juicio de que los sueños nacen de estímulos esencialmente anímicos y representan manifestaciones de fuerzas psíquicas (de la fantasía onírica; Scherner, Volket) que durante el día se hallan impedidas de desplegarse libremente. Numerosos observadores conceden también a la vida onírica una capacidad de rendimiento superior a la normal, por lo menos en determinados sectores (memoria).

En total oposición a estas hipótesis, coincide la mayoría de los autores médicos en una opinión que apenas atribuye a los sueños el valor de un fenómeno psíquico. Según ella, los sueños son provocados exclusivamente por estímulos físicos o sensoriales que actúan, desde el exterior, sobre el durmiente, o surgen casualmente en sus órganos internos. Lo soñado no podrá, por lo tanto, aspirar a significación ni sentido, siendo comparable a la serie de sonidos que los dedos de un individuo profano en música arrancan al piano al recorrer al azar su teclado. Los sueños deben, pues, considerarse como "un proceso físico inútil siempre y en muchos casos patológico" (Binz), y todas las peculiaridades de la vida onírica se explican por la incoherente labor que órganos aislados o grupos de células del cerebro, sumido fuera de ellos en el sueño, realizan obedeciendo a estímulos fisiológicos.

Poco influida por este juicio de la ciencia e indiferente al problema de las fuentes de los sueños, la opinión popular parece mantenerse en la creencia de que los sueños tienen desde luego un sentido —anuncio del porvenir— que puede ser puesto en claro extrayéndolo de su misterio y, muchas veces, embrollado argumento por un procedimiento interpretativo cualquiera. Los más empleados consisten en sustituir por otro el contenido del sueño tal y como el sujeto lo recuerda, ora trozo a trozo *conforme a una clave prefijada*, ora en su totalidad y por otra totalidad con respecto a la cual constituye el sueño un *símbolo*. Los hombres serios ríen de estos esfuerzos interpretativos. "Los sueños son vana espuma".

II

Para mi gran asombro, descubrí un día que no era la concepción médica del sueño, sino la popular, medio arraigada aún en la superstición, la más cercana a la verdad. Tales conclusiones sobre los sueños fueron el resultado de aplicar a ellos un nuevo método de investigación psicológica que me había prestado excelentes servicios en la solución de las fobias, obsesiones y delirios, y que desde entonces había sido aceptado, con el nombre de psicoanálisis, por toda una escuela de investigadores. Las múltiples analogías de la vida onírica con los más diversos estados psicopatológicos de la vida despierta han sido acertadamente indicadas por numerosos investigadores médicos. Había, pues, desde un principio, grandes esperanzas de que un procedimiento investigativo, cuya eficacia se había comprobado en los productos psicopáticos, pudiera aplicarse también a la explicación de los sueños. Las obsesiones y los delirios son tan extraños a la conciencia normal como los sueños a la conciencia despierta, para la cual permanecen igualmente desconocidos los orígenes respectivos de ambas clases de fenómenos. En las citadas formaciones psicopáticas es un interés práctico el que llevó a investigar su procedencia y su génesis, pues la experiencia había enseñado que el descubrimiento de aquellas rutas mentales ocultas a la conciencia, que ponen en comunicación a las ideas morbosas con el restante contenido psíquico, equivale a una solución de los síntomas patológicos, solución que trae consigo el dominio de la hasta entonces irrefrenable idea. Así, pues, el procedimiento de que me serví para la interpretación de los sueños procedía de la psicoterapia.

Este método es fácil de describir, aun cuando para emplearlo con éxito sea necesario conocerlo a fondo y haberlo ejercitado. Cuando se emplea en tercera persona, por ejemplo, en un enfermo con representaciones terroríficas, se demanda al paciente que dirija su atención sobre la idea de referencia, mas no como ya lo ha hecho tantas veces, para meditar sobre ella, sino para observar claramente y comunicar al médico, *sin excepción alguna, todo aquello que se le ocurra con respecto a ella.* A la afirmación que quizá hace entonces el enfermo de que su atención no logra despertar en él ocurrencia alguna, se opone con la mayor energía la seguridad de que una tal carencia de representaciones es en absoluto imposible. En efecto, no tardan en presentarse numerosas ocurrencias a las que se ligan otras nuevas, pero que regularmente van acompañadas de un desfavorable juicio del autoobservador que las tacha de insensatas, nimias, o impertinentes, y dice que se le han ocurrido casualmente y fuera de toda conexión con el tema tratado. Obsérvase en el acto que tal *crítica* es no sólo lo que ha excluido hasta el momento dichas ocurrencias de toda exteriorización, sino también lo que con anterioridad les impidió devenir conscientes. Si puede conseguirse que el sujeto renuncie en absoluto a ella y continúe tejiendo las series de ideas que en él surgen mientras prosigue con su atención fija en el tema dado, se obtendrá un material psíquico que en seguida se enlazará claramente a la idea morbosa, revelará sus conexiones con otras ideas y permitirá, por último, sustituir dicha idea por una nueva que se incluya de una manera inteligible en el acervo ideológico del paciente.

No es esta corta exposición lugar apropiado para examinar detalladamente las hipótesis sobre las que se funda este experimento ni las consecuencias que se deducen de su constante éxito. Tenemos, pues, que limitarnos a consignar el hecho de que la aplicación de este método a cada una de las ideas morbosas obtenemos un material suficiente para su solución en cuanto dirigimos nuestra atención sobre aquellas asociaciones "involuntarias" que, fuera de este caso, son siempre rechazadas por la crítica como escorias sin valor alguno, que "perturban nuestra reflexión". En la autoaplicación de este procedimiento, el mejor auxilio es ir escribiendo en el acto las propias ocurrencias, incomprensibles al principio.

Expondré ahora los resultados de emplear este método en la investigación de los sueños. Cualquier sueño podría servirme de ejemplo, mas por diversos motivos escogeré uno propio, que parezca falto de todo sentido y cuya brevedad facilite la tarea. Quizá llene estas condiciones lo soñado por mí en la noche pasada. El contenido de este sueño, que fijé por escrito inmediatamente después de despertar, es el siguiente:

«Varias personas comiendo juntas. Reunión de invitados o mesa redonda... Comen un plato de espinacas... La señora E. L. se halla sentada junto a mí y coloca con toda confianza una de sus manos sobre mi rodilla. Yo alejo su mano de mí, rechazándola. Entonces dice la señora: "¡Ha tenido usted siempre tan bellos ojos!" [...] En este punto veo vagamente algo como dos ojos dibujados o el contorno de los cristales de unos lentes...»

Esto es todo el sueño, o por lo menos, todo lo que de él recuerdo, pareciéndome obscuro y falto de sentido, pero, sobre todo, extraño. La señora E. L. es una persona con la que apenas he tenido relaciones de amistad y jamás, que yo sepa, he deseado tenerlas más íntimas. No la he visto hace largo tiempo y no creo que en los últimos días hablase yo o me hablasen de ella para nada. El fenómeno onírico no fue en este caso acompañado por afecto ninguno.

El reflexionar sobre este sueño no lo aproxima en nada a mi inteligencia. Sin propósito determinado y absteniéndome de toda crítica iré, pues, anotando las ocurrencias que surjan en mi autoobservación. Al comenzar a hacerlo, observo en seguida que es muy ventajoso dividir el sueño en sus elementos y buscar las ocurrencias que se enlazan a cada uno de ellos.

Reunión de invitados o mesa redonda. —A ello se enlaza en el acto el recuerdo de un pequeño suceso con el que terminó la tarde de ayer. Había yo abandonado en unión de un amigo mío una poca numerosa reunión. Mi amigo se ofreció a tomar un coche y conducirme en él a mi casa. "Prefiero un taxímetro —dijo—. El verlo funcionar entretiene mientras se va en el coche". Al subir al vehículo y abrir el cochero el aparato dejando ver la cifra de 60 céntimos, que constituye la suma inicial del precio de la carrera, proseguí yo la broma de mi acompañante, diciendo: "Apenas hemos montado y ya le debemos 60 céntimos. Los coches con taxímetro me recuerdan siempre la mesa redonda de los hoteles. Le hacen a uno avaro y egoísta recordándole de continuo su deuda. A mí me parece que esta crece demasiado de prisa y temo que me vaya a faltar dinero para pagar. Igualmente, en la mesa redonda no puedo defenderme de la cómica preocupación de que me sirven poco y que debo pensar en sacar el mejor provecho posible a mi dinero". En lejana conexión con esto cité luego los versos: "Nos introducís en la vida —y dejáis que el desdichado llegue a ser deudor"[97].

Una segunda ocurrencia a la idea de "mesa redonda". Hace pocas semanas me disgustó profundamente la conducta que mi mujer observaba en la mesa redonda de un hotel de un balneario tirolés no mostrándose todo lo reservada que yo hubiera deseado con respecto a unos vecinos con los que no quería yo

---

[97] N. del Traductor. —Goethe: *Willhelm Meister Lehrfahre*, libro II, capítulo XIII. La justa traducción de estos versos es: "Nos introducís en la vida —y dejáis que el desdichado caiga en la culpa—. Luego le abandonáis a su dolor —pues toda culpa se paga sobre la tierra". Mas la palabra *schuldig* tiene el doble sentido de 'culpable' y 'deudor', y este último significado es el que motiva la inclusión de los versos goethianos en el sueño, como lo demuestra el análisis.

entrar en relación ninguna. Con tal motivo rogué a mi mujer que se ocupase más de mí y menos de aquellos extraños. Esto es equivalente al hecho de que *en la mesa redonda me hubieran atendido poco*. Ahora se me aparece también la contraposición existente entre la conducta de mi mujer en aquella mesa redonda y la de la señora E. L. en el sueño, *dedicándose por completo a mí*.

Prosigamos. Observo ahora que el sueño es la reproducción de una pequeña escena que se desarrolló en idéntica forma entre mi mujer y yo en la época en que le dirigí secretamente mi proposición de matrimonio. La caricia por debajo de la mesa fue la respuesta a la carta en que yo hacía mi petición. Mas en el sueño quedó sustituida mi mujer por la señora E. L., en absoluto extraña a mí.

Esta señora es hija de un hombre al que he *debido dinero*. No puedo por menos de observar que aquí se descubre una insospechada conexión entre los trozos del contenido del sueño y mis ocurrencias. Siguiendo la cadena de asociaciones que parte de un elemento del contenido del sueño, llega uno en seguida a otro elemento del mismo. Mis ocurrencias sobre el sueño forman conexiones que en aquel no se muestran visibles.

Cuando alguien espera que otro cuide de su provecho sin sacar de ello, por su parte, ventaja alguna ¿no se suele acaso dirigir a tales ingenuos la pregunta de si esperan que haga uno todo aquello *por sus bellos ojos*? Pues entonces la frase: "¡Ha tenido usted siempre tan bellos ojos!" no significa otra cosa que: "Usted ha logrado siempre de los demás todo lo que ha querido. Así, todo lo ha *tenido usted de balde*". Naturalmente, por lo que a mi vida respecta, la verdad ha sido la contraria. Todo lo que los demás han hecho por mí lo he tenido que pagar con creces. Mas ayer debió de hacerme impresión el hecho de haber *tenido de balde* el coche en que mi amigo me condujo a casa.

Sin embargo, el amigo en cuya casa nos reunimos ayer sí me ha hecho considerarme varias veces en deuda de gratitud con él. Hace poco dejé pasar sin aprovecharla una ocasión de pagarle sus favores. No ha recibido de mí más que un solo regalo: una copa antigua con *ojos* pintados en derredor. Reciben estas copas el nombre de *occhiale* y era creencia de que *rechazaban el mal de ojo*. Mi amigo es, además, *oculista*, y aquella misma tarde le había preguntado por una paciente a la que había enviado a su consulta para que le graduara la vista y le indicara los *lentes* que debía usar.

Observamos que ya se hallan incluidos casi todos los trozos del contenido del sueño en su nuevo contexto. Mas podría preguntarse aún por qué el plato que en el sueño se servía a la mesa eran precisamente *espinacas*. Tal preferencia se debe al recuerdo de una escena que se había desarrollado en nuestra mesa familiar poco tiempo antes, y en la que un hijo mío —y aquel del que sí podía decirse con justicia que poseía unos hermosos *ojos*— se negó a probar dicha verdura. También yo cuando niño compartí largo tiempo este horror a las *espinacas*, hasta que mucho después se transformó mi gusto y llegaron a ser uno de mis platos favoritos. La mención de este plato establece así una aproximación entre mi niñez y la de mi hijo. "Ya puedes alegrarte de tener qué comer, aunque sean espinacas" —había dicho mi mujer al pequeño *gourment*—. Hay muchos niños que se contentarían con ellas". De este modo se me recuerdan las obligaciones de los padres para con sus hijos, y las palabras de Goethe: "Nos introducís en la vida y dejáis que el desdichado llegue a ser deudor" muestran en esta conexión un nuevo sentido.

Haremos alto aquí para revisar los resultados obtenidos hasta ahora en el análisis del sueño. Siguiendo las asociaciones que se enlazan a cada uno de los elementos del sueño, separado de la totalidad, he llegado hasta una serie de pensamientos y recuerdos en los que tengo que reconocer valiosas manifestaciones de mi vida anímica. Este material, hallado por medio del análisis del sueño, se muestra en íntima relación con el contenido del mismo, pero dicha relación es de tal naturaleza, que del contenido del sueño nunca hubiese podido yo deducir directamente lo hallado. El sueño estaba desprovisto de todo afecto, y era incoherente e incomprensible; en cambio, mientras que desarrollo los pensamientos tras de él ocultos, voy experimentando intensos y fundados sentimientos afectivos, y los pensamientos mismos van formando con admirable docilidad cadenas lógicamente eslabonadas en las cuales se repiten, como centrales, determinadas representaciones. Ideas de este género, no representadas por sí mismas en el sueño, son en nuestro ejemplo la antítesis *egoísta—desinteresado* y los elementos *ser deudor* y *hacer de balde*. En el tejido cuya trama aparece claramente el análisis podría yo ahora separar más los hilos y demostrar que van a unirse todos en un nudo único, pero consideraciones de naturaleza no científica, sino privada, me impiden llevar a cabo en público tal labor. Al efectuarla, revelaría muchas cosas íntimas que prefiero permanezcan secretas; cosas de que tampoco yo me había dado clara cuenta hasta que el desarrollo de este análisis las ha puesto ante mis ojos y que aun a mí mismo me cuesta trabajo confesarme. ¿Por qué, pues, no he elegido mejor otro sueño cuyo análisis fuera más comunicable y, por lo tanto, más apropiado para hacer surgir una convicción sobre el sentido y la conexión del material descubierto? La respuesta a esta interrogante es que *todo* sueño con el que emprendiera mi labor investigadora conduciría sin remedio a cosas difícilmente publicables, imponiéndome la necesidad de ser discreto. Tampoco evitaría estas dificultades escogiendo, para analizarlo, un sueño de otra persona, a menos que las circunstancias permitieran prescindir de todo velo sin daño alguno para el que en mí se confiara.

La teoría que sobre los sueños sugiere en principio todo esto es la de que son una especie de *sustitutivos* de aquellas series de pensamientos tan significativas y revestidas de afecto a las cuales hemos llegado al final de nuestro análisis. Aún no conocemos el proceso que ha hecho surgir el sueño de estos pensamientos, pero ya vemos que es injusto considerar a aquel como un fenómeno puramente físico, exento de toda importancia psíquica y nacido de la actividad aislada de algunas células cerebrales despertadas del sueño en que continúa sumido el resto del organismo.

Aún he observado dos cosas más: que el contenido del sueño es mucho más breve que aquellos pensamientos cuyo sustitutivo he convenido en declararle, y que el análisis ha descubierto como *estímulo provocador del sueño* (*Traumerreger*) un nimio suceso del día anterior al mismo.

Claro es que una tan amplia conclusión no he podido fijarla con un único análisis. Mas cuando la experiencia me ha demostrado que por la persecución exenta de crítica de las asociaciones de *todo* sueño puede llegar a tal cadena de pensamientos, entre cuyos elementos reaparecen los componentes del sueño y que están correcta y significativamente enlazados entre sí, no hay más remedio que abandonar la escasa esperanza que aún pudiese quedarnos de que las conexiones observadas la primera vez pudieran resultar casuales. Estará, pues, plenamente justificado el fijar nuestros nuevos conocimientos sobre esta materia por medio de tecnicismos propios, y así distinguiremos el sueño, tal y como aparece en nuestro recuerdo, del material correspondiente hallado por medio del análisis, y denominaremos al primero, *contenido manifiesto del sueño*, y al segundo —por ahora y sin mayor diferenciación— *contenido latente* del mismo. Nos hallamos entonces ante dos nuevos problemas no formulados hasta este punto: Primero, ¿cuál es el proceso psíquico que ha transformado el contenido latente en el manifiesto, que es el que por mi recuerdo conozco? Segundo, ¿qué *motivo* o *motivos* son los que han hecho necesaria esta traducción? El proceso de la conversión del contenido latente en manifiesto lo denominaremos *elaboración del sueño* (*Traumarbeit*), siendo el *análisis* la labor contraria que ya conocemos y que lleva a cabo la transformación opuesta. Los restantes problemas del sueño, referentes a los estímulos que lo provoca, a la procedencia del material anímico, al eventual sentido de lo soñado y a las razones de su olvido, las discutiremos no en el contenido manifiesto, sino en el recién descubierto contenido latente. Dada mi opinión de que todas las contradicciones y todos los errores que pululan en la literatura existente sobre el sueño son debidos al desconocimiento de su contenido latente, sólo revelable por el análisis, intentaré en adelante evitar con todo cuidado una posible confusión entre el *sueño manifiesto* y las *ideas latentes del sueño*.

III

La transformación de las ideas latentes del sueño en el contenido manifiesto merece toda nuestra atención por ser el primer ejemplo conocido de versión de un material psíquico, de una forma expresiva a otra diferente, siéndonos la primera perfectamente comprensible y viéndonos obligados, en cambio, a efectuar una penosa labor y a servirnos de un guía para penetrar en la inteligencia de la segunda, aunque también tengamos que reconocerla como una función de nuestra actividad psíquica. Por la reacción del contenido latente al manifiesto pueden los sueños dividirse en tres categorías: Distinguiremos, en primer lugar, aquellos que poseen un *sentido* y que, al mismo tiempo son *comprensibles*, esto es, susceptibles de ser incluidos sin violencia en nuestra vida psíquica. Tales sueños, breves en general, son muy frecuentes y no despiertan, en su mayoría, nuestra atención, por carecer de todo aquello que pudiera causarnos extrañeza o asombro. Su existencia es, además, un poderoso argumento contra la teoría que hace nacer el sueño de la actividad aislada de ciertos grupos de células cerebrales. En ellos falta todo indicio de una actividad psíquica debilitada o fragmentaria, y, sin embargo, no oponemos nunca objeción alguna a su carácter de sueños ni los confundimos con productos de la vigilia. Un segundo grupo está formado por aquellos sueños que, aunque presentan coherencia y poseen un claro sentido, nos causan *extrañeza* por no saber cómo incluir dicho sentido en nuestra vida psíquica. Un tal caso es, por ejemplo, cuando soñamos que un querido pariente nuestro ha muerto de la peste, no teniendo nosotros ningún fundamento para esperarlo, temerlo o sospecharlo deberíamos preguntarnos, llenos de asombro, cómo se nos puede haber ocurrido aquello. Al tercer grupo pertenecen, por último, aquellos sueños que carecen de ambas cualidades: sentido y comprensibilidad, y se nos muestran *incoherentes, embrollados y faltos de sentido*. La inmensa mayoría de nuestros sueños presenta estos caracteres negativos que motivan nuestro despreciativo juicio sobre ellos y han servido de base a la teoría médica de la actividad psíquica limitada. Sobre todo, los productos oníricos más largos y complicados sólo raras veces dejan de presentar la más absoluta incoherencia.

La distinción entre contenido manifiesto y contenido latente no tiene desde luego significación más que en los sueños de la segunda y tercera categoría, y especialmente en estos últimos. En ellos es donde surgen aquellos enigmas que no desaparecen hasta que se sustituye el contenido manifiesto por el contenido ideológico latente. Un sueño de esta clase, confuso e incomprensible, fue el que antes sometimos al análisis. Mas, contra lo que esperábamos, tropezamos con motivos que nos vedaron llegar al completo conocimiento de las ideas latentes, y la repetición de idéntica experiencia conduce a la hipótesis de que *entre el carácter incomprensible y confuso del sueño y la dificultad de comunicar las ideas del mismo existe una íntima y regular conexión*. Antes de investigar la naturaleza de la misma nos conviene dirigir nuestro interés a los sueños de la primera categoría, más fácilmente comprensibles, en los que el contenido latente coincide con el manifiesto, no existiendo, por tanto, elaboración.

La investigación de estos sueños es recomendable todavía desde otro punto de vista. Los sueños de los *niños* pertenecen precisamente a este género, poseyendo un claro sentido y no causando extrañeza ninguna, cosa que, dicho sea de paso, constituye un nuevo argumento contra la reducción del sueño a una actividad disociada del cerebro, pues no hay razón alguna para suponer que tal depresión de las funciones psíquicas ha de constituir un carácter de los sueños de los adultos y no, en cambio, de los sueños infantiles. Por otro lado, debemos abrigar las mayores y más justificadas esperanzas de que la aclaración de los fenómenos psíquicos en el niño, en el cual deben de hallarse esencialmente simplificados, demuestre ser una labor preliminar indispensable para la psicología del adulto.

Expondré, pues, algunos ejemplos de sueños infantiles por mí reunidos: Una niña de diecinueve meses es tenida a dieta durante todo el día a causa de haber vomitado al levantarse por haberle hecho daño, según declaró la niñera, unas fresas que había comido. En la noche de aquel día de abstinencia se le oye murmurar en sueños su nombre y añadir: "Fresas, frambuesas, bollos, papilla". Sueña, pues, que está comiendo, y hace resaltar en su menú precisamente aquello que supone le será negado por algún tiempo. Análogamente sueña con una prohibida golosina un niño de veintidós meses que el día anterior había sido encargado de ofrecer a su tío un cestillo de cerezas, de las cuales, como es natural, sólo le habían dejado probar tres o cuatro. Al despertar, exclama regocijado: "Germán ha comido todas las cerezas". Una niña de tres años y tres meses había hecho durante el día una travesía por el lago, que debió de parecerle corta, pues rompió en llanto cuando la hicieron desembarcar. A la mañana siguiente, relató que por la noche había navegado sobre el lago, esto es, que había continuado el interrumpido paseo. Un niño de cinco años y tres meses no pareció muy satisfecho durante una excursión a pie por las inmediaciones de una montaña conocida con el nombre de la Dachstein; cada vez que aparecía a la vista una nueva montaña preguntaba si aquella era la Dachstein, y se negó después a andar hasta una cascada que visitaron los que con él iban. Achacóse al cansancio esta conducta del niño, pero su verdadero motivo se reveló cuando a la mañana siguiente contó el sueño que había tenido y que era el de *haber subido a la Dachstein.*

Sin duda había esperado que el fin de la excursión fuera el de subir a esta montaña y le disgustó mucho no llegar siquiera a verla. Su sueño le compensó de lo que el día le había negado. Idéntico fue el sueño de una niña de seis años, cuyo padre tuvo que interrumpir su paseo, por lo avanzado de la hora, cuando ya llegaban al fin que se habían propuesto alcanzar. Al regresar, había llamado la atención de la niña un nombre inscrito en un poste indicador, y el padre le había prometido llevarla otro día al punto a que correspondía dicho nombre. A la mañana siguiente, lo primero que la niña dijo a su padre fue que había soñado que iba con él, *tanto al sitio que no habían alcanzado la víspera como a aquel otro al que le había prometido llevarla.*

Lo que de común tienen estos sueños infantiles salta a la vista. Todos ellos realizan deseos estimulados durante el día y no cumplidos. Son *simples y francas realizaciones de deseos.*

Igualmente lo es también el siguiente sueño infantil, no del todo comprensible a primera vista. Una niña que aún no había cumplido cuatro años había sido trasladada del campo a la ciudad, a consecuencia de una afección poliomielítica que padecía, y pasó la noche en casa de una tía suya sin hijos, teniendo que dormir en una cama de persona mayor que para ella resultaba enorme. A la mañana siguiente contó haber soñado que *la cama en que dormía era demasiado pequeña para ella, tan pequeña que apenas si cabía.* La solución de este sueño como sueño optativo es fácil de hallar, recordando que el *ser grande* es un deseo que con gran frecuencia manifiestan los niños. La magnitud del hecho recordó demasiado expresivamente a la infantil ambiciosa su propia pequeñez, haciéndola corregir en su sueño aquella desproporción que le desagradaba y crecer hasta tal punto que la cama resultaba ya pequeña para ella.

Aun en los casos en que el contenido de los sueños infantiles se complica y sutiliza, no se aleja su solución del cumplimiento de un deseo. Un niño de ocho años soñó que iba con Aquiles en el carro de guerra guiado por Diomedes. Al buscar la solución de este sueño pudo demostrarse que días atrás le había interesado mucho la lectura de las leyendas heroicas griegas, con lo cual fue fácil de confirmar que había tomado por modelo a aquellos héroes y lamentaba no vivir en sus tiempos.

De esta pequeña colección de sueños infantiles surge claramente un segundo carácter de los mismos: *su conexión con la vida diurna*. Los deseos que en ellos se realizan son restos del día, generalmente de la víspera, y han poseído en el pensamiento despierto una intensa acentuación afectiva. Lo nimio e indiferente, o por lo menos lo que así tiene que ser considerado por el niño, no encuentra cabida en el contenido del sueño.

También en los adultos pueden reunirse numerosos ejemplos de tales sueños de tipo infantil, mas, como ya indicamos, son, en general, de breve contenido. De este modo, responden regularmente muchas personas a un nocturno estímulo de sed con el sueño de hallarse bebiendo, el cual tiende, por tanto, a hacer desaparecer el estímulo y evitar que el durmiente despierte. En algunos individuos se presentan con frecuencia tales *sueños de comodidad* (*Bequemlichkeitsträume*) antes de despertar, cuando llega el momento en que tienen necesidad de levantarse. Sueñan entonces que ya se han levantado y están lavándose o que se hallan ya en el colegio, la oficina, etc., esto es, en el lugar en que efectivamente debían hallarse. En la noche anterior a un viaje se suele soñar haber llegado ya al punto de destino, y antes de una representación teatral o una reunión que se esperan con interés, el sueño anticipa no raras veces —impaciente— el placer esperado. Otras veces expresa el sueño la realización del deseo de un modo algo más indirecto, y para reconocer en él tal carácter es necesario el establecimiento de una relación y, por tanto, un comienzo de labor interpretativa. Así, cuando un marido me relata que su mujer ha soñado que se le presentaba la menstruación, tengo que pensar que la esposa piensa en que si dicho periódico fenómeno no se le presenta es que ha quedado embarazada y su sentido es el de demostrar realizado el deseo de no quedar todavía embarazada. En circunstancias extraordinarias y extremas se hacen especialmente frecuentes tales sueños de carácter infantil. El director de una expedición polar cuenta, por ejemplo, que, durante la invernada entre los hielos y sometidos a una monótona y escasa alimentación, soñaban él y sus compañeros con suculentas comidas, montañas de tabaco y cómoda estancia en sus hogares.

Con no escasa frecuencia resalta en un largo sueño complicado, y en general confuso, un trozo especialmente claro que contiene una innegable realización de deseos, pero que está ligado con el restante material incomprensible. Cuando se intenta repetidamente analizar también los sueños, impenetrados en apariencia, de los adultos, se ve con asombro que sólo raras veces son tan sencillos como los infantiles, y que detrás de la realización de deseos deben de esconder aún otro sentido.

Sería una simple y satisfactoria solución del enigma de los sueños el que el análisis nos hiciese posible reducir también los sueños de los adultos, confusos y faltos de sentido, al tipo infantil del cumplimiento de un intenso deseo del día. Mas todas las apariencias son contrarias a esta esperanza. Los sueños presentan, en su mayoría, el más extraño e indiferente material y nada hay en su contenido que pueda considerarse como la realización de un deseo.

No quiero abandonar los sueños infantiles, que son francas realizaciones de deseos, sin hacer mención de un carácter capital del sueño, ha largo tiempo observado, y que precisamente es en este grupo donde con más claridad se muestra. Cada uno de estos sueños lo podemos sustituir por una frase optativa: "¡Ojalá hubiera durado más tiempo el paseo por el lago!" "Me gustaría estar ya lavado y vestido". "Si hubiera podido conservar para mí las cerezas, en lugar de dárselas a mi tío..."; pero el sueño muestra algo más que este optativo, muestra el deseo realizado ya, ofrece su realización real y presente, y el material de la representación onírica consiste predominantemente —aunque no con exclusividad— en situaciones e imágenes visuales. También en este grupo existe, pues, una especie de transformación que puede considerarse como elaboración del sueño. *Una idea en optativa es sustituida por una visión en presente.*

IV

Estaremos inclinados a suponer que también en los sueños embrollados se ha verificado una tal transmutación, aunque no sepamos todavía si en ellos se trataba asimismo de un optativo. El primero de nuestros ejemplos, cuyo análisis iniciamos, nos hace suponer en dos ocasiones algo semejante. En el análisis aparece el recuerdo de una escena en que mi mujer se dirigió, desatendiéndome, a sus vecinos en la mesa redonda; el sueño contiene *la absoluta antítesis* de este suceso, mostrándome a la persona, que en él sustituye a mi mujer, únicamente dedicada a mí. ¿Y a qué deseo puede mejor dar motivo un suceso desagradable que al de que sucediera todo lo contrario, como aparece cumplido en el sueño? En idéntica relación contraria se halla mi amarga reflexión de que nunca he tenido nada de balde, con la frase de la señora en mi sueño: "¡Ha tenido usted siempre tan bellos ojos!" Una parte de las contradicciones entre el contenido manifiesto y el latente podría, pues, reducirse también de este modo a la realización de deseos.

Más visible es todavía otra función de la elaboración onírica, por medio de la cual se forman los sueños incoherentes. Si en un ejemplo cualquiera comparamos el número de los elementos de representación del contenido manifiesto con el de las ideas latentes, cuya huella aparece en el sueño y que nos han sido descubiertas por el análisis, no podemos dudar de que la elaboración del sueño ha llevado a cabo una magna comprensión o *condensación* (*Verdichtung*), proceso de cuya magnitud no llega uno en principio a darse cuenta exacta, pero que nos va revelando su extrema importancia conforme vamos ahondando en el análisis de los sueños. No se halla entonces un solo elemento del contenido del sueño del cual no partan los hilos de asociación en dos o más direcciones, ni una sola situación que no esté compuesta de dos o más impresiones o sucesos. Soñé yo un día, por ejemplo, que veía una especie de piscina de natación en la que los bañistas partían nadando en distintas direcciones, mientras que una figura situada en la orilla se inclinaba hacia otra que se hallaba en el agua, como para ayudarla a salir. Esta situación estaba compuesta del recuerdo de un suceso acaecido durante mi pubertad y del de dos cuadros, uno de los cuales había yo contemplado poco tiempo antes del sueño. Estos dos cuadros eran el de la sorpresa en el baño del ciclo *Melusina* de Schwind, y otro de autor italiano, que representaba el Diluvio universal. El pequeño suceso de mi pubertad consistía en haber visto en la escuela de natación cómo el profesor ayudaba a salir del agua a una señora que se había retrasado hasta los comienzos de la hora destinada a los hombres. La situación que aparece en el sueño antes escogido como ejemplo nos conduce al emprender su análisis a una pequeña serie de recuerdos, cada uno de los cuales ha contribuido en algo a la formación del contenido. El primero de ellos es el de la pequeña escena que antes expuse y que tuvo lugar en la época en que pretendí la mano de la que hoy es mi mujer. El apretón de manos que entonces nos dimos a escondidas ha suministrado al sueño el detalle de "por debajo de la mesa". Claro está que en aquella escena no hubo lo de "dirigirse exclusivamente a mí", como luego en el sueño. El análisis me ha mostrado que este elemento es la realización por antítesis del deseo provocado en mí por la conducta de mi mujer en la mesa redonda del balneario. Mas detrás de este reciente recuerdo se esconde una escena muy semejante y de mucha mayor importancia, acaecida durante la época en que mi esposa y yo estábamos ya prometidos, y que dio origen a un disgusto entre nosotros. El íntimo gesto de colocar una mano sobre mi rodilla pertenece a otro suceso muy diferente, en el que intervinieron personas distintas. Ese elemento del sueño constituye ahora a su vez el punto de partida de dos series especiales de ideas, y así sucesivamente.

El acervo de ideas latentes que se ha reunido para formar el contenido manifiesto tiene que ser, desde luego, apropiado para tal empleo. Y para ello necesita de uno o varios *elementos comunes* existentes en todos y cada uno de los componentes. La elaboración del sueño procede entonces como Francis Galton en la formación de sus fotografías de familia, esto es, oculta los diversos componentes, superponiéndolos, y hace que surja con toda claridad lo que de común hay en ellos mientras que los detalles contrarios se destruyen recíprocamente. Este proceso constitutivo aclara también en parte la singular vaguedad de muchos elementos del contenido del sueño. Nuestro arte interpretativo basa en estos conocimientos la regla siguiente: allí donde en el análisis se encuentra una *impresión* que puede resolverse en la *elección alternativa de dos elementos* (o el elemento *A* o el elemento *B*), debe sustituirse, para la interpretación, tal alternativa por una agregación (el elemento *A* y el elemento *B*), tomando cada uno de los miembros de la aparente alternativa como punto de partida independiente de una serie de ocurrencias.

En aquellos casos en que las ideas latentes carecen de tales *elementos comunes*, la elaboración del sueño se ocupa en *crearlos* para hacer posible la común representación en el contenido manifiesto. El camino más cómodo para aproximar dos ideas del sueño que no tienen aún nada común consiste en variar la expresión idiomática de una de ellas, operación a cuyo éxito coadyuva la otra por una correlativa transformación a otra forma expresiva. Es este un proceso análogo al que tiene lugar en la composición de aleluyas, en las cuales la rima sustituye muchas veces al elemento común buscado. Una gran parte de la elaboración del sueño consiste en la creación de tales ideas intermedias, a veces muy chistosas, pero con gran frecuencia harto retorcidas y forzadas, que alcanzan desde la representación común en el contenido del sueño hasta las ideas del mismo, de diferente forma y esencia y motivadas por los estímulos del sueño. También en el análisis de nuestro ejemplo hallamos un tal caso de transformación de una idea, encaminada a hacerla coincidir con otra totalmente extraña a ella. Continuando el análisis, tropezamos con la idea de que *yo quisiera también conseguir alguna vez algo de balde*; pero esta forma es inutilizable para el contenido del sueño, y, por lo tanto, es sustituida por otra: *Quisiera gozar de algo sin que me "costase" nada*. La palabra *costar* (*kosten*, costar o probar. *Kost*, plato o manjar) se adapta con su segundo significado al ciclo de representaciones de la "mesa redonda" y puede hallar su representación en las *espinacas* servidas en el sueño. Cuando en mi casa se sirve algún plato que mis hijos rechazan, intenta primero su madre hacérselo comer con las palabras: *Aunque no sea más que probarlo* (*kosten*). Parece extraño que la elaboración del sueño aproveche tan sin titubeos el doble sentido de las palabras, pero el análisis de los sueños nos muestra que se trata de un proceso regular y corriente.

Por la labor de condensación del sueño se explican también determinados componentes del contenido del mismo que le son peculiares, y no se hallan en la ideación despierta. Son estos las personas colectivas y mixtas, y los singulares productos híbridos, creaciones análogas a las composiciones zoomórficas de la fantasía de los pueblos orientales. Mas estas han llegado a concretarse en nuestro pensamiento como unidades sintéticas, al paso que las composiciones oníricas se forman con inagotable riqueza de nuevas formas. Todos conocemos tales formaciones por nuestros propios sueños, siendo muy diversos los procesos por medio de los cuales llegan a constituirse. Podemos formar una tal persona compuesta tomando rasgos de dos o más diferentes y atribuyéndoselos a una sola, dándole la figura de una y pensando en nuestro sueño en el nombre de la otra o representándonos exactamente la imagen de un determinado individuo, pero colocándolo en una situación de la que otro fue protagonista. En todos estos casos es muy significativa tal síntesis de varias personas en una sola que las representa a todas en el contenido del sueño, y su sentido es el de un "y" o un "también", esto es, una equivocación de las personas originales con respecto a una determinada cuestión que, por otra parte, puede hallarse indicada asimismo en el sueño. Mas por lo general esta comunidad existente entre las personas fundidas en una sola no se descubre sino en el análisis, no hallándose indicada en el contenido del sueño más que por la formación de la persona colectiva.

Igual regla analítica es aplicable a las formaciones mixtas del contenido del sueño, de tan rica composición y de las que no creo necesario citar ejemplo alguno. Su singularidad desaparece por completo cuando nos decidimos a no colocarlas al lado de los objetos de la percepción despierta, sino que recordamos que representan un rendimiento de la condensación onírica y hacen resaltar sintéticamente un carácter común de los objetos así combinados, comunidad que también aquí no aparece más que en el análisis. El contenido del sueño nos dice tan sólo que *todas aquellas cosas tienen una x común*. La descomposición de tales productos mixtos, por medio del análisis, conduce con frecuencia, por el camino más corto, al significado del sueño. Así, soñé yo una vez que me hallaba sentado con uno de mis antiguos profesores universitarios en un banco que se movía rápidamente hacia adelante entre otros muchos. Era esto una especie de combinación de un aula con un *trottoir roulant*. Otra vez soñé hallarme en un vagón del ferrocarril, llevando sobre mis rodillas un objeto de la forma de un sombrero de copa, pero del más transparente cristal. La situación me recordó en el acto el conocido proverbio de que "sombrero en mano puede recorrerse toda la tierra". El sombrero de cristal recuerda, tras de cortos rodeos, a los *mecheros Auer*, haciéndome ver que mi sueño entrañaba el deseo de hacer un descubrimiento que me hiciese tan rico e independiente como el suyo a mi compatriota el doctor Auer, de Welsbach, y que entonces viajaría mucho, en vez de tener que permanecer en Viena. En mi sueño, viajo con mi invento —el sombrero de cristal—; objeto, por cierto, nada corriente aún. La elaboración del sueño gusta preferentemente de representar, por medio de un solo producto mixto, dos ideas contrarias. Así, cuando una mujer se ve en sueños llevando una alta vara florida, como el ángel en los cuadros que representan la Anunciación (inocencia; María es el nombre de la sujeto de este sueño), pero las flores de la vara son grandes, blancas y semejantes a camelias (antítesis de la inocencia; dama de las camelias).

Buena parte de lo que hemos llegado a conocer sobre la condensación del sueño puede resumirse en la fórmula siguiente: cada uno de los elementos del contenido del sueño está *superdeterminado* por el material de las ideas del sueño; tiene su antecedente no en un solo elemento de las ideas del sueño, sino en toda una serie de ellos que no necesitan estar muy próximos unos a otros dentro del contenido latente, pues pueden pertenecer a los más diferentes sectores del tejido ideológico. El elemento del sueño es, en realidad, la *representación*, en el *contenido manifiesto*, de todo este diverso material. El análisis descubre otra faceta de la relación compuesta entre el contenido y las ideas del sueño. Así como desde cada elemento del sueño conducen conexiones a varias ideas latentes, también generalmente *se halla representada una sola idea por más de un elemento*. Los hilos de asociación no convergen simplemente desde las ideas del sueño al contenido del mismo, sino que se cruzan y entretejen de múltiples maneras en el camino.

Junto a la transformación de una idea en una situación (la "dramatización"), es la condensación el carácter más importante y peculiar de la elaboración del sueño. Mas aún no hemos descubierto motivo alguno que haga necesaria esta comprensión del contenido.

V

En los sueños complicados y confusos, de los que nos ocupamos ahora, no puede atribuirse por completo a los efectos de la condensación y la dramatización la disparidad que se observa a primera vista entre el contenido del sueño y las ideas del mismo, pues existen, de la actuación de un tercer factor, testimonios muy dignos de ser tenidos en cuenta.

Una vez conseguido, por medio del análisis, el conocimiento de las ideas del sueño, lo primero que echamos de ver es que el contenido manifiesto del mismo trata materias totalmente distintas que el latente. Mas, en realidad, esto es tan sólo una apariencia, que se desvanece en cuanto la investigación se hace más penetrante, pues entonces hallamos realizado en las ideas del sueño todo el contenido del mismo y representadas casi todas las ideas por dicho contenido. Sin embargo, queda siempre alguna disparidad. Aquello que en el sueño se presentaba amplia y precisamente como contenido esencial, tiene que contentarse, después del análisis, con un papel muy secundario entre las ideas del sueño; y lo que mis sentimientos me hacen ver como lo más importante entre dichas ideas resulta que no se halla representado en el contenido manifiesto, o lo está solamente por una lejana alusión y en la parte más imprecisa del mismo. Este hecho puede describirse en la forma siguiente: *durante la elaboración del sueño pasa la intensidad psíquica desde las ideas y representaciones, a las que pertenece justificadamente, a otras que, a mi juicio, no tienen derecho alguno a tal acentuación.* Ningún otro proceso contribuye tanto a ocultar el sentido del sueño y a hacer irreconocible la conexión entre el contenido manifiesto y las ideas latentes. Durante este proceso, que denominaré *desplazamiento del sueño* (*Traumverschiebung*), veo asimismo transformarse la intensidad psíquica, la importancia y la capacidad de afecto de las ideas en vitalidad material. Lo más claro del contenido del sueño se me aparece a primera vista como lo más importante, pero el análisis nos muestra que un impreciso elemento del sueño constituye con frecuencia el más directo representante de la principal idea latente.

Lo que he denominado desplazamiento del sueño hubiera podido calificarlo también de *transmutación de los valores psíquicos*. Mas, para dejar totalmente caracterizado este fenómeno, debo añadir que su actuación varía mucho de intensidad en los diferentes sueños. En algunos de ellos no tiene lugar al menor desplazamiento, y estos son, al mismo tiempo, los más llenos de sentido y más comprensibles, por ejemplo, aquellos que hemos reconocido como realizaciones no disfrazadas de deseos. En otros sueños no hay un solo elemento de las ideas latentes que haya conservado su propio valor psíquico, y a veces todo lo esencial de dichas ideas aparece sustituido por elementos secundarios. Entre estos caracteres extremos existe toda una serie de grados intermedios. Cuando más obscuro y confuso es su sueño, más participación debe atribuirse en su formación al factor desplazamiento.

En el ejemplo que hemos hecho objeto de nuestro análisis aparece como efecto del desplazamiento el hecho de que su contenido se halla diferentemente *centrado* por las ideas. El contenido del sueño muestra en primer término una situación en la que parece que mi compañera de mesa me hace una velada declaración amorosa; lo más importante en las ideas del sueño reposa en el deseo de gozar alguna vez un amor desinteresado, que no "cueste nada", y esta idea se oculta detrás de la frase hecha "por mis bellos ojos" y la lejana alusión "espinacas".

Cuando por medio del análisis podemos seguir paso a paso el proceso del desplazamiento, llegamos a adquirir datos seguros sobre dos discutidísimos problemas de los sueños: sus estímulos y su conexión con la vida despierta. Existen sueños que revelan inmediatamente su enlace con los sucesos del día anterior, pero en otros no se descubre la menor huella de un tal enlace. Acudiendo en estos últimos al análisis puede mostrarse que todo sueño, sin excepción alguna, está ligado a una impresión de los últimos días, o quizá más precisamente del último día antes del sueño (día del sueño). Esta impresión, que constituye el estímulo del sueño, puede ser de una tal importancia que no nos maraville el ocuparnos de ella fuera del mismo, y en este caso decimos, con razón, que nuestro sueño continúa los importantes intereses de la vida despierta. Mas, en general, cuando en el contenido del sueño aparece una relación con una impresión diurna, suele ser esta tan insignificante, nimia y merecedora de ser olvidada, que ni si quiera podemos recordarla sino con esfuerzo. El mismo contenido del sueño parece entonces ocuparse —aun en los casos en que se muestra coherente y comprensible— con las más ociosas nimiedades, las cuales serían indignas de nuestro interés despierto. A esta preferencia por lo indiferente y fútil en el contenido del sueño obedece en gran parte el desprecio con que miramos los fenómenos oníricos.

El análisis destruye la apariencia en que se funda este juicio despreciativo. Donde el contenido del sueño presenta en primer término una impresión indiferente como estímulo, el análisis revela siempre el suceso importante —justificado como estímulo—, que, sustituido por la impresión indiferente, ha entrado en conexión con sus enlaces asociativos. Asimismo, en aquellos sueños cuyo contenido manifiesto actúa con un material de representaciones desprovisto de importancia e interés, descubre el análisis las numerosas rutas de enlace, por medio de las cuales se une lo indiferente con lo valioso en la estimación psíquica de cada elemento. *Constituye tan sólo un efecto del proceso de desplazamiento el hecho de que, en lugar de la impresión justificadamente estimulante o el material de justificado interés, sea lo indiferente lo que llegue a hacerse admitir con el contenido del sueño.* Y si para la solución de los problemas del estímulo de los sueños y de la conexión con los mismos con la actividad cotidiana se tienen en cuenta los nuevos conocimientos que hemos adquirido al sustituir el contenido manifiesto por el latente, tendremos que convenir en que el *sueño no actúa nunca con nada que no sea digno de ocupar también nuestro pensamiento despierto, y que las pequeñeces que no llegan a atraer nuestro interés durante el día son también impotentes para perseguirnos en nuestro sueño.*

¿Cuál es el estímulo del sueño en el ejemplo que escogimos para nuestro análisis? El suceso —realmente insignificante— de que un amigo mío me procurase un *gratuito paseo en coche*. La escena de la mesa redonda, en mi sueño, contiene una alusión a este motivo indiferente, pues en mi conversación con mi acompañante había yo establecido un paralelo entre los taxímetros y las comidas en la mesa redonda de los hoteles. Mas también puedo indicar el suceso importante que en mi sueño se deja representar con este otro insignificante: Días atrás me había yo desprendido de una cantidad bastante elevada, en favor de una persona de mi familia. Entre las ideas latentes está la de que no sería extraño que dicha persona estuviese agradecida a mi beneficio, y que, por lo tanto, su cariño no fuese *gratuito* (*kostenlos*). La idea de cariño gratuito es precisamente la que ocupa el primer término entre las que forman el contenido latente del sueño. El hecho de que aún no hace mucho tiempo había yo ido varias veces en coche con el pariente objeto de mi liberalidad hace posible que el paseo en coche dado con mi amigo me recuerde mis relaciones con otra persona. La impresión indiferente, que por tales conexiones se convierte en estímulo del sueño, tiene aún que cumplir otra condición: la de ser reciente; esto es, proceder del día del sueño.

No puedo abandonar el tema del desplazamiento sin hacer constar un singular proceso que tiene lugar en la formación del sueño, y en el que obran conjuntamente la condensación y el desplazamiento. En la primera hemos examinado ya el caso de que dos representaciones de las ideas del sueño, que tiene algo de común, en punto de contacto, son sustituidas, en el contenido manifiesto, por una representación mixta, en la cual aparece un claro nódulo que corresponde al elemento común, e imprecisas determinantes accesorias correspondientes a las peculiaridades de cada una de dichas representaciones. Si a esta condensación se añade un desplazamiento, no se produce una representación mixta, sino que se forma un *producto común intermedio*, que es a los elementos que lo forman lo que en el paralelogramo de las fuerzas son las resultantes a sus componentes. En el contenido de uno de mis sueños se trata, por ejemplo, de una inyección de *propilena*. El análisis me conduce al principio a un suceso indiferente, que había actuado como estímulo del sueño, y en el cual se trataba de la *amilena*. Pero al ciclo de ideas del mismo sueño pertenece también el recuerdo de mi primera visita a Munich, en la que los *propileos* atrajeron mi atención. Los resultados siguientes del análisis me hicieron admitir que el desplazamiento de amilena a propilena era debido a la influencia del segundo ciclo de representaciones sobre el primero. *Propilena* es, por decirlo así, la representación intermedia entre *amilena* y *propileos*, y como tal se ha introducido a modo de *transacción* y por una condensación y un desplazamiento simultáneos en el contenido del sueño.

Con mayor fuerza aún que al tratar de la condensación se impone aquí, al examinar el proceso del desplazamiento, la necesidad de hallar un motivo para todos estos misteriosos esfuerzos de la elaboración del sueño.

VI

Si al proceso de desplazamiento se debe principalmente el que no se hallen o no se reconozcan en el contenido del sueño las ideas del mismo —sin que pueda adivinarse el motivo de tal deformación—, otra forma menos intensa de la transformación que sufren las ideas del sueño nos conduce al descubrimiento de una nueva función más fácilmente comprensible de la elaboración del mismo. Las primeras ideas latentes que el análisis revela suelen extrañar por su poco corriente apariencia. No parecen presentarse en las tímidas formas expresivas de las que se sirve preferentemente nuestro pensamiento, sino que se muestran representadas simbólicamente por medio de comparaciones y metáforas, como en un lenguaje poético, rico en imágenes. No es difícil hallar las causas que obligan a adoptar esta forma expresiva a las ideas del sueño. El contenido del mismo se compone casi siempre de situaciones visuales, y, por lo tanto, las ideas del sueño tienen ante todo que adoptar una disposición que las haga utilizables para esta forma expositiva. Si intentamos sustituir las frases de un artículo político o de un informe forense por una serie de dibujos, comprenderemos fácilmente las transformaciones que la elaboración del sueño se ve obligada a llevar a cabo ante la necesidad de que el material dado pueda ser expuesto en el contenido.

Entre el material psíquico de las ideas latentes se encuentran, regularmente, recuerdos de sucesos impresionantes, que con frecuencia datan de la más temprana niñez, y han sido percibidos por el sujeto —dado su carácter de sucesos exteriores— como situaciones visuales en su mayor parte. Estos elementos de las ideas latentes ejercen, siempre que les es posible, una influencia determinante sobre la conformación del contenido del sueño, y actúan como núcleo de cristalización sobre el material de las ideas latentes. La situación del sueño no es con frecuencia más que una repetición de un tal suceso, modificada y complicada por numerosas intercalaciones. Sólo raras veces nos trae, en cambio, el sueño reproducciones fieles y no mezcladas de escenas reales.

Mas el contenido del sueño no consta exclusivamente de situaciones, sino que encierra fragmentos inconexos de cuadros visuales, discursos y hasta trozos de ideas no transformados. Será quizá muy interesante el exponer aquí, lo más rápidamente posible, los medios de representación de que dispone la elaboración del sueño para reproducir en la peculiar forma expresiva del mismo las ideas latentes.

Estas ideas que el análisis nos revela se nos muestran como un complejo psíquico de una complicadísima estructura, cuyos componentes se hallan unos con otros en las más diversas relaciones lógicas, constituyendo, el primero y el último término, las condiciones, las divagaciones, las aclaraciones y los impedimentos. Casi siempre aparece junto a una ruta mental su reflejo contradictorio. No falta a este material ninguno de los caracteres que nos son conocidos por pertenecer a nuestro pensamiento despierto. Si de todo ello ha de nacer un sueño, sufre este material psíquico una comprensión que lo condensa, una fragmentación y un desplazamiento internos, que crean nuevas superficies, y una influencia seleccionadora, ejercida por los componentes utilizables para la formación de la situación. Dada la génesis de este material debe darse a un tal proceso el nombre de *regresión*. Los lazos lógicos, que hasta ahora habían mantenido unido el material psíquico, se pierden en esta transformación, de la cual surge el contenido del sueño. La elaboración onírica no toma a su cargo más que el contenido objetivo de las ideas latentes. Al análisis incumbe luego restablecer la conexión destruida por la elaboración.

Así, pues, los medios de expresión del sueño pueden considerarse escasísimos en comparación con los que el idioma nos proporciona para la exteriorización de nuestro pensamiento, mas el sueño no tiene necesariamente que renunciar por completo a la reproducción de las relaciones lógicas entre las ideas latentes. Con mucha frecuencia consigue, por el contrario, sustituirlas por caracteres formales que le son propios.

El sueño reconoce, en primer lugar, la innegable conexión entre todos los elementos de las ideas latentes por el hecho mismo de reunir dicho material para formar una situación. Reproduce la *conexión lógica como aproximación en el tiempo y en el espacio*, de un modo análogo al pintor que reúne en un cuadro, que quiere representar el Parnaso, a todos los poetas, los cuales jamás se han hallado juntos en la cima de una montaña, pero no por ello dejan de constituir una comunidad. El sueño emplea en todos sus detalles esta misma forma representativa, y cuando muestra en su contenido dos elementos próximos uno a otro, delata con esta aproximación un enlace especialmente estrecho entre los correspondientes elementos latentes. Obsérvase, además, que todos los sueños de una misma noche revelan, en el análisis, proceder del mismo ciclo de pensamientos.

La *relación causal* entre las ideas queda unas veces sin representación alguna o es sustituida por la *sucesión* inmediata de dos largos trozos del sueño diferentes. A menudo, esta última representación tiene lugar a la inversa, o sea, que el primer trozo del sueño corresponde a la consecuencia, y el final del mismo, al antecedente. La *transformación* directa de un objeto en otro parece representar en el sueño la relación de *causa a efecto*.

La *alternativa* (esto o aquello) no es expresada jamás por el sueño, el cual toma en este caso los dos miembros de la misma como igualmente justificados y los incluye en el mismo contexto. Ya indiqué también que cuando en el sueño aparece reproducida una alternativa (esto o aquello), debe traducirse por una agregación (esto y aquello).

Las ideas contradictorias son representadas preferentemente en el sueño por un mismo y único elemento[98]. La *oposición* entre dos ideas, la relación de *inversión*, halla en el sueño una notabilísima forma representativa, consistente en que otro trozo del sueño es transformado —simultánea y sucesivamente— en su contrario. Más adelante hallaremos otra forma de expresar la *contradicción*. También la sensación, tan frecuente en el sueño, de *no poder moverse libremente* sirve para representar una contradicción entre impulsos, un *conflicto de la voluntad*.

Una sola de las relaciones lógicas, la de *analogía, comunidad* o *coincidencias*, es aceptada francamente por el mecanismo de la elaboración del sueño, el cual se sirve de estos casos como punto de apoyo para la condensación, reuniendo en una *nueva unidad* todo aquello que muestra tal coincidencia.

Esta corta serie de fugaces observaciones no agota, naturalmente, la exposición de la plenitud de medios representativos formales que el sueño posee para exponer las relaciones lógicas de las ideas latentes. Los distintos sueños se hallan, respecto a este punto, más sutil o descuidadamente elaborados, se ciñen más o menos al texto dado y hacen un mayor o menor uso de los medios auxiliares de la elaboración. En el último caso resultan obscuros, confusos e incoherentes. Mas cuando el sueño aparece claramente absurdo, encerrando en su contenido un franco contrasentido, es que se ha formado así intencionadamente y expresa, por medio de su aparente negligencia de todas las reglas lógicas, un trozo del contenido intelectual de las ideas latentes. El absurdo en el sueño significa *contradicción, injuria*

---

[98] Filólogos muy autorizados afirman que los idiomas humanos más antiguos empleaban la misma palabra para expresar las oposiciones contradictorias (fuerte-débil; dentro-fuera, etc.: "Sentido antitético de las palabras primitivas").

o *burla* en las ideas latentes. Dado que esta explicación nos proporciona la objeción más fuerte contra la teoría que hace surgir al sueño de una actividad psíquica disociada y exenta de crítica, la apoyaremos con la exposición de un ejemplo:

Uno de mis conocidos, el señor M., ha sido atacado en un artículo nada menos que por el propio Goethe. Todos reconocemos que la violencia del ataque es injustificada, pero como es natural, dada la personalidad del atacante, M. ha quedado totalmente hundido, y se lamenta amargamente de la injusticia sufrida ante varias personas, reunidas alrededor de una mesa. Sin embargo, no ha disminuido su veneración por Goethe. Intento aclarar las circunstancias de tiempo, que me parecen inverosímiles. Goethe murió en 1832. Dado que su ataque contra M. tuvo que tener lugar antes de esa fecha, M. debía de ser entonces muy joven. Me parece plausible que tuviera unos dieciocho años. Mas no sé con seguridad el año en que nos hallamos actualmente, y de este modo todo mi cálculo se hunde en las tinieblas. El ataque a M. se halla contenido en el artículo de Goethe titulado *Naturaleza*.

La falta de sentido de este sueño aparece aún con mayor precisión, sabiendo que M. es un hombre de negocios, muy apartado de todo interés poético o literario. Mas, al penetrar en el análisis, puede demostrarse cuánto "método" se oculta detrás de tal falta de sentido. El sueño extrae su material de tres fuentes:

1.—M., al que conocí en una *comida*, me pidió un día que reconociera a su hermano mayor, que presentaba señales de perturbación mental. En mi diálogo con el enfermo, tuvo lugar una penosa escena en la cual me reveló, sin que yo diese motivo ni ocasión para ello, las faltas de su hermano, aludiendo a su *disipada juventud*. En este reconocimiento hube de preguntar al paciente la *fecha de su nacimiento (año de la muerte, en el sueño)*, haciéndole verificar diversos cálculos con objeto de investigar el grado de debilidad de su memoria.

2. —Una revista médica, en la que figuraba yo como colaborador, había publicado una *abrumadora crítica*, obra de un *joven* redactor, sobre un libro de mi amigo F., de Berlín. Habiendo reprochado yo al autor del artículo su encarnizamiento, me expresó su pesar por haberme disgustado, pero no pudo prometerme poner remedio alguno a lo hecho. A consecuencia de esto rompí mis relaciones con la revista y expresé, en la carta en que notificaba mi separación, la esperanza de que lo *sucedido no influiría para nada en nuestras relaciones personales*. Esta es la verdadera fuente del sueño. La despreciativa crítica del libro de mi amigo me había causado una profunda impresión, pues a mi juicio contenía su obra un descubrimiento biológico fundamental, que comienza ahora —pasados muchos años— a ser aceptado por sus colegas.

3. —Una paciente me había contado hacía poco tiempo la historia de la enfermedad de su hermano, el cual había sido atacado de locura frenética, sumiéndose en ella con el grito de *¡Naturaleza, naturaleza!* Los médicos habían opinado que tal exclamación provenía de la lectura del citado ensayo de *Goethe* y constituía una indicación del exceso de trabajo que había pesado sobre el enfermo en sus estudios. Por mi parte, había yo observado que *me parecía más plausible* dar a la exclamación "¡Naturaleza!" aquel otro sentido sexual, conocido por todos los hombres, hasta por los de menor cultura. El hecho de que el infeliz paciente se mutilara después los genitales pareció darme la razón. Cuando sufrió el ataque inicial tenía este individuo dieciocho años.

En el contenido del sueño se oculta primeramente detrás del *yo* el amigo mío tan maltratado por la crítica. *Intento aclarar un poco las circunstancias de tiempo*. El libro de mi amigo trata precisamente de las circunstancias *temporales* de la vida y cita repetidamente a *Goethe* en relación con determinadas opiniones sobre biología.

Mas este *yo* es comparado a un paralítico ("No sé con seguridad el año en que nos hallamos"). Por lo tanto, el sueño representa que mi amigo se conduce como un paralítico y flota en el absurdo. Mas los pensamientos del sueño expresan irónicamente: "Es natural. Él es un loco y vosotros sois unos genios y sabéis mucho más de estas cosas. ¿No será más bien todo lo *contrario*?" Esta *inversión* se halla representada ampliamente en el contenido del sueño: Goethe ha atacado a un hombre actualmente joven, lo cual es absurdo; al paso que es muy fácil que cualquier joven literato actual critique duramente al gran Goethe.

Podemos, casi seguramente, afirmar que ningún sueño es producido por sentimientos distintos de los egoístas. El *yo* del sueño no representa tan sólo a mi amigo, sino que también me representa a mí mismo. Yo me identifico con él por el hecho de que la suerte corrida por su descubrimiento me muestra cómo, quizá, han de ser acogidos los *míos propios*. Cuando yo haga pública mi teoría sobre la significación etiológica de la sexualidad de las perturbaciones psiconeuróticas (véase la alusión al enfermo de dieciocho años: "¡Naturaleza, naturaleza!"), hallaré críticas idénticas y de las que desde ahora me burlo con la misma ironía.

Persiguiendo las ideas latentes, encuentro siempre *burla* y *desprecio* como *correlación a los absurdos del sueño*. El hallazgo de un cráneo de oveja en el Lido veneciano inspiró a Goethe la idea primera de la constitución vertebral del cráneo. Mi amigo se jacta de haber desencadenado, siendo estudiante, una protesta contra un anciano profesor, que muy competente en años anteriores (sobre todo en esta parte de la anatomía comparada), había llegado a ser, a causa de su ancianidad, totalmente inepto para continuar dando su clase. La agitación promovida por este caso puso remedio a la equivocación que supone el hecho de no existir en Alemania limitación alguna de edad para el ejercicio de la actividad académica. *La edad no protege contra la tontería.* En el hospital de Viena tuve el honor de prestar mis servicios, durante muchos años, bajo las órdenes de un director *fosilizado* que, notoriamente chocho hacía varios decenios, seguía ejerciendo un cargo lleno de responsabilidades. Una característica correspondiente al hallazgo del Lido acude a mi pensamiento en este punto. Con referencia a este individuo, compusieron mis jóvenes colegas del hospital una variante de unos chistosos versos populares por entonces: "Eso no lo ha escrito ningún Goethe, ni lo ha compuesto ningún Schiller...".

VII

No hemos terminado aún con el estudio de la elaboración del sueño. Nos vemos obligados a incluir en ella, además de la condensación, del desplazamiento y de la disposición visual del material psíquico, otra actividad cuya actuación no es reconocible en todos los sueños. No trataré aquí en detalle esta parte de la elaboración del sueño y me limitaré a observar que como más rápidamente podemos formarnos una idea de su esencia es aceptando, por lo pronto, la hipótesis, probablemente inexacta, *de que actúa a posteriori sobre el contenido del sueño ya formado*. Su función es entonces la de ordenar los componentes del sueño, de manera que se reúnan aproximadamente para formar una totalidad, una composición onírica. El sueño recibe así una especie de fachada que, de todos modos, no cubre por completo el contenido, y sufre al mismo tiempo una primera interpretación provisional que es apoyada por intercalaciones y ligeras variantes. Esta elaboración del contenido del sueño deja subsistir todos sus enigmas y arbitrariedades y no proporciona más que una equivocada inteligencia de las ideas latentes, siendo necesario prescindir de esta tentativa de interpretación al emprender el análisis.

Esta parte de la elaboración del sueño deja transparentarse mejor que ninguna otra su motivación, que es el *intento de que el sueño resulte comprensible*. El descubrimiento de esta motivación nos revela la procedencia de la actividad a que la misma da origen, la cual se conduce con el contenido del sueño dado, como nuestra actividad psíquica normal con cualquier contenido de una percepción que se sitúe ante ella. Nuestra actividad psíquica acoge dicho contenido empleando determinadas representaciones previas y lo ordena ya, al percibirlo, entre las hipótesis comprensibles. Mas, al hacerlo así, corre peligro de falsearlo y cae efectivamente en los más singulares errores cuando no puede situarlo al lado de algo ya conocido. Sabido es que no podemos contemplar una serie de signos extraños ni oír una serie de palabras desconocidas sin falsear primero su percepción, situándolos al lado de algo que nos es conocido, impulsados por la preocupación de la comprensibilidad.

Aquellos sueños que han experimentado esta elaboración por parte de una actividad psíquica totalmente análoga al pensamiento despierto pueden denominarse *bien compuestos*. En otros sueños falta por completo tal actividad; no se ha intentado siquiera establecer en ellos un orden ni una interpretación, y al despertar, sintiéndonos identificados con esta parte de la elaboración onírica, juzgamos que nuestro sueño ha sido "confuso y embrollado". Mas, para el análisis, tienen tanto valor aquellos sueños que semejan un desordenado montón de fragmentos incoherentes, como los que presentan una lisa superficie continua. En el primer caso, nos ahorramos el esfuerzo de destruir de nuevo, por medio del análisis, la elaboración del contenido manifiesto.

Sería, sin embargo, un error no ver en estas fachadas de los sueños más que tales elaboraciones, realmente confusas y asaz arbitrarias, del contenido manifiesto por la instancia consciente de nuestra vida anímica. Para la construcción de la fachada del sueño se emplean con frecuencia fantasías optativas que se hallan ya formadas en las ideas latentes, y que son del mismo género que las que conocemos por pertenecer a nuestra vida despierta y llamamos apropiadamente *sueños diurnos*. Las fantasías optativas que el análisis descubre en los sueños nocturnos revelan ser repeticiones y transformaciones de escenas infantiles, y de este modo nos muestra inmediatamente la fachada del sueño, en algunos de estos, el verdadero nódulo del mismo, desfigurado por la mezcla con otro material.

Las cuatro actividades mencionadas son las únicas que pueden descubrirse en la elaboración del sueño. Si sostenemos nuestra definición de que el concepto "elaboración del sueño" significa la traslación de las ideas del sueño al contenido del mismo, tendremos que decirnos que dicha elaboración no es en modo alguno creadora: no desarrolla ninguna fantasía propia, no juzga ni concluye nada y su función se limita a condensar el material dado, desplazarlo y hacerlo apto para la representación visual, actividades a las que se agrega el último trozo, inconstante, de elaboración interpretativa. Algo se halla también en el contenido del sueño que se quisiera considerar como el resultado de una distinta y más elevada función intelectual, pero el análisis demuestra siempre convincentemente que *estas operaciones intelectuales han tenido lugar ya en las ideas del sueño, habiéndose limitado el contenido del sueño a acogerlas en sí.* Una consecuencia en el sueño no es otra cosa que la repetición de una conclusión que ha tenido lugar en las ideas latentes, apareciendo incontrovertible cuando ha pasado al sueño sin sufrir transformación alguna, e insensata cuando ha sido desplazada sobre otro material por la elaboración. Una operación aritmética incluida en el contenido manifiesto no significa otra cosa, sino que entre las ideas latentes se encuentra un cálculo, el cual es siempre exacto, mientras que la operación que aparece en el sueño puede dar los más absurdos resultados por condensación de sus factores y desplazamiento sobre otro material del modo de realizarla. Ni siquiera las frases que se hallan en el contenido del sueño son de nueva composición, pues se revelan como construidas con fragmentos de frases pronunciadas, oídas o leídas por el sujeto y renovadas en las ideas latentes, copiando con toda fidelidad su forma, pero prescindiendo por completo de la causa que las motivó y alterando enormemente su sentido.

No es, quizá, superfluo apoyar con algunos ejemplos estas últimas afirmaciones:

1. —Un sueño aparentemente inocente y bien compuesto, de una paciente mía.

«Va al mercado con su cocinera, la cual lleva su cesta. El carnicero, al que piden algo, les contesta: *No hay ya*, y quiere despachar otra cosa diferente, observando: "Esto también es bueno". Ella rehúsa la oferta y se dirige al puesto de la verdulera, la cual quiere venderle una extraña verdura, atada formando manojo y de color negro. Ella dice entonces: *No he visto nunca cosa semejante. No la compro.*»

La frase "No hay ya" procede del tratamiento. Yo mismo había explicado a la paciente, días antes, que en la memoria del adulto *no hay ya* nada de sus antiguos recuerdos infantiles, los cuales han sido sustituidos por transferencias y por sueños. Soy yo, por lo tanto, el carnicero.

La segunda frase: "No he visto nunca cosa semejante" fue pronunciada en otra ocasión totalmente distinta. El día anterior había exclamado la paciente al regañar a su cocinera que, como hemos visto, aparece también en el sueño: "Tiene usted que conducirse más correctamente. ¡No he visto nunca cosa semejante!", esto es, no permito tal comportamiento. El trozo más inocente de esta frase llegó, por desplazamiento, a incluirse en el contenido del sueño. En cambio, en las ideas latentes, sólo el otro trozo de la frase desempeñaba un papel determinado, pues la elaboración del sueño transformó hasta hacerla irreconocible y darle el aspecto de una total inocencia, una situación fantástica, en la cual *yo me conducía incorrectamente en cierto sentido* con la señora de referencia. Esta situación, esperada en la fantasía, no es, además, sino una nueva edición de una escena realmente vivida por la paciente en ocasión anterior.

2. —Un sueño aparentemente insignificante y en el que aparecen números. «Ella quiere pagar alguna cosa; su hija saca de su bolsillo: *3 florines 65 céntimos*. Pero ella le dice: "¿Qué haces? No cuesta más que *21 céntimos*".»

La sujeto de este sueño era una señora extranjera que había hecho ingresar a su hija en un establecimiento pedagógico de Viena, y que se sometió a mi tratamiento. En el día del sueño, le había indicado la directora del establecimiento la conveniencia de dejar en él a su hija un año más. En este caso hubiera ella podido prolongar por dicho tiempo su tratamiento curativo. Los números del sueño adquieren su significación al recordar que el tiempo es oro. *Time is money. Un año* es igual a *365 días*, o expresando en céntimos, a 365 céntimos, *3 florines 65 céntimos.* Los *21 céntimos* corresponden a las tres *semanas* que restaban hasta el final del año escolar y, por lo tanto, hasta el día en que habría que dar por terminado el tratamiento. Eran seguramente razones económicas las que habían llevado a la señora a rechazar la indicación de la directora del colegio y las que motivaban la pequeñez de la cantidad que aparecía en el sueño.

3. —Una joven señora, casada hacía varios años, supo que una amiga suya de su misma edad, Elisa L., había celebrado sus esponsales. Esta noticia motivó el sueño siguiente: «Se halla en el teatro, con su marido. Una parte del patio de butacas está desocupada. Su marido le cuenta que Elisa L. y su prometido hubieran querido ir también al teatro, pero no habían conseguido más que muy malos puestos, tres por 1 florín 50 céntimos, y no quisieron tomarlas. Ella contesta que el no haber podido ir aquella noche al teatro no es ninguna desgracia.»

Nos interesa averiguar en este sueño de qué ideas latentes proceden los números que aparecen en el contenido manifiesto y cuáles han sido las transformaciones por las que dichas ideas han pasado. ¿De dónde procede la cantidad de 1,50 florines? De un motivo indiferente del día anterior. Su cuñada había recibido como regalo de su hermano, el marido de la protagonista del sueño, la suma de 150 florines y se había *apresurado* a gastarlos comprándose un objeto de adorno. Observaremos que 150 florines son 100 veces 1 florín 50 céntimos. Para el número *tres*, de los billetes del teatro, no se encuentra más enlace que el de que Elisa L., la amiga prometida, pues es precisamente tres meses más joven que la sujeto del sueño. La situación que en este aparece es la reproducción de un pequeño suceso que motivó las burlas de su esposo. En una ocasión se había *apresurado* a tomar, con gran anticipación, billetes para una representación teatral, y cuando entraron en el teatro vieron que una *parte del patio de butacas quedaba casi vacía*. No había, pues, necesidad de haberse apresurado tanto a tomar las localidades. No dejaremos, por último, pasar desapercibido el *absurdo* detalle del sueño de que dos personas tienen que tomar tres localidades.

Veamos ahora las ideas latentes de este sueño. Ha sido un *disparate* casarme tan joven; *no tenía necesidad alguna de apresurarme tanto*. En el ejemplo de Elisa L. veo que no me hubiese faltado un marido, y, además, uno *cien veces* mejor (*Schatz* —marido, novio, tesoro), si hubiera esperado. *Tres* maridos como este hubiera podido comprarme con el mismo dinero (dote).

VIII

Tras del estudio de la elaboración del sueño que hemos llevado a cabo en los capítulos que anteceden, nos hallaremos inclinados a considerarla como un proceso *psíquico* especial, sin precedente alguno en nuestro conocimiento. De este modo, recae ahora sobre la elaboración onírica la extrañeza que solía antes despertar en nosotros su producto, o sea, el sueño mismo. De toda una serie de procesos psíquicos a los que debe atribuirse la formación de los síntomas histéricos y de las ideas angustiosas, obsesivas y delirantes, la elaboración del sueño es el primero a cuyo conocimiento nos ha sido dado llegar. La condensación, y sobre todo el desplazamiento, son caracteres que nunca faltan en estos procesos. En cambio, la conversión de ideas en imágenes visuales es privativa de la elaboración del sueño. Si de nuestras investigaciones resultase la posibilidad de incluir los fenómenos oníricos entre aquellos que deben su origen a la enfermedad psíquica, tanto más importante sería para nosotros averiguar las condiciones esenciales de procesos como el de la formación de los sueños. Pero, aunque parezca extraño y casi increíble, ni el dormir ni la enfermedad pertenecen a estas indispensables condiciones. Una gran cantidad de fenómenos de la vida cotidiana de los sanos —el olvido, las equivocaciones orales, los actos de aprehensión errónea y una determinada clase de errores— deben su génesis a un mecanismo psíquico análogo al sueño y a los demás procesos que constituyen la serie antes citada.

El corazón del problema se halla en el desplazamiento, la más singular de las funciones de la elaboración del sueño. Cuando se penetra suficientemente en la materia, se ve que la condición esencial del desplazamiento es puramente psicológica y de la naturaleza de una *motivación*, cuyas huellas aparecen en cuanto se presta atención a ciertos resultados del análisis de los sueños, que no pueden pasar desapercibidos. En el primero de los análisis expuestos tuve que interrumpirme en la comunicación de las ideas latentes por el hecho de que entre ellas había algunas, de tal género, que prefería mantener secretas y que no podía revelar sin herir importantes consideraciones. Añadí, luego, que no traería ventaja ninguna elegir otro ejemplo para comunicar su análisis, pues en todo sueño de contenido obscuro y embrollado llegaría a tropezar con pensamientos que exigirían el secreto. Pero, prosiguiendo para mí mismo el análisis, llego a ideas que no conocía existieran en mí y que no sólo me parecen *extrañas*, sino que me son *desagradables* y quisiera negarme a mí mismo, rechazando el análisis cuya inexorable concatenación me fuerza, bien a pesar mío, a admitirlas. No puedo explicarme este estado de cosas, sino aceptando que tales ideas existían realmente en mi vida psíquica y poseían una cierta intensidad o energía, pero se encontraban en una peculiar situación psicológica, a consecuencia de la cual no podían *hacérseme conscientes*. Este especial estado es el que denomino como de *represión*. No puedo entonces por menos de admitir una relación causal entre la obscuridad del contenido del sueño y el estado de represión, o sea, la incapacidad de devenir conscientes de algunas de las ideas del sueño, y me veo obligado a concluir que el sueño tiene que ser obscuro *para no revelar las prohibidas ideas latentes*. De este modo, llego al concepto de la *deformación del sueño*, obra de la elaboración del mismo, puesta al servicio de la *ocultación* de dichas ideas, esto es, del propósito de mantenerlas secretas.

Haré la prueba en el ejemplo de sueño antes sometido al análisis, intentando descubrir cuál es en él la idea que aparece deformada y que, sin el disfraz adoptado, despertaría mi más enérgica repulsa. Recuerdo que mi gratuito paseo en coche trajo a mi memoria otros, no gratuitos, en los que me acompañaba una persona de mi familia, que en la interpretación de mi sueño era la de que yo abrigaba el deseo de gozar alguna vez de un afecto desinteresado, y que poco tiempo antes había tenido que desembolsar una crecida cantidad en favor de la referida persona. Ante estos datos que el análisis me proporciona, no puedo rechazar la idea de que me *duele el desembolso realizado*. Sólo al darme cuenta de este sentimiento adquiere un sentido el hecho de desearme en sueños el goce de un afecto que no me ocasione gasto alguno. Y, sin embargo, puedo afirmar honradamente que al decidir desprenderme de aquella suma no experimenté la menor vacilación. El impulso contrario, mi sentimiento por el gasto efectuado, no se hizo consciente en mí. La razón de que permaneciese inconsciente constituye una nueva cuestión que nos llevaría muy lejos y cuya solución, que me es conocida, pertenece a otro orden de cosas.

Al someter al análisis no un sueño propio, sino el de una persona extraña, el resultado es idéntico, pero varían los motivos de convicción. Si se trata del sueño de un individuo sano, no me queda otro medio de forzarle a la aceptación de la idea reprimida hallada que mostrarle el perfecto enlace de las ideas latentes y dejarle que se resista en vano contra la evidencia. Mas si se trata de un neurótico, por ejemplo, de un histérico, la aceptación de la idea reprimida se hace forzosa para él por su conexión con los síntomas de su enfermedad y por la mejoría que experimenta al cambio de síntomas por las ideas reprimidas. Así con relación a la paciente que tuvo el sueño antes expuesto, de los tres billetes de teatro por un florín cincuenta céntimos, tiene en el análisis que aceptar que estima en poco a su marido, que lamenta haberse casado con él y que le cambiaría gustosa por otro. Ella afirma, ciertamente, que ama a su marido y que en su vida sentimental no existe desprecio alguno para él (¡otro cien veces mejor!), pero todos sus síntomas conducen a la misma solución que el sueño, y después de hacer resurgir en ella el recuerdo reprimido de una época durante la cual experimentó hacia su marido un desamor totalmente consciente, quedaron reprimidos tales síntomas y desapareció la resistencia que se oponía en ella a la interpretación del sueño.

                                 IX

Después de haber fijado el concepto de la represión y haber
relacionado la deformación del sueño con el material psíquico reprimido, podemos expresar ya con toda generalidad
el resultado capital del análisis de los sueños. De aquellos que
se muestran comprensibles y presentan un claro sentido hemos
averiguado que son francas realizaciones de deseos, esto es, que
la situación del sueño constituye en ellos la satisfacción de un
deseo conocido por la conciencia, que ha quedado sin realizar
en el día y es digno de interés. Sobre los sueños obscuros y
embrollados nos enseña también el análisis algo análogo: la
situación del sueño presenta también realizado un deseo que
surge regularmente de las ideas latentes, pero la representación
es irreconocible, no pudiendo aclararse sino por medio del
análisis, y el deseo ha sucumbido a la represión y es extraño a la
conciencia o está íntimamente ligado a ideas reprimidas que lo
sustentan. La fórmula para tales sueños será, pues, la siguiente:
son realizaciones disfrazadas de deseos reprimidos. Es muy interesante observar aquí que la opinión popular está en lo justo
cuando considera el sueño como predicción del porvenir. En
realidad, es el porvenir lo que el sueño nos muestra, más no el
porvenir real, sino el que nosotros deseamos. El alma popular
se produce aquí, según su costumbre, creyendo lo que desea.

Por su carácter de realización de deseos se dividen los sueños
en tres clases: En primer lugar, aquellos que muestran *francamente* un deseo *no reprimido*. En segundo, los que exteriorizan
disfrazadamente un deseo *reprimido*, esto es, la mayoría de
aquellos que necesitan del análisis. Y, en tercer lugar, aquellos
otros que, si bien representan un deseo *reprimido*, lo hacen

sin disfraz alguno o con un disfraz insuficiente. Estos últimos sueños suelen presentarse acompañados de *angustia*, sensación que acaba por interrumpirlos y que es aquí un sustitutivo de la deformación, siendo evitada por la elaboración en los sueños de la segunda clase. Puede demostrarse, sin gran dificultad, que el contenido ideológico que nos produce angustia o terror fue en su día un deseo y sucumbió después a la represión.

Existen también sueños cuyo contenido es claro y penoso, pero no produce sensación desagradable alguna. No pueden estos, por lo tanto, contarse entre los sueños de angustia, y han servido siempre para demostrar la insignificancia y la falta de valor psíquico de los sueños. El análisis de un tal ejemplo mostrará que se trata aquí de *bien disfrazadas* realizaciones de deseos reprimidos, esto es, de sueños pertenecientes a la segunda de las clases establecidas, y nos hará ver asimismo con toda claridad cuán excelente lleva a cabo el proceso del desplazamiento la ocultación del deseo prohibido.

Una muchacha soñó que había muerto el único hijo que le quedaba a su hermana, de dos que había tenido, y que su cadáver se hallaba colocado en la misma forma y rodeado por las mismas personas que el de su hermano fallecido anteriormente. Tal sueño no produjo ningún sentimiento de dolor a la muchacha, pero esta se resistió luego a aceptar que correspondiera a un deseo suyo. Esto es hasta cierto punto cierto, pues la verdad del caso es que años atrás había visto y hablado por última vez al hombre a quien amaba, junto al ataúd del niño que había muerto. Si ahora muriera el otro, volvería ella seguramente a encontrar a aquel hombre en casa de su hermana. Anhela este encuentro, pero sus sentimientos rechazan la triste ocasión en que podría verificarse. El mismo día del sueño había tomado una entrada para una conferencia que iba a dar aquel hombre, al que seguía amando. Su sueño es, por tanto, un simple sueño de impaciencia, como suelen presentarse de costumbre antes de los viajes, representaciones teatrales u otros placeres vivamente esperados. Mas para ocultar su anhelo, queda desplazada la situación a una ocasión impropia de todo sentimiento de regocijo y que realmente se ha presentado ya una vez. Obsérvese, además, que los afectos que aparecen en el sueño no corresponden al contenido desplazado, sino al verdadero contenido retenido. La situación del sueño adelanta el encuentro tanto tiempo deseado y no ofrece ocasión alguna para una sensación dolorosa.

X

Los filósofos no han podido hasta ahora ocuparse de una psicología de la represión. Está, pues, justificado que, aproximándonos al aún desconocido estado de cosas, intentemos formarnos una idea de la génesis de la formación de los sueños. El esquema que nuestras investigaciones generales, y no solamente las del problema de los sueños, nos permiten establecer, es harto complicado, pero no podemos servirnos de otro más sencillo. Suponemos que en nuestro aparato psíquico existen dos instancias generadoras de ideas, de las cuales la segunda posee el privilegio de que sus productos encuentran abierto el acceso a la conciencia, mientras que la actividad de la primera instancia es inconsciente en sí y no puede llegar a la conciencia sino pasando por la segunda. En la frontera entre ambas instancias, o sea, en el paso de la primera a la segunda, se encuentra una censura que no deja pasar sino aquello que le agrada, deteniendo todo lo demás. Lo rechazado por la censura se halla entonces, según nuestra definición anterior, en estado de represión. Bajo determinadas condiciones, una de las cuales es el sueño, se transforma la relación de las fuerzas entre ambas instancias, de tal modo que lo reprimido no puede ya ser reprimido por completo. Esto sucede, hallándose dormido el sujeto, por un relajamiento de la censura, y, entonces, lo hasta el momento reprimido consigue abrirse camino hasta la conciencia. Mas como la censura no cesa jamás totalmente, sino que lo que hace es sufrir una disminución, tiene lo reprimido que tolerar transformaciones encaminadas a mitigar aquellos de sus caracteres que provocan la repulsa. Lo que en este caso llega a hacerse consciente es una especie de transacción entre lo intentado por una de las instancias y lo permitido por la otra. *Represión—relajamiento de la censura—transacción* es también el esquema fundamental de la génesis de otras muchas formaciones psicopáticas y no sólo la del sueño. En la formación de tales transacciones observase siempre, no únicamente en las oníricas, los procesos de condensación, desplazamiento y utilización de asociaciones superficiales, que hemos observado en la elaboración del sueño.

No tenemos motivo alguno para ocultar el elemento de demonismo que ha intervenido en la construcción de nuestro esclarecimiento de la elaboración del sueño. Los resultados de nuestro estudio nos dan la impresión de que la formación de los sueños obscuros se verifica como si una persona, dependiente de otra, tuviera que exteriorizar algo que había de ser desagradable para esta última. Partiendo de este símil hemos fijado el concepto de la *deformación del sueño* y el de la censura y nos hemos esforzado en traducir nuestra impresión en una teoría psicológica, grosera aún, pero por lo menos claramente definida. Sea lo que quiera aquello con lo que un más transparente conocimiento de la materia nos permita identificar nuestras dos instancias, esperamos quede confirmada una parte de nuestra hipótesis: la relativa al hecho de que la segunda instancia rige el acceso a la conciencia y puede impedírselo a la primera.

Cuando el sujeto despierta, la censura recobra rápidamente toda su intensidad y puede de nuevo destruir todo aquello que durante su debilidad ha dejado escapar. Una experiencia innumerables veces confirmada muestra que nuestro *olvido* del sueño demanda, por lo menos *en parte*, esta explicación. Durante el relato de un sueño, o durante su análisis, sucede con frecuencia que de repente vuelve a surgir un fragmento del sueño que se creía olvidado. Este fragmento, hurtado al olvido, contiene siempre el mejor y más rápido acceso a la significación del sueño, y precisamente por ello estaba destinado al olvido, esto es, a una nueva represión.

XI

Si conceptuamos el contenido del sueño como la exposición de un deseo realizado y atribuimos su obscuridad a las transformaciones impuestas por la censura al material reprimido, no nos será ya muy difícil deducir la función del sueño. En extraña oposición a las opiniones corrientes, que consideran los sueños como perturbadores del reposo del durmiente, tenemos que reconocer que *los sueños son los protectores del dormir*. Para los sueños infantiles será fácilmente aceptada nuestra afirmación.

El niño concilia el sueño obedeciendo a una decisión de dormir, la cual le es impuesta por una autoridad exterior o es hecha surgir espontáneamente en él por sensaciones de fatiga. Mas para que tal decisión llegue a cumplirse es imprescindible la ausencia de toda excitación que pudiera impulsar al aparato psíquico hacia fines distintos del dormir. Los medios que sirven para alejar las excitaciones externas nos son a todos conocidos. Mas ¿cuáles son, en cambio, aquellos de que disponemos para mantener dominadas las excitaciones psíquicas internas que se oponen a la conciliación del sueño? Obsérvese a una madre que duerme a su hijo. El niño manifiesta sin cesar deseos o necesidades, quiere otro beso, le gustaría jugar un ratito más. Estos deseos son satisfechos en parte, y en parte aplazados, por la autoridad materna para el día siguiente. Es indudable que los deseos o las necesidades en actividad constituyen un obstáculo a la conciliación del sueño. ¿Quién no conoce la divertida historia del niño caprichoso, que despertándose a media noche, grita desde su cama: *Quiero el rinoceronte*? Un niño más juicioso, en vez de despertarse y alborotar, hubiera *soñado* que jugaba con el deseado animal. El sueño que muestra cumplido el deseo goza del completo crédito mientras el sujeto duerme, y haciendo cesar durante este tiempo el impulso optativo, consigue que el reposo no se interrumpa. No puede negarse que la imagen del sueño es aceptada como verdadera, pues se reviste con la apariencia de una percepción y el niño no posee la facultad, que se adquiere más tarde, de distinguir entre fantasía, alucinación y realidad.

El adulto sabe ya establecer esta diferenciación; ha comprendido también la inutilidad del desear y ha aprendido tras de largos esfuerzos a aplazar sus impulsos hasta que la transformación de las circunstancias exteriores facilite su realización. Esta experiencia del adulto hace que sean muy raras en él las realizaciones de deseos por el corto camino psíquico del sueño, y hasta es posible que no se presenten nunca y que todo lo que en nuestros sueños aparece formado conforme al patrón de los infantiles precise de una mucho más complicada solución. En cambio, en el adulto —y sin excepción alguna, en todo hombre de plena capacidad mental— se ha formado una diferenciación del material psíquico que no existía en el niño, constituyéndose una instancia psíquica que, instruida por la experiencia de la vida, ejerce con celosa severidad una influencia dominadora y coercitiva sobre los sentimientos anímicos y posee, por su posición con respecto a la conciencia y a la movilidad contingente, los máximos medios de potencia psíquica. Una parte de los sentimientos infantiles ha sido reprimida, como inútil para la vida, por esta instancia, y todo el material de ideas que de dicha parte desciende se halla en estado de represión.

Mientras la instancia, en la que reconocemos nuestro *yo* normal, se doblega al deseo de dormir, parece obligada, por las condiciones psicofisiológicas del sueño, a perder parte de la energía con la que durante el día mantenía a raya a lo reprimido. Esta negligencia es, sin embargo, totalmente inocente: los impulsos del alma infantil reprimida pueden, sin peligro alguno, seguir agitándose, pues a consecuencia del mismo estado del sueño hallarán dificultoso el acceso a la conciencia y cerrado el que conduce a la movilidad. Mas hay que evitar que perturben el sueño. Llegados a este punto, tenemos que arriesgar la hipótesis de que hasta en el más profundo sueño se mantiene vigilante un cierto acervo de libre atención, como centinela contra las excitaciones sensoriales que a veces consideran más conveniente despertar al sujeto que dejarle proseguir su sueño. De no ser así, sería inexplicable el hecho de que siempre nos despiertan excitaciones sensoriales de una determinada *cualidad*, cosa que ya hizo notar el antiguo fisiólogo Burdach. Así, la madre despierta siempre al menor sollozo de su hijo pequeño; el molinero, en el momento en que su molino para de andar; y la mayoría de las personas, a su nombre pronunciado en voz baja. Esta vigilante atención se dirige también hacia las excitaciones optativas internas, procedentes de lo reprimido, y forma con ellas el sueño que, a modo de transacción, satisface simultáneamente a ambas instancias, creando una especie de desahogo psíquico para el deseo reprimido o formado con ayuda de lo reprimido, representándolo como realizado, y haciendo posible, al mismo tiempo, el reposo. Nuestro *yo* gusta en esto de conducirse como un niño y presta fe a las imágenes del sueño, como si quisiera decir: "Sí; tienes razón, pero déjame dormir". El desprecio con que una vez despiertos miramos nuestros sueños, y que fundamos en su confusión y su aparente falta de lógica, no es probablemente más que el juicio que nuestro *yo* durmiente hace recaer sobre los sentimientos procedentes de lo reprimido, juicio, que más razonablemente que el que formamos ya despiertos, se funda en la impotencia motora de tales perturbadores del sueño. Este juicio despectivo se nos hace a veces consciente en el sueño mismo; así, cuando el contenido del sueño traspasa excesivamente la censura, pensamos: *No es más que un sueño*, y seguimos durmiendo.

No hay objeción posible contra esta hipótesis, aunque también en los sueños existan casos extremos en los cuales no pueden ya llevar a cabo su función de proteger el reposo —por ejemplo, en los sueños de angustia, pesadillas— y tienen que cambiarla por otra, la de interrumpirlo a tiempo. Con esto no hacen más que conducirse como el más concienzudo vigilante nocturno, que cumple su deber intentando primero hacer cesar las perturbaciones para evitar que se interrumpa el sueño de los vecinos, pero que continúa fiel a su cometido, despertándolos en el momento en que las causas del disturbio le parecen sospechosas y no logra hacerlas cesar por su sola intervención.

Esta función del sueño se nos muestra con especial claridad cuando el durmiente experimenta un estímulo sensorial. El hecho de que las excitaciones sensoriales producidas durante el sueño influencian el contenido del mismo es generalmente conocido, ha sido demostrado experimentalmente y pertenece a los escasos resultados seguros de la investigación médica del sueño, a los cuales se ha concedido, sin embargo, un exagerado valor. Pero a este descubrimiento se ha ligado un problema no resuelto hasta el día de hoy. El estímulo sensorial que el experimentador hace actuar sobre el durmiente no es acertadamente reconocido en el sueño, sino que sucumbe a una interpretación cualquiera, cuya determinación aparece abandonada al capricho psíquico. Mas sabemos que no existe una tal arbitrariedad psíquica. El durmiente puede reaccionar de muy diversos modos a un estímulo sensorial exterior. O se despierta, o consigue, a pesar de todo, proseguir durmiendo. En el último caso, puede servirse del sueño para suprimir la excitación exterior, y esto también de muy diversos modos. Puede, por ejemplo, llevar a cabo tal supresión soñando hallarse en una situación totalmente incompatible con el estímulo excitante. Así, un sujeto cuyo reposo nocturno corría peligro de ser perturbado por el dolor de un absceso que padecía en el periné, soñó que iba a caballo, sirviéndole de silla de montar la cataplasma que se le había puesto para mitigar sus molestias, y de este modo logró superar la excitación producida. O también —y esto es lo más frecuente— experimenta el estímulo exterior un cambio de sentido que le incluye en el contexto de un deseo reprimido que espía su realización. Tal cambio de sentido despoja, entonces, al estímulo de su realidad y lo trata como un fragmento del material psíquico. De este género es el ejemplo siguiente: Un individuo sueña que ha escrito una comedia en la que defiende una determinada tesis. La obra es representada en el teatro, y acaba de terminar el primer acto con clamoroso éxito. Los aplausos ensordecen...

En este sueño, el durmiente debió conseguir prolongar su reposo más allá de la perturbación, pues al despertar no oyó ya ruido alguno, pero juzgó, muy razonablemente, que debían de haber sacudido o vareado un tapiz o un colchón en las cercanías de su cuarto. Los sueños que se producen inmediatamente antes que un intenso ruido despierte al durmiente han intentado todos negar el esperado estímulo perturbador del reposo, buscándole otra explicación, y retrasar así un poco más el momento de despertar.

XII

Aquellos que acepten nuestra hipótesis de que la enigmática obscuridad y confusión de los sueños es debida principalmente a la existencia de una *censura*, no se extrañarán de ver, entre los resultados de la interpretación onírica, el de que la mayoría de los sueños de los adultos se revelan en el análisis como dependientes de *deseos eróticos*. Esta afirmación no se refiere a los sueños de franco contenido sexual que todos conocemos por propia experiencia, y que hasta ahora han sido considerados como los únicos "sueños sexuales". A pesar su claro contenido, también estos sueños despiertan nuestra extrañeza por su arbitrariedad en la elección de las personas que convierten en objetos sexuales, su desprecio de todas las barreras ante las que, en la vida despierta, contiene el sujeto sus necesidades sexuales, y sus numerosos detalles orientados hacia lo denominado "perverso". Mas el análisis nos muestra que muchos otros sueños que no dejan transparentar nada erótico en su contenido manifiesto se revelan, al ser desenmascarados por la labor interpretativa, como realizaciones de deseos sexuales. Por otra parte, muchas de las ideas sobrantes como *restos diurnos* (*Tagesreste*) del trabajo mental despierto no llegan a exteriorizarse en el sueño más que por el auxilio de deseos eróticos reprimidos.

En explicación de este estado de cosas indicaremos que ningún otro grupo de instintos ha experimentado un más amplio sojuzgamiento por las exigencias de la educación civilizada como precisamente los sexuales; pero haremos también constar que tales instintos son los que mejor saben escapar, en la mayoría de los hombres, al dominio de las más elevadas instancias psíquicas. Desde que hemos llegado al conocimiento de la sexualidad infantil, que regularmente pasa desapercibida o es mal comprendida, podemos decir justificadamente que casi todo hombre civilizado ha conservado en algún punto la conformación infantil de la vida sexual y comprendemos, de este modo, que los deseos sexuales infantiles reprimidos proporcionan las más frecuentes y poderosas fuerzas instintivas para la formación de los sueños[99].

Si aquellos sueños que exteriorizan deseos eróticos consiguen aparecer inocentemente asexuales en su contenido manifiesto, ello no puede suceder más que de una sola manera. El material de representaciones sexuales no debe ser reproducido como tal, sino que tiene que ser sustituido en el contenido del sueño por indicaciones o alusiones, pero a diferencia de otros casos de representación indirecta, la usada en el sueño es despojada de la comprensibilidad inmediata. Nos hallamos, pues, en el sueño ante una representación por medio de símbolos, los cuales son objetivo de especial interés desde que se ha observado que los sujetos que hablan un mismo idioma se sirven en sus sueños de símbolos idénticos, y también que esta comunidad traspasa en algunos casos las fronteras del idioma. Dado que los que sueñan no conocen la significación de los símbolos por ellos empleados, se nos presenta al principio envuelta en tenebrosa obscuridad la procedencia de su relación con aquello que indican y representan. Mas el hecho mismo es indudable y posee enorme importancia para la técnica de la interpretación de los sueños, pues mediante el conocimiento del simbolismo onírico se hace posible comprender el sentido de elementos aislados del contenido del sueño, de trozos del mismo, o a veces de sueños enteros, sin necesidad de interrogar al sujeto sobre sus asociaciones libres. Nos acercamos de

---

[99] Véase *Tres ensayos para una teoría sexual*, presente en este tomo.

este modo al ideal popular de una traducción de los sueños, y retrocedemos, por otro lado, a la técnica interpretativa de los antiguos pueblos, cuya interpretación de los sueños era idéntica a la que se lleva a cabo por medio del simbolismo.

Aun cuando los estudios sobre los símbolos del sueño se hallan muy lejos todavía de un resultado definitivo, podemos ya establecer con seguridad toda una serie de afirmaciones generales y datos particulares que las confirman. Existen símbolos que pueden interpretarse casi siempre del mismo modo. Así, el emperador y la emperatriz (rey y reina) representan a los padres; las habitaciones son símbolo de la mujer, y sus accesos significan las aberturas del cuerpo humano. La mayoría de los símbolos oníricos sirve para la representación de personas, parte del cuerpo y actos que poseen interés erótico. Particularmente los genitales pueden ser representados por una gran cantidad de símbolos, con frecuencia sorprendentes en extremo. Los más diversos objetos son empleados para la designación simbólica de los genitales. Cuando agudas armas y objetos alargados y rígidos, tales como troncos de árbol o bastones, representan los genitales masculinos, y armarios, cajas, coches o estufas, los femeninos, el *tertium comparationis*, lo común de tales sustituciones nos es inmediatamente comprensible; mas no en todos los símbolos nos es tan fácil la aprehensión de las relaciones de enlace. Símbolos como el de la escalera o del subir, para el comercio sexual; el de la corbata para el miembro masculino y el de la madera para el órgano femenino excitan nuestra duda en tanto que no llegamos por otros caminos al conocimiento de las relaciones simbólicas. Además, muchos de los símbolos del sueño son bisexuales y pueden referirse a los genitales masculinos o a los femeninos, según el contexto en que se hallen incluidos.

Existen símbolos de difusión universal, que se hallan en los sueños de todos los individuos pertenecientes a un mismo grado de civilización o que hablan un mismo idioma, y otros de limitadísima aparición individual que han sido formados por el sujeto aislado, utilizando su material de representaciones propio. Entre los primeros se distinguen aquellos cuya aspiración a representar lo sexual se halla suficientemente justificada por los usos del idioma (por ejemplo, los símbolos procedentes de la agricultura; reproducción, semilla) y otros cuya relación con lo sexual parece alcanzar a los más antiguos tiempos y a las más obscuras profundidades de la formación de nuestros conceptos. La fuerza creadora de símbolos no ha desaparecido aún en nuestros días. Puede observarse que determinados descubrimientos modernos (tales como los globos dirigibles) son elevados en el acto a la categoría de símbolos sexuales de empleo universal.

Será equivocado esperar que un más fundamental conocimiento del simbolismo del sueño (del "lenguaje de los sueños") nos permita prescindir de interrogar al sujeto por sus asociaciones y nos conduzca de nuevo y por completo a la técnica de la antigua interpretación de los sueños. Aparte de los símbolos individuales y de las variantes en el empleo de los universales, no se sabe nunca si un elemento del sueño debe interpretarse simbólicamente o conforme a su verdadero sentido, y se sabe, en cambio, con seguridad, que no todo el contenido del sueño debe interpretarse simbólicamente. El conocimiento del simbolismo del sueño nos proporcionará tan sólo la traducción de algunos componentes del contenido manifiesto, pero no hará innecesarias las reglas técnicas antes expuestas. En cambio, constituiría el más importante medio auxiliar de la interpretación en aquellos casos en que faltan o son insuficientes las ocurrencias del sujeto.

El simbolismo del sueño resulta también imprescindible para la inteligencia de los llamados sueños "típicos" de los hombres y de los sueños "repetidos" del individuo aislado. Si el estudio de la forma expresiva simbólica del sueño ha resultado demasiado incompleto en esta breve exposición, ello está justificado por un hecho que pertenece a los más importantes de los que con estos problemas se relacionan. El simbolismo onírico va mucho más allá de los sueños. No pertenece a ellos como cosa propia, sino que domina de igual manera la representación en las fábulas, mitos y leyendas, en los chistes y en el folklore, permitiéndonos descubrir las relaciones íntimas del sueño con estas producciones. Mas debemos tener en cuenta que no constituye un producto de la elaboración del sueño, sino que es una peculiaridad —probablemente de nuestro pensamiento inconsciente— que proporciona dicha elaboración el material para la condensación, el desplazamiento y la dramatización[100].

---

[100] Sobre el simbolismo de los sueños se hallarán otros datos en los antiguos libros sobre la interpretación de los mismos (Artemidoro de Daldis, Scherner: *Das Lebens des Traumes*, 1861), y, además, en nuestra obra *La interpretación de los sueños*, en los trabajos mitológicos de la escuela psicoanalítica y, ante todo, en los trabajos de W. Steckel en *Die Sprache des Traumes*, 1911.

XIII

No aspiro a haber esclarecido todos los problemas de los sueños, ni tampoco a haber resuelto convincentemente lo expuesto y discutido en estos ensayos. Aquellos a quienes interese la literatura sobre los sueños, en toda su amplitud, pueden consultar el libro de Sancte de Sanctis, titulado *I sogni* (Turín, 1899), y los que quieran hallar una más honda cimentación de la teoría por mí expuesta pueden ver mi obra titulada *La interpretación de los sueños*. Por último, indicaré en qué dirección creo debe proseguirse la labor investigadora.

Cuando fijo como labor de una interpretación de los sueños la sustitución del sueño por las ideas latentes del mismo, o sea, la solución de lo que la elaboración del sueño ha tejido, planteo, por un lado, una serie de nuevos problemas psicológicos que se refieren tanto al mecanismo de esta elaboración del sueño, como a la naturaleza y condiciones de la llamada represión, y, por otro lado, afirmo la existencia de las ideas latentes como un rico material de formaciones psíquicas del orden más elevado y provistas de todas las características de una función intelectual, material que escapa a la conciencia hasta que le da noticias de sí por medio del contenido del sueño. Debo asimismo admitir que tales pensamientos existen en todo individuo, dado que casi todos los hombres, hasta los más normales, sueñan. A lo inconsciente de las ideas del sueño y a su relación con la conciencia y con la represión se enlazan otros problemas de gran importancia para la Psicología, pero cuya solución habrá de aplazarse hasta que el análisis haya esclarecido la génesis de otras formaciones psicopáticas, tales como los síntomas histéricos y las ideas obsedentes.

IV

MÁS ALLÁ DEL PRINCIPIO DEL PLACER

De esta obra no existía, hasta agosto de 1922, ninguna traducción. La presente versión está tomada de la segunda edición alemana, corregida (*Internationaler Psychoanalytischer Verlag*, Viena, 1920).

I

En la teoría psicoanalítica aceptamos que el curso de los procesos anímicos es regulado automáticamente por el principio del placer; esto es, creemos que dicho curso tiene su origen en una tensión desplaciente y emprende luego una dirección tal, que su último resultado coincide con una minoración de dicha tensión y, por tanto, con un ahorro de displacer o una producción de placer. Aplicando esta hipótesis al examen de los procesos anímicos por nosotros estudiados, introducimos en nuestra labor el punto de vista económico. Una exposición que, al lado de los factores *tópico* y *dinámico*, intente incluir asimismo el *económico*, ha de ser la más completa que por el momento puede presentarse, y merece que se le haga resaltar con la calificación de *metapsicológica*.

No presenta interés alguno para nosotros investigar hasta qué punto nos hemos aproximado o agregado, con la fijación del principio del placer, a un sistema filosófico determinado e históricamente definido. Lo que a estas hipótesis especulativas nos hace llegar es el deseo de describir y comunicar los hechos que diariamente observamos en nuestra labor. La prioridad y la originalidad no pertenecen a los fines hacia los que tiende la tarea psicoanalítica, y los datos en los que se basa el establecimiento del mencionado principio son tan visibles que apenas si es posible dejarlos pasar desapercibidos. En cambio, nos agregaríamos gustosos a una teoría filosófica o psicológica que supiera decirnos cuál es la significación de las sensaciones de placer y displacer, para nosotros tan imperativas, pero desgraciadamente, no existe ninguna teoría de este género que sea totalmente admisible. Trátase del sector más obscuro e impenetrable de la vida anímica, y ya que no podemos eludir su investigación, opino que debe dejársenos en completa libertad para construir sobre él aquellas hipótesis que nuestra experiencia nos presente como más probables. Hemos resuelto relacionar el placer y el displacer con la cantidad de excitación existente en la vida anímica, excitación no ligada a factor alguno determinado, correspondiendo el displacer a una elevación y el placer a una disminución de tal cantidad. No pensamos con ello en una simple proporcionalidad entre la fuerza de las sensaciones y las transformaciones a las que son atribuidas, y mucho menos —conforme a toda la experiencia de la psicofisiología— en una proporcionalidad directa; probablemente, la medida de la minoración o aumento en el tiempo es el factor decisivo para la sanación. Esto sería quizá comprobable experimentalmente, mas para nosotros, los analíticos, no es aceptable el internarnos más en estos problemas, mientras no puedan guiarnos observaciones perfectamente definidas.

Sin embargo, no puede sernos indiferente el ver que un investigador tan penetrante como G. Th. Fechner adopta una concepción del placer y el displacer coincidente en esencia con la que nosotros hemos deducido de nuestra labor psicoanalítica. Las manifestaciones de Fechner sobre esta materia se hallan contenidas en un fascículo titulado *Algunas ideas sobre la historia de la creación y evolución de los organismos*, y su texto es el siguiente: "En cuanto los impulsos conscientes se hallan siempre en relación con placer o displacer, puede también suponerse a estos últimos en una relación psicofísica con estados de estabilidad e inestabilidad, pudiéndose fundar sobre esta base la hipótesis, que más adelante desarrollaré detalladamente, de que cada movimiento psicofísico que traspasa el umbral de la conciencia se halla tanto más revestido de placer cuanto más se acerca a la completa estabilidad, a partir de determinado límite, o de displacer cuanto más se aleja de la misma partiendo de otro límite distinto. Entre ambos límites, y como umbral cualitativo de las fronteras del placer y el displacer, existe cierta extensión de indiferencia estética..."

Los hechos que nos han movido a opinar que la vida psíquica es regida por el principio del placer hallan también su expresión en la hipótesis de que una de las tendencias del aparato anímico es la de conservar lo más baja posible, o por lo menos constante, la cantidad de excitación en él existente. Equivale esto a decir que, si la labor del aparato anímico se dirige a mantener baja la cantidad de excitación, todo lo apropiado para elevarla tiene que ser sentido como antifuncional, esto es, como desplaciente. El principio del placer se deriva del principio de la constancia, el cual, en realidad, fue deducido de los mismos hechos que nos obligaron a la aceptación del primero. Profundizando en la materia hallaremos que esta tendencia, por nosotros supuesta del aparato anímico, cae como un caso especial dentro del principio de Fechner de la *tendencia a la estabilidad* con el cual ha relacionado este investigador las sensaciones de placer y displacer.

Mas fuerza nos es decir ahora que es inexacto hablar de un dominio del principio del placer sobre el curso de los procesos psíquicos. Si un tal dominio existiese, la mayor parte de nuestros procesos psíquicos tendría que presentarse acompañada de placer o conducir a él, lo cual queda enérgicamente contradicho por la experiencia general. Existe, efectivamente, en el alma una fuerte tendencia al principio del placer, pero a esta tendencia se oponen, en cambio, determinadas otras fuerzas o estados, de tal manera que el resultado final no puede corresponder siempre a ella. Comparemos aquí otra observación de Fechner sobre este mismo punto (*l. c.* pág. 90): "Dado que la tendencia hacia el fin no supone todavía el alcance del mismo, y dado que el fin no es en realidad alcanzable sino aproximadamente..." Si ahora dirigimos nuestra atención al problema de cuáles son las circunstancias que pueden frustrar la victoria del principio del placer, nos hallaremos de nuevo en terreno conocido y seguro y podremos utilizar para su solución nuestra experiencia analítica, que nos proporciona rico acervo de datos.

El primer caso de una tal obstaculización del principio del placer nos es conocido como normal. Sabemos que el principio del placer corresponde a un funcionamiento primario del aparato anímico y que es inútil, y hasta peligroso en alto grado, para la autoafirmación del organismo frente a las dificultades del mundo exterior. Bajo el influjo del instinto de conservación del *yo* queda el principio del placer sustituido por el *principio de la realidad* que, sin abandonar el propósito de una final consecución del placer, exige y logra el aplazamiento de la satisfacción, y el renunciamiento a algunas de las posibilidades de alcanzarla, y nos fuerza a aceptar pacientemente el displacer durante el largo rodeo necesario para llegar al placer. El principio del placer continua aún, por largo tiempo, rigiendo el funcionamiento del instinto sexual, más difícilmente "educable", y partiendo de este último o en el mismo *yo*, llega a dominar al principio de la realidad, para daño del organismo entero.

No puede, sin embargo, hacerse responsable a la sustitución del principio del placer por el principio de la realidad más que de una pequeña parte, y no la más intensa, ciertamente, de las sensaciones de displacer. Otra fuente no menos normal de la génesis del displacer surge de los conflictos y disociaciones que tienen lugar en el aparato psíquico, mientras el *yo* verifica su evolución hasta organizaciones de superior complejidad. Casi toda la energía que llena el aparato procede de los sentimientos instintivos que le son inherentes, mas no todos ellos son admitidos a las mismas fases evolutivas. Algunos instintos o parte de ellos demuestran ser incompatibles, por sus fines o aspiraciones, con los demás, los cuales pueden reunirse formando la unidad del *yo*. Dichos instintos incompatibles son separados de esta unidad por el proceso de la represión, retenidos en grados más bajos del desarrollo psíquico y privados, al principio, de la posibilidad de una satisfacción. Si entonces consiguen —cosa en extremo fácil para los instintos sexuales reprimidos— llegar por caminos indirectos a una satisfacción directa o sustitutiva, este éxito, que en otras condiciones hubiese constituido una posibilidad de placer, es sentido por el *yo* como displacer. A consecuencia del primitivo conflicto, al que puso término la represión, experimenta el principio del placer una nueva fractura que tiene lugar precisamente mientras determinados instintos se hallan dedicados, conforme al principio mismo, a la consecución de nuevo placer. Los detalles del proceso por medio del cual transforma la represión una posibilidad de placer en una fuente de displacer no han sido aún bien comprendidos o no pueden exponerse claramente, pero con seguridad, todo displacer neurótico es de esta naturaleza: placer que no puede ser sentido como uno tal.

No todas nuestras sensaciones de displacer, ni siquiera la mayoría, pueden ser atribuidas a las dos fuentes de displacer antes consignadas, pero de aquellas cuyo origen es distinto podemos, desde luego, afirmar, con cierta justificación, que no contradicen la vigencia del principio del placer. La mayoría del displacer que experimentamos es ciertamente displacer de percepción, percepción del esfuerzo de instintos insatisfechos o percepción exterior, ya por ser esta última penosa en sí o por excitar en el aparato anímico expectaciones llenas de displacer y ser reconocida como un "peligro" por el mismo. La reacción a estas aspiraciones instintivas y a estas amenazas de peligro, reacción en la que se manifiesta la verdadera actividad del aparato psíquico, puede ser entonces dirigida en una forma correcta por el principio del placer o por el principio de la realidad que lo modifica. Con esto no parece necesario reconocer mayor limitación del principio del placer, y, sin embargo, precisamente la investigación de la reacción anímica al peligro exterior puede proporcionar nueva materia y nuevas interrogantes al problema aquí tratado.

II

Tras de graves conmociones mecánicas, tales como choques de trenes y otros accidentes en los que existe peligro de muerte, suele aparecer una perturbación, ha largo tiempo conocida y descrita, a la que se ha dado el nombre de *neurosis traumática*. La espantosa guerra que acaba de llegar a su fin ha hecho surgir una gran cantidad de estos casos y ha puesto término a los intentos de atribuir dicha enfermedad a una lesión del sistema nervioso producida por una violencia mecánica[101]. El cuadro de la neurosis traumática se acerca al de la histeria por su riqueza en análogos síntomas motores, más lo supera, en general, por los acusados signos de padecimiento subjetivo, semejantes a los que presentan los melancólicos o hipocondríacos, y por las pruebas de más amplia astenia general y mayor quebranto de las funciones anímicas. No se ha llegado todavía a una completa inteligencia de las neurosis de guerra, ni tampoco de las neurosis traumáticas de los tiempos de paz. En las primeras parecía aclarar en parte la cuestión, complicándola, en cambio, por otro lado el hecho de que el mismo cuadro patológico aparecía, en ocasiones, sin que hubiera tenido lugar violencia mecánica alguna. En la neurosis traumática corriente resaltan dos rasgos que se pueden tomar como puntos de partida de la reflexión: primeramente, el hecho de que el factor capital de la motivación parecía ser la sorpresa, esto es, el sobresalto o susto experimentado; en segundo lugar, que una contusión o herida,

---

[101] Véase la obra *Zur Psychoanalyse der Kriegsneurosen*, con aportaciones de Ferenczi, Abraham, Simmel y F. Jones, tomo I de la *Internationale Psychoanalytische Bibliothek*, 1909.

recibida simultáneamente, actúa en contra de la formación de la neurosis. Susto, miedo y angustia son términos que se usan erróneamente como sinónimos, pues pueden separarse muy definidamente por su relación al peligro. La angustia constituye un estado semejante a la expectación del peligro y preparación para el mismo, aunque nos sea desconocido. El miedo reclama un objeto determinado que nos lo inspire. En cambio, el susto constituye aquel estado que nos invade bruscamente cuando se nos presenta un peligro que no esperamos y para el que no estamos preparados; acentúa, pues, el factor sorpresa. No creo que la angustia pueda originar una neurosis traumática; en ella hay algo que protege contra el susto y, por lo tanto, también contra la neurosis de sobresalto. Más adelante volveremos sobre esta cuestión.

El estudio del sueño debe ser considerado como el camino más seguro para la investigación de los más profundos procesos anímicos. Y la vida onírica de la neurosis traumática muestra el carácter de reintegrar de continuo al enfermo a la situación del accidente sufrido, haciéndole despertar con nuevo sobresalto. Este singular carácter posee mayor importancia de la que se le concede generalmente, suponiéndolo tan sólo una prueba de la violencia de la impresión producida por el suceso traumático, impresión que persigue al enfermo hasta sus mismos sueños. El enfermo hallaríase, pues, por decirlo así, psíquicamente fijado al trauma. Tales fijaciones al suceso que ha desencadenado la enfermedad nos son ha largo tiempo conocidas en la histeria. Ya en 1893 hacíamos observar Breuer y yo, en nuestro libro sobre esta neurosis, que los histéricos sufren de reminiscencias. Últimamente, investigadores como Ferenczi y Simmel han podido también explicar algunos síntomas motores de las neurosis de guerra por la fijación del trauma.

Mas, por mi parte, no he podido comprobar que los enfermos de neurosis traumática se ocupen mucho en su vida despierta del accidente sufrido. Quizá más bien se esfuerzan en no pensar en él. El aceptar como cosa natural que el sueño nocturno les reintegre a la situación patógena supone desconocer la verdadera naturaleza del sueño, conforme a la cual, lo que el mismo presentaría al paciente serían imágenes de la esperada curación o de la época en que gozaba de salud. Si los sueños de los enfermos de neurosis traumática no nos han de hacer negar la tendencia realizadora de deseos de la vida onírica, deberemos acogernos a la hipótesis de que, como tantas otras funciones, también la de los sueños ha sido conmocionada por el trauma y apartada de sus intenciones, o en último caso, recordar las misteriosas tendencias masoquistas del *yo*.

Abandonemos por ahora el obscuro y sombrío tema de la neurosis traumática para dedicarnos a estudiar el funcionamiento del aparato anímico en una de sus más tempranas actividades normales. Me refiero a los juegos infantiles.

Las diversas teorías sobre el juego infantil han sido reunidas y estudiadas analíticamente por vez primera en un ensayo de S. Pfeifer, publicado en la revista *Imago* (vol. IV); ensayo que recomiendo a los que por la materia en él tratada se interesen. Dichas teorías se esfuerzan en adivinar los motivos del jugar infantil sin tener en cuenta, en primer término, el punto de vista económico, la consecución de placer. Aunque sin propósito de abrazar la totalidad de estos fenómenos, he aprovechado una ocasión que se me ofreció de esclarecer el primer juego, de propia creación, de un niño de año y medio. Fue esta una observación harto detenida, pues viví durante algunas semanas con el niño y sus padres bajo el mismo techo, y pasaron muchos días hasta que el misterioso manejo del pequeño, incansablemente repetido durante largo tiempo, me descubriera su sentido.

No presentaba este niño un precoz desarrollo intelectual; al año y medio, apenas si pronunciaba algunas palabras comprensibles, y fuera de ellas, disponía de varios sonidos significativos que eran comprendidos por las personas que le rodeaban. Pero, en cambio, se hallaba en excelentes relaciones con sus padres y con la única criada que tenía a su servicio, y era muy elogiado su "juicioso" carácter. No perturbaba por las noches el sueño de sus padres, obedecía concienzudamente a las prohibiciones de tocar determinados objetos o entrar en ciertas habitaciones, y, sobre todo, no lloraba nunca cuando su madre le abandonaba por varias horas, a pesar de la gran ternura que le demostraba. La madre no sólo le había criado, sino que continuaba ocupándose constantemente de él, casi sin auxilio ninguno ajeno. El excelente chiquillo mostraba tan sólo la perturbadora costumbre de arrojar lejos de sí a un rincón del cuarto, bajo una cama o en sitios análogos, todos aquellos pequeños objetos de que podía apoderarse, de manera que el hallazgo de sus juguetes no resultaba a veces nada fácil. Mientras ejecutaba el manejo descrito solía producir, con expresión interesada y satisfecha, un agudo y largo sonido, o-o-o-o-, que a juicio de la madre y mío, no correspondía a una interjección, sino que significaba "fuera" (*fort*). Observé, por último, que todo aquello era un juego inventado por el niño, y que este no utilizaba sus juguetes más que para jugar con ellos a "estar fuera". Más tarde presencié algo que confirmó mi suposición. El niño tenía un carrete de madera atado a una cuerdecita y no se le ocurrió jamás llevarlo tras de sí arrastrando por el suelo, esto es, "jugar al coche", sino que, teniéndolo sujeto por el extremo de la cuerda, lo arrojaba con gran habilidad por encima de la barandilla de su cuna, forrada de tela, haciéndolo desaparecer detrás de la misma. Lanzaba entonces su significativo o-o-o-o, y tiraba luego de la cuerda hasta sacar el carrete de la cuna, celebrando su reaparición con un alegre "aquí". Este era, pues, el juego completo, desaparición y reaparición, juego del cual no se llevaba casi nunca a cabo más que la primera parte, la cual era incansablemente repetida por sí sola, a pesar de que el mayor placer estaba indudablemente ligado al segundo acto[102].

La interpretación del juego quedaba así facilitada. Hallábase el mismo en conexión con la más importante función de cultura del niño, esto es, con la renuncia al instinto (renuncia a la satisfacción del instinto) por él llevada a cabo al permitir sin resistencia alguna la marcha de la madre. El niño se resarcía en el acto, poniendo en escena la misma desaparición y retorno con los objetos que a su alcance encontraba. Para la valoración afectiva de este juego es indiferente que el niño lo inventara por sí mismo o se lo apropiara a consecuencia de un estímulo exterior. Nuestro interés se dirigirá ahora hacia otro punto. La marcha de la madre no puede ser de ningún modo agradable, ni siquiera indiferente para el niño. ¿Cómo, pues, está de acuerdo con el principio del placer el hecho de que el niño repita como un juego el suceso penoso para él? Se querrá quizá responder que la marcha tenía que ser representada como condición preliminar de la alegre reaparición, y que en esta última se hallaba la verdadera intención del juego; pero esto queda contradicho por la observación de que la primera parte, la marcha, era representada por sí sola como juego y, además, con mucha mayor frecuencia que la totalidad llevada hasta su regocijado final.

El análisis de un solo caso de este género no autoriza para establecer conclusión alguna. Considerándole imparcialmente, se experimenta la impresión de que ha sido otro el

---

[102] Esta interpretación fue plenamente confirmada por una nueva observación. Un día que la madre había estado ausente muchas horas, fue recibida, a su vuelta, con las palabras: *¡Nene o-o-o-o!*, que en un principio parecieron incomprensibles. Mas en seguida se averiguó que durante el largo tiempo que el niño había permanecido solo, había hallado un medio de hacerse desaparecer a sí mismo. Había descubierto su imagen en un espejo que llegaba casi hasta el suelo y luego se había agachado de manera a hacer que la imagen desapareciese a sus ojos, esto es, quedase "fuera".

motivo por el cual el niño ha convertido en juego el suceso desagradable. En este representaba el niño un papel pasivo —él era el objeto del suceso—, papel que trueca por el activo, repitiendo el suceso como juego, a pesar de ser penoso para él. Este impulso podría atribuirse a un instinto de dominio, que se hace independiente de que el recuerdo fuera o no penoso en sí. Puede intentarse también otra interpretación diferente. El arrojar el objeto, de modo que desapareciese o quedase "fuera", podía ser, así mismo, la satisfacción de un reprimido impulso vengativo contra la madre por haberse separado del niño, y significar el enfado de este: "Te puedes ir, no te necesito. Soy yo mismo el que te echa". El mismo niño, cuyo primer juego observé yo cuando tenía año y medio, acostumbraba un año después, al enfadarse contra alguno de sus juguetes, arrojarlo contra el suelo, diciendo: *¡Vete a la gue(rr)a!* Le habían dicho que el padre, ausente, se hallaba en la guerra, y el niño no le echaba de menos, sino que, por el contrario, manifestaba claros signos de que no quería ser estorbado en la exclusiva posesión de la madre[103]. Sabemos también de otros niños que suelen expresar análogos sentimientos hostiles, arrojando al suelo objetos que para ellos representan a las personas odiadas[104]. Llégase así a sospechar que el impulso a elaborar psíquicamente algo impresionante, consiguiendo de este modo su total dominio, puede llegar a manifestarse primariamente y con independencia del principio del placer. En el caso aquí discutido, la única razón de que el

---

[103] Teniendo el niño cinco años y nueve meses, murió su madre. Entonces, cuando ya se hallaba ésta realmente "fuera", no mostró el niño dolor alguno. Cierto es que entretanto le había nacido un hermanito que había despertado fuertemente sus celos.

[104] Véase el estudio titulado "Un recuerdo de infancia en *Poesía y verdad*" de Goethe.

niño repitiera como juego una impresión desagradable era la de que a dicha repetición estaba ligada una consecución de placer, de distinto género, pero más directa.

Una más amplia observación de los juegos infantiles no hace tampoco cesar nuestra vacilación entre tales dos hipótesis. Se ve que los niños repiten en sus juegos todo aquello que en la vida les ha causado una intensa impresión y que, de este modo, procuran un exutorio a la energía de la misma, haciéndose, por decirlo así, dueños de la situación. Pero, por otro lado, vemos con suficiente claridad que todo juego infantil se halla bajo la influencia del deseo dominante en esta edad, el de ser grandes y poder hacer lo que los *mayores*. Obsérvese, asimismo que el carácter desagradable del suceso no siempre hace a este utilizable como juego. Cuando el médico ha reconocido la garganta del niño o le ha hecho sufrir alguna pequeña operación, es seguro que este suceso aterrorizante se convertirá en seguida en el contenido de un juego. Mas no debemos dejar de tener en cuenta otra fuente de placer muy distinta de la anteriormente señalada. Al pasar el niño de la pasividad del suceso a la actividad el juego hace sufrir a cualquiera de sus camaradas la sensación desagradable por él experimentada, vengándose así en él de la persona que se la infirió.

De toda esta discusión resulta que es innecesaria la hipótesis de un especial instinto de imitación como motivo del juego. Agregaremos tan sólo la indicación de que la imitación y el juego artístico de los adultos, que, a diferencia de los infantiles, van dirigidos ya hacia espectadores, no ahorran a estos las impresiones más dolorosas —así en la tragedia— las cuales, sin embargo, pueden ser sentidas por ellos como un elevado placer. De este modo llegamos a la convicción de que también bajo el dominio del principio del placer existen medios y caminos suficientes para convertir en objeto del recuerdo y de la elaboración psíquica lo desagradable en sí. Quizá con estos casos y situaciones, que tienden a una final consecución de placer, pueda construirse una estética económicamente orientada, más para nuestras intenciones no nos son nada útiles, pues presuponen la existencia y el régimen del principio del placer y no testimonian nada en favor de la actuación de tendencias más allá del mismo, esto es, de tendencias más primitivas que él e independientes de él en absoluto.

Resultado de veinticinco años de intensa labor ha sido que los fines próximos de la técnica psicoanalítica sean hoy muy otros que los de su principio. En los albores de nuestra técnica, el médico analizador no podía aspirar a otra cosa que a adivinar lo inconsciente oculto para el enfermo, reunirlo y comunicárselo en el momento debido. El psicoanálisis era, ante todo, una ciencia de interpretación. Más, dado que la cuestión terapéutica no quedaba así por completo resuelta, apareció un nuevo propósito, el de forzar al enfermo a confirmar la construcción por medio de su propio recuerdo. En esta labor, la cuestión principal se hallaba en vencer las resistencias del enfermo, y el arte consistía en descubrirlas lo antes posible, mostrárselas al paciente y moverle por una influencia personal —sugestión actuante como *transferencia*— a hacer cesar las resistencias.

Hízose entonces cada vez más claro que el fin propuesto, el de hacer consciente lo inconsciente, no podía tampoco ser totalmente alcanzado por este camino. El enfermo puede no recordar todo lo en él reprimido, puede no recordar precisamente lo más importante y, de este modo, no llegar a convencerse de la exactitud de la construcción que se le comunica, quedando obligado a *repetir* lo reprimido como un suceso actual en vez de —según el médico desearía— *recordarlo* cual un trozo del pasado[105]. Esta reproducción, que aparece con fidelidad indeseada, posee siempre como contenido un

---

[105] Sobre la técnica del psicoanálisis véase "Recuerdo, repetición y elaboración", en *Colección de ensayos sobre Neurología*, serie IV, 1918.

fragmento de la vida sexual infantil, y, por lo tanto, del complejo de Edipo y de sus ramificaciones, y tiene lugar siempre dentro de la transferencia, esto es, de la relación con el médico. Llegando a este punto el tratamiento, puede decirse que la neurosis primitiva ha sido sustituida por una nueva neurosis de transferencia. El médico se ha esforzado en limitar la extensión de esta segunda neurosis, hacer entrar lo más posible en el recuerdo y permitir lo menos posible la repetición. La relación que se establece entre el recuerdo y la reproducción es distinta para cada caso. Generalmente no puede el médico ahorrar al analizado esta fase de la cura y tiene que dejarle que viva de nuevo un cierto trozo de su olvidada vida, cuidando de que conserve una cierta superioridad, mediante la cual la aparente realidad sea siempre reconocida como reflejo de un olvidado pretérito. Conseguido esto, queda logrado el convencimiento del enfermo y el éxito terapéutico que del mismo depende.

Para hallar más comprensible esta *obsesión de repetición* (*Wiederholungszwang*) que se manifiesta en el tratamiento psicoanalítico de los neuróticos, hay que libertarse, ante todo, del error que supone creer que en la lucha contra las resistencias se combate contra una resistencia de lo inconsciente. Lo inconsciente, esto es, lo reprimido, no presenta resistencia alguna a la labor curativa; no tiende por sí mismo a otra cosa que a abrirse paso hasta la conciencia o a hallar un exutorio por medio del acto real, venciendo la coerción a que se halla sometido.

La resistencia procede en la cura de los mismos elevados estratos y sistemas de la vida psíquica que llevaron a cabo anteriormente la represión. Mas como los motivos de las resistencias y hasta estas mismas son —según nos demuestra la experiencia— inconscientes al principio de la cura, tenemos que modificar y perfeccionar un defecto de nuestro modo de expresarnos. Escaparemos a la falta de claridad oponiendo uno a otro, en lugar de lo consciente y lo inconsciente, el *yo coherente* y el *reprimido*. Mucha parte del *yo* es seguramente inconsciente, sobre todo, aquella que puede denominarse el nódulo del *yo*, y de la cual sólo un escaso sector queda comprendido en lo que denominamos *preconsciente*. Tras de esta sustitución de una expresión puramente descriptiva, por otra sistemática o dinámica, podemos decir que la resistencia del analizado parte de su *yo* y entonces vemos en seguida que la obsesión de repetición debe atribuirse a lo reprimido inconsciente, material que no puede probablemente exteriorizarse hasta que la labor terapéutica hubiera debilitado la represión.

Es indudablemente que la resistencia del *yo* consciente y preconsciente se halla al servicio del principio del placer, pues se trata de ahorrar el displacer que sería causado por la libertad de lo reprimido. Así, nuestra labor será la de conseguir la admisión de tal displacer, haciendo una llamada al principio de la realidad. Mas ¿en qué relación con el principio del placer se halla la obsesión de repetición en la que se manifiesta la energía de lo reprimido? Es incontestable que la mayor parte de lo que la obsesión de repetición hace vivir de nuevo tiene que producir disgustos al *yo*, pues saca a la superficie funciones de los sentimientos reprimidos; mas es este un displacer que, como ya hemos visto, no contradice al principio del placer: displacer para un sistema, y al mismo tiempo, satisfacción para otro. Un nuevo hecho singular es el de que la obsesión de repetición reproduce también sucesos del pasado que no traen consigo posibilidad alguna de placer y que cuando tuvieron lugar no constituyeron una satisfacción, ni siquiera fueron desde entonces sentimientos instintivos reprimidos.

La primera flor de la vida sexual infantil se hallaba destinada a sucumbir a consecuencia de la incompatibilidad de sus deseos con la realidad y de la insuficiencia del grado de evolución infantil, en efecto, sucumbió entre las más dolorosas sensaciones. La pérdida de amor y el fracaso dejaron tras sí una duradera influencia del sentido del *yo*, como una cicatriz narcisista que, a mi juicio, conforme en un todo con los estudios de Marcinowski[106], constituye la mayor aportación al frecuente *sentimiento de inferioridad (Minderwertigkeitsgefühl)* de los neuróticos. La investigación sexual, limitada por el incompleto desarrollo físico del niño, no consiguió llegar a conclusión alguna satisfactoria. De aquí el lamento posterior: "No puedo conseguir nada; todo me sale mal". La tierna adhesión a uno de los progenitores, casi siempre al de sexo contrario, sucumbió al desengaño, a la inútil espera de satisfacción y a los celos provocados por el nacimiento de un hermanito que demostró inequívocamente la infidelidad de la persona amada; el intento emprendido con trágica gravedad de crear por sí mismo un niño semejante, fracasó de un modo vergonzoso; la minoración de la ternura que antes rodeaba al niño, las más elevadas exigencias de la educación, las palabras severas y algún castigo, le descubrieron, por último, el *desprecio* de que era víctima. Existen aquí algunos tipos, que retornan regularmente, de cómo queda puesto fin al amor típico de esta época infantil.

Todas estas dolorosas situaciones afectivas y todos estos sucesos indeseados son resucitados con gran habilidad y repetidos por los neuróticos en la transferencia. El enfermo tiende entonces a la interrupción de la cura, aún no terminada, y sabe crearse de nuevo la impresión de desprecio, obligando al médico a dirigirle duras palabras y a tratarle con frialdad; halla los objetos apropiados para sus celos y sustituye el ansiado niño de la época primitiva por el propósito o la promesa de un gran regalo, que en la mayoría de los casos llega a ser tan real como aquel. Nada de esto podía ser anteriormente portador de placer; más

---

[106] Marcinowski: "Die erotischen Quellen der Minderwetigkeitsgefühle", en *Zeitschrift für Sexualwissenschaft*, IV, 1918.

surgiendo luego como recuerdo, hay que suponer que debería traer consigo un menor displacer que cuando constituyó un suceso presente. Trátase, naturalmente, de la acción de instintos que debían llevar a la satisfacción; pero la experiencia de que en lugar de esto llevaron anteriormente tan sólo el displacer, no ha servido de nada, y su acción es repetida por imposición obsesiva.

Lo mismo que el psicoanálisis nos muestra en los fenómenos de transferencia de los neuróticos, puede hallarse de nuevo en la vida de personas no neuróticas, y hace en las mismas la impresión de un destino que las persigue, de una influencia demoníaca que rige su vida. El psicoanálisis ha considerado desde un principio tal destino como preparado, en su mayor parte, por la persona misma y determinado por tempranas influencias infantiles. La obsesión que en ello se muestra no se diferencia de la de repetición de los neuróticos, aunque tales personas no hayan ofrecido nunca señales de un conflicto neurótico resuelto por la formación de síntomas. De este modo conocemos individuos en los que toda relación humana llega a igual desenlace: filántropos a los que todos sus protegidos, por diferente que sea su carácter, abandonan irremisiblemente con enfado al cabo de cierto tiempo, pareciendo así destinados a saborear todas las amarguras de la ingratitud; hombres en los que toda amistad termina por la traición del amigo; personas que repiten varias veces en su vida el hecho de elevar como autoridad sobre sí mismas, o públicamente, a otras personas, a la que tras algún tiempo derrocan para elegir a otra nueva; amantes cuya relación con las mujeres pasa siempre por las mismas fases y llega al mismo desenlace. No nos maravilla en exceso este "perpetuo retorno de lo mismo" cuando se trata de una conducta activa del sujeto y cuando hallamos el rasgo característico permanente de su ser que tiene que manifestarse en la repetición de los mismos actos. Mas, en cambio, sí nos extrañamos en aquellos casos en que los sucesos parecen hallarse fuera de toda posible influencia del sujeto y este pasa una y otra vez pasivamente por la repetición del mismo destino. Piénsese, por ejemplo, en la historia de aquella mujer que, casada tres veces, vio al poco tiempo y sucesivamente enfermar a sus tres maridos y tuvo que cuidarlos hasta su muerte[107]. La exposición poética más emocionante de tal destino ha sido compuesta por el Tasso en su epopeya romántica *La Jerusalén libertada*. El héroe Tancredo ha dado muerte, sin saberlo, a su amada Clorinda, que combatió con él revestida con la armadura de un caballero enemigo. Después de su entierro, penetra Tancredo en un inhospitalario bosque encantado, que infunde temor al ejército de los cruzados, y abate en él con su espada un alto árbol de cuya herida mana sangre y surge la voz de Clorinda, acusándole de haber dañado de nuevo a la amada.

Estos datos, que en la observación del destino de los hombres y de su conducta en la transferencia hemos hallado, nos hacen suponer que en la vida anímica existe realmente una obsesión de repetición que va más allá del principio del placer y a la cual nos inclinamos ahora a atribuir los sueños de los enfermos de neurosis traumáticas y los juegos de los niños. Mas, de todos modos, debemos decirnos que sólo en raros casos podemos observar los efectos de la obsesión de repetición por sí solos y sin la ayuda de otros motivos.

En los juegos infantiles hemos hecho ya resaltar qué otras interpretaciones permiten su génesis. Obsesión de repetición y la satisfacción instintiva directa y acompañada de placer parecen confundirse aquí en una íntima comunidad. Los fenómenos de la transferencia se hallan claramente al servicio de la resistencia por parte del *yo* que, obstinado en la represión,

---

[107] Compárese el excelente estudio de C. G. Jung titulado "Die Bedentung des Vaters für das Schicksal des Einzelnen", en *Jahrbuch für Psychoanalyse*, I, 1909.

y deseoso de no quebrantar el principio del placer, llama en su auxilio a la obsesión de repetición. De lo que pudiéramos llamar fuerza del destino nos parece gran parte comprensible por la reflexión racional, de manera que no se siente la necesidad de establecer un nuevo y misterioso motivo.

Los menos sospechosos son los casos de los sueños de trauma, pero una más detenida reflexión nos hace confesar que tampoco en los otros ejemplos queda explicado el estado de cosas por la función de los motivos que conocemos. Queda suficiente resto que justifica nuestras hipótesis de la obsesión de repetición, la cual parece ser más primitiva, elemental e instintiva que el principio del placer al que se sustituye. Mas si en la vida anímica existe una tal obsesión de repetición, quisiéramos saber algo de ella, a qué función corresponde, bajo qué condiciones puede surgir y en qué relación se halla con el principio del placer, al que hasta ahora habíamos atribuido el dominio sobre el curso de los procesos de excitación en la vida psíquica.

IV

Lo que sigue es pura especulación, y a veces harto extremada, que el lector aceptará o rechazará según su posición particular en estas materias. Constituye, además, un intento de perseguir y agotar una idea por curiosidad de ver hasta dónde nos llevará.

La especulación psicoanalítica deduce de las impresiones experimentadas en la investigación de los procesos inconscientes el hecho de que la conciencia no puede ser un carácter general de los procesos anímicos, sino tan sólo una función especial de los mismos. Así, afirma, usando un tecnicismo metapsicológico, que la *conciencia* es la función de un sistema especial, al que denomina sistema *Cc*. Dado que la conciencia procura esencialmente *percepciones* de emociones procedentes del mundo exterior y sensaciones de placer y displacer que no pueden provenir más que del interior del aparato anímico, podemos atribuir al sistema *P-Cc*. una situación especial. Tiene que hallarse situado en la frontera entre el exterior y el interior, estar vuelto hacia el mundo exterior y envolver a los otros sistemas psíquicos. Observamos entonces que con estas afirmaciones no hemos expuesto nada nuevo, sino que nos hemos agregado a la anatomía localizante del cerebro, que coloca la "sede" de la conciencia en la corteza cerebral, en la capa exterior envolvente del órgano central. La anatomía del cerebro no necesita preocuparse de por qué —anatómicamente hablando— se halla situada la conciencia precisamente en la superficie del cerebro, en lugar de morar, cuidadosamente preservada, en lo más íntimo del mismo. Quizá con nuestra hipótesis de una tal situación de nuestro sistema *P-Cc*. logremos un mayor esclarecimiento.

La conciencia no es la única peculiaridad que atribuimos a los procesos que tienen lugar en este sistema. Basándonos en las impresiones de nuestra experiencia psicoanalítica, suponemos que todos los procesos excitativos que se verifican en los demás sistemas dejan en este huellas duraderas como fundamento de la memoria, esto es, restos de recuerdo que no tienen nada que ver con la conciencia y que son, con frecuencia, más fuertes y permanentes cuando el proceso del que han nacido no ha llegado jamás a la conciencia. Pero nos es difícil creer que tales huellas duraderas de la excitación se produzcan también en el sistema *P-Cc*. Si permanecieran siempre conscientes, limitarían pronto la actitud del sistema para la recepción de nuevas excitaciones[108]; en el caso contrario, esto es, siendo inconscientes, nos plantearían el problema de explicar la existencia de procesos inconscientes en un sistema cuyo funcionamiento va en todo lo demás acompañado del fenómeno de la conciencia. No habríamos, pues, transformado la situación ni ganado nada con la hipótesis que sitúa el devenir consciente en un sistema especial. Aunque no como consecuencia obligada, podemos, pues, suponer que la toma de conciencia y la impresión de una huella de memoria son incompatibles para el mismo sistema. Podríamos, por lo tanto, decir que en el sistema *Cc.* se hace consciente el proceso excitante, más no deja huella duradera alguna. Todas las huellas de dicho proceso, en las cuales se apoya el recuerdo, se producirían en los vecinos sistemas internos al propagarse a ellos la excitación. En este sentido se halla inspirado el esquema incluido por mí en la parte especulativa de mi *Interpretación de los sueños*. Si se piensa

---

[108] Conforme a lo expuesto por J. Breuer en la parte teórica de los *Estudios sobre la histeria*, 1895.

cuán poco hemos logrado averiguar, por otros caminos, sobre la génesis de la conciencia, tendremos que atribuir al principio de que *la conciencia se forma en lugar de la huella de recuerdo*, por lo menos, la significación de una afirmación determinada de un modo cualquiera.

El sistema *Cc.* se caracterizaría, pues, por la peculiaridad de que el proceso de la excitación no deja en él, como en todos los demás sistemas psíquicos, una transformación duradera de sus elementos, sino que se gasta, desde luego, en el fenómeno del devenir consciente. Una tal desviación de la regla general tiene que ser motivada por un factor privativo de este sistema y que puede ser muy bien la situación ya expuesta del sistema *Cc.*, esto es, su inmediata proximidad al mundo exterior.

Representémonos el organismo viviente, en su máxima simplificación posible, como una vesícula indiferenciada de sustancia excitable. Entonces, su superficie, vuelta hacia el mundo exterior, quedará diferenciada por su situación misma y servirá de órgano receptor de las excitaciones. La embriología, como repetición de la historia evolutiva, muestra también que el sistema nervioso central surge del ectodermo, y como la corteza cerebral gris es una modificación de la superficie primitiva, podremos suponer que haya adquirido, por herencia, esenciales caracteres de la misma. Sería entonces fácilmente imaginable que, por el incesante ataque de las excitaciones exteriores sobre la superficie de la vesícula, quedase modificada su sustancia duraderamente hasta cierta profundidad, de manera que su proceso de excitación se verificaría en ella de distinto modo que en las capas más profundas. Formaríase así una corteza, tan calcinada finalmente por el efecto de las excitaciones, que presentaría las condiciones más favorables para la recepción de las mismas y no sería ya susceptible de nuevas modificaciones. Aplicado esto al sistema *Cc.*, supondría que sus elementos no pueden experimentar cambio alguno duradero al ser atravesados por la excitación, pues se hallan modificados, en tal sentido, hasta el último límite. Mas llegados a tal punto, se hallarían ya capacitados para dejar constituirse a la conciencia. Muy diversas concepciones podemos formarnos de qué es en lo que consiste esta modificación de la sustancia y del proceso de excitación que en ella se verifica, pero ninguna de nuestras hipótesis es por ahora demostrable. Puede aceptarse que la excitación tiene que vencer una resistencia en su paso de un elemento a otro, y este vencimiento de la resistencia dejaría precisamente la huella temporal de la excitación. En el sistema *Cc.* no existiría ya tal resistencia al paso de un elemento a otro. Con esta concepción puede hacerse coincidir la diferenciación de Breuer de *carga psíquica (Besetzungsenergie)* en reposo (ligada) y carga psíquica libremente móvil en los elementos de los sistemas psíquicos. Entonces, los elementos del sistema *Cc.* poseerían tan sólo energía capaz de un libre curso y no energía ligada. Mas creo que, por lo pronto, es mejor dejar indeterminadas tales circunstancias. De todos modos, habremos establecido en estas especulaciones una cierta conexión entre la génesis de la conciencia y la situación del sistema *Cc.* y las peculiaridades del proceso de excitación a él atribuibles.

Aún nos queda algo por explicar en la vesícula viviente y su capa cortical receptora de estímulos. Este trocito de sustancia viva flota en medio de un mundo exterior cargado con las más fuertes energías, y sería destruido por los efectos excitados del mismo si no estuviese provisto de un *dispositivo protector contra las excitaciones (Reizschutz)*. Este dispositivo queda constituido por el hecho de que la superficie exterior de la vesícula pierde la estructura propia de los vivientes, se hace hasta cierto punto anorgánica y actúa entonces como una especial envoltura o membrana que detiene las excitaciones, esto es, hace que las energías del mundo exterior no puedan propagarse sino con sólo una mínima parte de su intensidad hasta las vecinas capas que han conservado su vitalidad. Sólo detrás de tal protección pueden dichas capas consagrarse a la recepción de las cantidades de energía restantes. La capa exterior ha protegido con su propia muerte a todas las demás, más profundas, de un análogo destino, por lo menos hasta que aparezcan excitaciones de tal energía que destruyan la protección. Para el organismo vivo, la defensa contra las excitaciones es una labor casi más importante que la recepción de las mismas. El organismo posee una provisión de energía propia y tiene que tender, sobre todo, a preservar las formas especiales de energía que en él tienen lugar contra el influjo nivelador y, por lo tanto, destructor de las energías excesivamente fuertes que laboran en el exterior. La recepción de excitaciones sirve, ante todo, a la intención de averiguar la dirección y naturaleza de las excitaciones exteriores, y para ello le basta con tomar pequeñas muestras del mundo exterior como prueba. En los organismos más elevados se ha retraído ha mucho tiempo a las profundidades del cuerpo la capa cortical, receptora de excitaciones, de la célula primitiva; pero partes de ella han quedado en la superficie, inmediatamente debajo del general dispositivo protector. Son estas partes los órganos de los sentidos, que contienen esencialmente dispositivos para la recepción de excitaciones específicas, pero que además poseen otros dispositivos especiales destinados a una nueva protección contra cantidades excesivas de excitación y a detener los estímulos de naturaleza desmesurada. Constituye una característica de estos órganos el hecho de no elaborar más que escasas cantidades del mundo exterior, no tomando de él sino pequeñas pruebas. Quizá pudieran comprarse a tentáculos que tocan el mundo exterior y después se retiran siempre de él.

Me permitiré, al llegar a este punto, rozar rápidamente un tema que merecería ser fundamentalmente tratado. La frase kantiana de que tiempo y espacio son dos formas necesarias de nuestro pensamiento puede ser hoy sometida a discusión como consecuencia de ciertos descubrimientos psicoanalíticos. Hemos visto que los procesos anímicos inconscientes se hallan en sí "fuera del tiempo". Esto quiere decir, en primer lugar, que no pueden ser ordenados temporalmente, que el tiempo no cambia nada en ellos y que no se les puede aplicar la idea de tiempo. Tales caracteres negativos aparecen con toda claridad al comparar los procesos anímicos inconscientes. Nuestra abstracta idea del tiempo parece, más bien, producida por el funcionamiento del sistema *P-Cc.* y corresponder a una auto-percepción del mismo. En este funcionamiento del sistema aparecería otro medio de protección contra las excitaciones. Sé que todas estas afirmaciones parecerán harto obscuras, mas por ahora nos es imposible acompañarlas de explicación alguna.

Hasta aquí hemos expuesto que la vesícula viva se halla provista de un dispositivo protector contra el mundo exterior. Antes habíamos fijado que la primera capa cortical de la misma tiene que hallarse diferenciada, como órgano destinado a la recepción de excitaciones procedentes del exterior. Esta capa cortical sensible, que después constituye el sistema *Cc.*, recibe también excitaciones procedentes del interior; la situación del sistema entre el exterior y el interior y la diversidad de las condiciones para la actuación desde uno y otro lado es lo que regula la función del sistema y de todo el aparato anímico. Contra el exterior existe una protección; las cantidades de excitación que a ella llegan no actuarán sino disminuidas. Mas contra las excitaciones procedentes del interior no existe defensa alguna; las excitaciones de las capas más profundas se propagan directamente al sistema sin sufrir la menor dismi-nución, y determinados caracteres de su curso crean en él la serie de sensaciones de placer y displacer. De todos modos, las excitaciones procedentes del interior son, por lo que respecta a su intensidad y a otros caracteres cualitativos (eventualmente su amplitud), más adecuadas al funcionamiento del sistema, que las que provienen del exterior. Pero dos cosas quedan decisivamente determinadas por estas circunstancias. En primer lugar, la prevalencia de las sensaciones de placer y displacer sobre todas las excitaciones exteriores, y en segundo, la orientación de la conducta contra aquellas excitaciones interiores que traen consigo un aumento demasiado grande de displacer. Tales excitaciones son tratadas como si no actuasen desde dentro, sino desde fuera, esto es, se emplearán contra ellas los medios de defensa de la protección. Es este el origen de la *proyección*, a la que tan importante papel está reservado en la causación de procesos patológicos.

Se me figura que con las últimas reflexiones nos hemos acercado a la comprensión del dominio del principio del placer. En cambio, no hemos alcanzado una explicación de aquellos casos que a él se oponen. Prosigamos, pues, nuestro camino. Aquellas excitaciones procedentes del exterior que poseen suficiente energía para atravesar la protección son las que denominamos *traumáticas*. Opino que el concepto de trauma exige tal relación a una defensa contra las excitaciones, eficaz en todo otro caso. Un suceso como el trauma exterior producirá seguramente una gran perturbación en el intercambio de energía del organismo y pondrá en movimiento todos los medios de defensa. Mas el principio del placer queda aquí fuera de juego. No siendo ya evitable la inundación del aparato anímico por grandes masas de excitación, habrá que emprender la labor de dominarlas, esto es, de ligar psíquicamente las cantidades de excitación y procurar su descarga.

Probablemente, el displacer específico del dolor físico es el resultado de haber sido rota la protección en proporción limitada. Desde el punto de la periferia en que la ruptura ha tenido efecto, afluyen entonces al aparato anímico central excitaciones continuas, tales como antes sólo podían llegar a él partiendo del interior del aparato[109]. ¿Y qué podemos esperar como reacción de la vida anímica ante esta invasión? Desde todas partes acude la energía de carga para crear, en los alrededores de la brecha producida, grandes acopios de energía. Fórmase así una *contracarga* (*Gegenbesetzung*), en favor de la cual se empobrecen todos los demás sistemas psíquicos, resultando una extensa parálisis o minoración del resto de la función psíquica. De este proceso deducimos la conclusión de que un sistema intensamente cargado se halla en estado de acoger nueva energía que a él afluya y transformarla en carga de reposo, esto es, ligada psíquicamente. Cuanto mayor es la propia carga en reposo, tanto más intensa sería la fuerza ligadora. A la inversa, cuanto menor es dicha carga, tanto menos capacitado estará el sistema para la recepción de energía afluyente y tanto más violentas serán las consecuencias de tal ruptura de la protección contra las excitaciones. Contra esta hipótesis no está justificada la objeción de que la intensificación de la carga en derredor de la brecha de entrada queda explicada más sencillamente por la directa derivación de las masas de excitación afluyentes. Si así fuera, el aparato psíquico no experimentaría más que un aumento de sus cargas psíquicas, y el carácter paralizante del dolor, el empobrecimiento de todos los demás sistemas, quedaría inexplicado. Tampoco los violentos efectos de descarga del dolor contradicen nuestra explicación, pues se verifican reflejamente, esto es, sin participación alguna del aparato anímico. Lo impreciso de nuestra exposición, que denominamos metapsicológica, proviene, naturalmente, de que nada sabemos de la naturaleza del proceso de excitación en los elementos de los sistemas psíquicos y no nos senti-

---

[109] *Cf.* "Los instintos y sus destinos", en *Colección de ensayos sobre Neurología,* serie IV.

mos autorizados para arriesgar hipótesis ninguna sobre tal materia. De este modo operamos siempre con una incógnita (x) que entra obligadamente en cada nueva fórmula. Parece admisible que este proceso se verifique con diversas energías cuantitativas, y es probable que posea también más de una cualidad (por ejemplo: de la naturaleza de amplitud). Como algo nuevo, hemos examinado la hipótesis de Breuer de que se trata de dos formas diversas del revestimiento de energía, debiendo diferenciarse en los sistemas psíquicos una carga libre, que tiende a hallar un exutorio, y una carga en reposo. Quizá concedamos también un puesto a la hipótesis de que la *ligadura* de la energía que afluye al aparato anímico consiste en un paso del estado de libre curso al estado de reposo.

A mi juicio, puede intentarse considerar la neurosis traumática común como el resultado de una extensa rotura de la protección contra las excitaciones. Con ello quedaría restaurada la antigua e ingenua teoría del *shock*, opuesta aparentemente a otra, más moderna y psicológica, que atribuye la significación etiológica no al efecto de violencia, sino al susto y a la amenaza de muerte. Mas estas antítesis no son en ningún modo inconciliables y la concepción psicoanalítica de la neurosis traumática no es idéntica a la forma más simplista de la teoría del *shock*. Esta considera, como esencia del mismo, el daño directo de la estructura molecular o hasta de la estructura histológica de los elementos nerviosos; y nosotros, en cambio, intentamos explicar su efecto por la ruptura de la protección que defiende al órgano anímico contra las excitaciones. También para nosotros conserva el susto su importancia. Su condición es la falta de la disposición a la angustia (*Angsbereitschft*), disposición que hubiera traído consigo una "sobrecarga" del sistema que recibe en primer lugar la excitación. A causa de tal insuficiencia de la carga, no se hallan luego los sistemas en buena disposición para ligar las masas de excitación afluyentes, y las consecuencias de la rotura de la protección se hacen sentir con mayor facilidad. Hallamos, de este modo, que la disposición a la angustia representa, con la sobrecarga de los sistemas receptores, la última línea de defensa de la protección contra las excitaciones. En una gran cantidad de traumas puede ser el factor decisivo para el resultado final la diferencia entre el sistema no preparado y el preparado por sobrecarga. Mas esta diferencia carecerá de toda eficacia cuando el trauma supere cierto límite de energía. Si los sueños de los enfermos de neurosis traumática reintegran tan regularmente a los pacientes a la situación del accidente, no sirve con ello a la realización de deseos, cuya aportación alucinatoria ha llegado a constituir, bajo el dominio del principio del placer, su función peculiar. Pero nos es dado suponer que, actuando así, se ponen a disposición de otra labor que tiene que ser llevada a cabo antes que el principio del placer pueda comenzar su reinado. Estos sueños intentan conseguir, desarrollando la angustia, el dominio de la excitación cuya negligencia ha llegado a ser la causa de la neurosis traumática. Nos dan de este modo una visión de una de las funciones del aparato anímico que, sin contradecir al principio del placer, es, sin embargo, independiente de él y parece más primitiva que la intención de conseguir placer y evitar displacer.

Sería esta la ocasión de conceder por vez primera la existencia de una excepción a la regla de que los sueños son realizaciones de deseos. Los sueños de angustia no son tal excepción, como ya he demostrado repetidamente y con todo detenimiento, ni tampoco los de "castigo", pues estos últimos lo que hacen es sustituir, a la realización de deseos, prohibida, el castigo correspondiente, siendo por lo tanto la realización del deseo de la conciencia de la culpa, que reacciona contra el instinto rechazado. Mas los sueños antes mencionados, de los enfermos de neurosis traumática, no pueden incluirse en el punto de vista de la realización de deseos, y mucho menos los que aparecen en el psicoanálisis, que nos vuelven a traer el recuerdo de los traumas psíquicos de la niñez. Obedecen más bien a la obsesión de repetición, que en el análisis es apoyada por el deseo —no inconsciente— de hacer surgir lo olvidado y reprimido. Así pues, tampoco la función del sueño de suprimir por medio de la realización de deseos los motivos de interrupción del reposo sería su función primitiva, no pudiendo apoderarse de ella hasta después que la total vida anímica ha reconocido el dominio del principio del placer. Si existe un "más allá del principio del placer" será lógico admitir también una prehistoria para la tendencia realizadora de deseos del sueño, cosa que no contradice nada su posterior función. Una vez surgida esta tendencia, aparece un nuevo problema; aquellos sueños que, en interés de la ligadura psíquica de la impresión traumática, obedecen a la obsesión de repetición, ¿son o no posibles fuera del análisis? La respuesta es, desde luego, afirmativa.

Sobre la "neurosis de guerra", en tanto en cuanto esta calificación va más allá de marcar la relación a la causa de la enfermedad, he expuesto en otro lado que podían ser muy bien neurosis traumáticas facilitadas por un conflicto del *yo*. El hecho, mencionado en páginas anteriores, de que una grave herida simultánea, producida por el trauma, disminuye las probabilidades de la génesis de una neurosis, no es ya incomprensible teniendo en cuenta dos de las circunstancias que la investigación psicoanalítica hace resaltar. La primera es que la conmoción mecánica tiene que ser reconocida como una de las fuentes de la excitación sexual (compárense las observaciones sobre el efecto del columpiarse y del viaje en ferrocarril: *Tres ensayos para una teoría sexual*). La segunda es que al estado de dolor y fiebre de la enfermedad corresponde, mientras esta dura, un poderoso influjo en la distribución de la libido. De este modo, la violencia mecánica del trauma libertaría el *quantum* de excitación sexual, el cual, a consecuencia de la diferencia de preparación a la angustia, actuaría traumáticamente; la herida simultánea ligaría, por la intervención de una sobrecarga narcisista del órgano herido, el exceso de excitación. Es también conocido, pero no ha sido suficientemente empleado para la teoría de la libido, que perturbaciones tan graves de la distribución de la libido, como la de una melancolía, son interrumpidas temporalmente por una enfermedad orgánica intercurrente, y que hasta una *dementia praecox* en su total desarrollo puede experimentar en tales casos una pasajera mejoría.

V

La carencia de un dispositivo protector contra las excitaciones procedentes del interior de la capa cortical receptora de las mismas tiene por consecuencia que tales transferencias de excitaciones adquieran la mayor importancia económica y den frecuente ocasión a perturbaciones económicas que pueden igualarse a las neurosis traumáticas. Las más ricas fuentes de tal excitación interior son los llamados instintos del organismo, que son los representantes de todas las actuaciones de energía, procedentes del interior del cuerpo y transferidas al aparato psíquico, y constituyen el elemento más importante y obscuro de la investigación psicológica.

Quizá no sea excesivamente osada la hipótesis de que los sentimientos emanados de los instintos pertenecen al tipo de proceso nervioso libremente móvil y que tiende a hallar un exutorio. Nuestro mejor conocimiento de estos procesos lo adquirimos en el estudio de la elaboración de los sueños. Hallamos entonces que los procesos que se desarrollan en los sistemas inconscientes son distintos por completo de los que tienen lugar en los (pre-) conscientes, y que en lo inconsciente puede ser fácil y totalmente transferidas, desplazadas y condensadas las cargas, cosa que, teniendo lugar en material preconsciente, no puede dar sino defectuosos resultados. Ejemplo de ello son las conocidas singularidades del sueño manifiesto, que surgen al ser sometidos los restos diurnos preconscientes a una elaboración conforme a las leyes de lo inconsciente. Estos procesos fueron denominados por mí *procesos psíquicos primarios* para diferenciarlos de los procesos secundarios que tienen lugar en nuestra normal vida despierta. Dado que todos los sentimientos instintivos parten del sistema inconsciente, apenas si constituye una innovación decir que siguen el proceso primario, y, por otro lado, no es necesario esfuerzo alguno para identificar el proceso psíquico primario con la carga libremente móvil, y el secundario con las modificaciones de la carga fija o tónica, de Breuer[110]. Correspondería entonces a las capas superiores del aparato anímico la labor de ligar la excitación de los instintos, característica del proceso primario. El fracaso de esta ligadura haría surgir una perturbación análoga a las neurosis traumáticas. Sólo después de efectuada con éxito la ligadura podría imponerse sin obstáculos el reinado del principio del placer o de su modificación, el principio de la realidad. Mas hasta tal punto sería obligada como labor preliminar del aparato psíquico la de dominar o ligar la excitación, no en oposición al principio del placer, mas sí independientemente de él, y en parte sin tenerlo en cuenta para nada.

Aquellas manifestaciones de una obsesión de repetición que hemos hallado en las tempranas actividades de la vida anímica infantil y en los incidentes de la cura psicoanalítica muestran en alto grado un carácter instintivo, y cuando se halla en oposición al principio del placer, un carácter demoníaco. En los juegos infantiles creemos comprender que el niño repite también el suceso desagradable porque por medio de su actividad consigue un más fundamental sojuzgamiento de la fuerte impresión experimentada que el que le era posible alcanzar, limitándose a recibirla pasivamente. Cada nueva repetición parece perfeccionar el deseado dominio. También en los sucesos placenteros muestra el niño su ansia de repetición, y permanecerá inflexible en lo que respecta a la identidad de la impresión. Este rasgo del carácter está destinado más tarde a desaparecer. Un chiste oído

---

[110] Véase el capítulo VII, "Psicología de los procesos oníricos", de mi *Interpretación de los sueños*.

por segunda vez no producirá apenas efecto. Una obra teatral no alcanzará jamás por segunda vez la impresión que en el espectador dejó la vez primera. Rara vez comenzará el adulto la relectura de un libro que le ha gustado mucho, inmediatamente después de concluido. La novedad será siempre la condición del goce. En cambio, el niño no se cansa nunca de demandar la repetición de un juego al adulto que se lo ha enseñado o que en él ha tomado parte, y cuando se le cuenta una historia quiere oír siempre la misma, se muestra implacable en lo que respecta a la identidad de la repetición y corrige toda variante introducida por el cuentista, aunque este crea con ella mejorar su cuento. Nada de esto se opone al principio del placer; es indudable que la repetición, el reencuentro de la identidad, constituye una fuente de placer. En cambio, en el analizado se ve claramente que la obsesión de repetir, en la transferencia, los sucesos de su infancia, se sobrepone en absoluto al principio del placer. El enfermo se conduce en estos casos por completo infantilmente y nos muestra de este modo que las reprimidas huellas de recuerdo de sus experiencias primeras no se hallan en él en estado de ligadura, ni son hasta cierto punto capaces del proceso secundario. A esta libertad deben también su capacidad de formar por adherencia a los restos diurnos una fantasía onírica optativa. La misma obsesión de repetición nos aparece con gran frecuencia como un obstáculo terapéutico cuando al final de la cura queremos llevar a efecto la total separación del médico, y hay que aceptar que el obscuro temor que siente el sujeto poco familiarizado con el análisis de despertar algo que, a su juicio, sería mejor dejar en reposo, revela que en el fondo presiente la aparición de esta obsesión demoníaca.

¿De qué modo se halla en conexión lo instintivo con la obsesión de repetición? Se nos impone la idea de que hemos descubierto la pista de un carácter general no reconocido claramente hasta ahora —o que por lo menos no se ha hecho resaltar expresamente— de los instintos y quizá de toda vida orgánica. *Un instinto sería, pues, una tendencia propia de lo orgánico vivo a la reconstrucción de un estado anterior*, que lo animado tuvo que abandonar bajo el influjo de fuerzas exteriores perturbadoras, una especie de elasticidad orgánica, o si se quiere, la manifestación de la inercia en la vida orgánica[111].

Esta concepción del instinto nos parece extraña por habernos acostumbrado a ver en él el factor que impulsa a la modificación y evolución y tener ahora que reconocer en él todo lo contrario: la manifestación de la naturaleza conservadora de lo animado. Por otro lado, recordamos en seguida aquellos ejemplos de la vida animal que parecen confirmar la condicionalidad histórica de los instintos. Las penosas emigraciones que ciertos peces emprenden en la época del desove con objeto de dejar la fuerza en determinadas aguas, muy lejanas de los sitios en que de costumbre viven, débense tan sólo, según la opinión de muchos biólogos, a que buscan los lugares en que su especie residió primitivamente. Igual explicación puede aplicarse a las migraciones de las aves de paso, pero la rebusca de nuevos ejemplos nos hace pronto observar que en los fenómenos de la herencia y en los hechos de la embriología tenemos las más magníficas pruebas de la obsesión orgánica de repetición. Vemos que el germen de un animal vivo se halla forzado a repetir en su evolución —aunque muy abreviadamente— las estructuras de todas las formas de las que el animal desciende, en lugar de marchar rápidamente, y por el camino más corto, a su definitiva estructura. No pudiendo explicarnos mecánicamente más que una mínima parte de esta conducta no debemos desechar la explicación

---

[111] No dudo que han sido ya expuestas, repetidas veces, análogas hipótesis sobre la naturaleza de los instintos.

histórica. De la misma manera se extiende por la serie animal una capacidad de reproducción que sustituye un órgano perdido por la nueva formación de otro idéntico a él.

La objeción de que además de los instintos conservadores, que fuerzan a la repetición, existen otros, que impulsan a la nueva formación y al progreso, merece ciertamente ser tenida en cuenta, y más adelante trataremos de ella. Pero, por lo pronto, nos atrae la idea de perseguir hasta sus últimas consecuencias la hipótesis de que todos los instintos quieren reconstruir algo anterior. Si lo que de ello resulte parece demasiado "ingenioso" o muestra apariencia del místico, sabemos que no se nos podrá reprochar el haber tendido a ello. Buscamos modestos resultados de la investigación o de la reflexión en ella fundada, y nuestro deseo sería que no presentaran dichos resultados otro carácter que el de una total certeza.

Si, por lo tanto, todos los instintos orgánicos son conservadores e históricamente adquiridos y tienden a una regresión o reconstrucción de lo pasado, deberemos atribuir todos los éxitos de la evolución orgánica a influencias exteriores, perturbadoras y desviantes. El ser animado elemental no habría querido transformarse desde su principio y habría repetido siempre, bajo condiciones idénticas, un solo y mismo camino vital. Pero, en último término, estaría siempre la historia evolutiva de nuestra tierra y de su relación al sol, que nos ha dejado su huella en la evolución de los organismos. Los instintos orgánicos conservadores han recibido cada una de estas forzadas transformaciones del curso vital, conservándolas para la repetición, y tienen de este modo que hacer la engañadora impresión de fuerzas que tienden hacia la transformación y el progreso, siendo así que no se proponen más que alcanzar un antiguo fin por caminos tanto antiguos como nuevos. Este último fin de toda la tendencia orgánica podría también ser indicado. El que el fin de la vida fuera un estado no alcanzado nunca anteriormente estaría en contradicción con la naturaleza, conservadora de los instintos. Dicho fin tiene más bien que ser un estado antiguo, un estado de partida que lo animado abandonó alguna vez y hacia lo que tiende por todos los rodeos de la evolución. Si como experiencia, sin excepción alguna, tenemos que aceptar que todo lo viviente muere por fundamentos *internos*, volviendo a lo anorgánico, podremos decir: *La meta de toda vida es la muerte*. Y con igual fundamento: *Lo inanimado era antes que lo animado*.

En una época indeterminada fueron despertados en la materia inanimada, por la actuación de fuerzas inimaginables, las cualidades de lo viviente. Quizá fue este el proceso que sirvió de modelo a aquel otro que después hizo surgir la conciencia en determinado estrato de la materia animada. La tensión entonces generada en la antes inanimada materia intentó nivelarse, apareciendo así el primer instinto, el de volver a lo inanimado. Para la sustancia entonces viviente era aún fácil morir; no tenía que recorrer más que un corto curso vital, cuya dirección se hallaba determinada por la estructura química de la joven vida. Durante largo tiempo sucumbió fácilmente la sustancia viva y fue creada incesantemente de nuevo, hasta que las influencias reguladoras exteriores se transformaron de tal manera que obligaron a la substancia aún superviviente a desviaciones cada vez más considerables del primitivo curso vital y a rodeos cada vez más complicados hasta alcanzar el fin de la muerte. Estos rodeos hacia la muerte, fielmente conservados por los instintos conservadores, constituirían hoy el cuadro de los fenómenos vitales. Si se quiere seguir afirmando la naturaleza exclusivamente conservadora de los instintos, no se puede llegar a otras hipótesis sobre el origen y el fin de la vida.

Igual extrañeza que estas consecuencias nos produce todo lo relativo a los grandes grupos de instintos que estatuimos tras de los fenómenos vitales de los organismos. El instinto de conservación, que reconocemos en todo ser viviente, se halla en curiosa contradicción con la hipótesis de que la total vida instintiva sirve para llevar al ser viviente hacia la muerte. La importancia teórica de los instintos de conservación y poder se hace más pequeña, vista a esta luz; son instintos parciales, destinados a asegurar al organismo su peculiar camino hacia la muerte y mantener alejadas todas las posibilidades no inmanentes del retorno a lo anorgánico. Pero la misteriosa e inexplicable tendencia del organismo a afirmarse en contra del mundo entero desaparece, y sólo queda el hecho de que el organismo no quiere morir sino a su manera. También estos guardianes de la vida fueron primitivamente escolta de la muerte. De este modo surge la paradoja de que el organismo viviente se rebela del modo más enérgico contra actuaciones (peligros) que podían ayudarle a alcanzar por un corto camino (por corto circuito pudiéramos decir) su fin vital, pero esta conducta es lo que caracteriza precisamente a las tendencias puramente instintivas, diferenciándolas de las tendencias inteligentes[112]. Mas hemos de reflexionar que esto no puede ser así. A otra luz muy distinta nos parecen los instintos sexuales, para los cuales admite la teoría de la neurosis una posición particular. No todos los organismos han sucumbido a la imposición exterior que les impulsó a una ininterrumpida evolución. Muchos consiguieron mantenerse hasta la época actual, en un grado poco elevado. Aún viven, hoy en día, muchos seres animados análogos a los grados primitivos de los animales superiores y de las plantas. Así mismo, tampoco todos los organismos elementales que componen el complicado cuerpo de un ser animado superior recorren con él todo el camino evolutivo hasta la muerte natural. Algunos de ellos, las células germinativas, conservan probablemente la estructura primitiva de la sustancia

---

[112] Véase más adelante nuestra rectificación de este extremo concepto del instinto de conservación.

viva, y al cabo de algún tiempo se separan del organismo total, cargados con todos los dispositivos instintivos heredados y adquiridos. Quizá son precisamente estas dos cualidades las que hacen posible su existencia independiente. Puestas en condiciones favorables comienzan estas células a desarrollarse, esto es, a repetir el mecanismo al que deben su existencia, proceso que termina llegando de nuevo hasta el final del desarrollo una parte de su sustancia, mientras que otra parte retorna, en calidad de nuevo resto germinativo, al comienzo de la evolución. De este modo se oponen estas células germinativas a la muerte de la sustancia viva y saben conseguir para ello aquello que nos tiene que aparecer como inmortalidad potencial, aunque quizá no signifique más que una prolongación del camino hacia la muerte. De extraordinaria importancia para nosotros es el hecho de que la célula germinativa es fortificada o hasta capacitada para esta función por su fusión con otra análoga a ella y, sin embargo, diferente.

Los instintos que cuidan de los destinos de estos organismos elementales supervivientes al ser unitario, procurándoles un refugio durante todo el tiempo que permanecen indefensos contra las excitaciones del mundo exterior y facilitando su encuentro con las otras células germinativas, constituyen el grupo de los instintos sexuales. Son conservadores en el mismo sentido que los otros, dado que reproducen anteriores estados de la sustancia animada, pero lo son en mayor grado, pues se muestran más resistentes contra las actuaciones exteriores, y además en su más amplio sentido, pues conservan la vida misma para más largo tiempo. Son los verdaderos instintos de vida. Por el hecho de actuar en contra de la tendencia de los otros instintos, que por medio de la función llevan a la muerte, aparece una contradicción entre ellos y los demás, oposición que la neurología ha reconocido como importantísima. Esto es como un *ritardando* en la vida de los organismos; uno de los grupos de instintos se precipita hacia adelante para alcanzar, lo antes posible, el fin último de la vida, y el otro retrocede al llegar a un determinado lugar de dicho cambio para volverlo a emprender de nuevo desde un punto anterior, y prolongar así su duración. Mas aun cuando la sexualidad y la diferencia de sexos no existían seguramente al comienzo de la vida, no deja de ser posible que los instintos, que posteriormente han de ser calificados de sexuales, aparecieran y entraran en actividad desde un principio y emprendieran entonces, y no en épocas posteriores, su labor contra los instintos del *yo*.

Volvamos ahora sobre nuestros pasos para preguntarnos si toda esta especulación no carece quizá de fundamento. ¿No existen realmente, *aparte de los sexuales, más instintos* que aquellos que quieren reconstruir un estado anterior? ¿No habrá otros que aspiren a un estado no alcanzado aún? Sea como quiera, la cuestión es que hasta ahora no se ha descubierto en el mundo orgánico nada que contradiga nuestras hipótesis. Nadie ha podido demostrar aún la existencia de un instinto general de superevolución en el mundo animal y vegetal, a pesar de que tal dirección evolutiva parece indiscutible. Mas, por un lado, es quizá tan sólo un juicio personal el declarar que un grado evolutivo es superior a otro, y, además, la Biología nos muestra que la superevolución en un punto se consigue con frecuencia por regresión en otros. Existen también muchas formas animales cuyos estados juveniles nos dejan reconocer que su desarrollo ha tomado más bien un carácter regresivo. Superevolución y regresión podían ser ambas consecuencias de fuerzas exteriores que impulsan a la adaptación, y el papel de los instintos quedaría entonces limitado a mantener fija la obligada transformación como fuente de placer interior[113].

---

[113] Por otro camino ha llegado Ferenczi a la misma concepción ("Entwicklungstufen des Wirklichkeitssinnes", en *Internationale Zeitschrift für Psychoanalyse,* I, 1913): "Siguiendo consecuentemente esta ruta mental se acostumbra uno

Para muchos de nosotros es difícil prescindir de la creencia de que en el hombre mismo reside un instinto de perfeccionamiento que le ha llevado hasta su actual grado elevado de función espiritual y sublimación ética, y del que debe esperarse que cuidará de su desarrollo hasta el superhombre. Mas, por mi parte, no creo en un tal instinto interior y no veo medio de mantener viva esta benéfica ilusión. El desarrollo humano hasta el presente me parece no necesitar explicación distinta del de los animales, y lo que de impulso incansable a una mayor perfección se observa en una minoría de individuos humanos puede comprenderse sin dificultad como consecuencia de la represión de los instintos, proceso al que se debe lo más valioso de la civilización humana. El instinto reprimido no cesa nunca de aspirar a su total satisfacción, que consistiría en la repetición de un satisfactorio suceso primario. Todas las formaciones sustitutivas o reactivas y las sublimaciones son insuficientes para hacer cesar su permanente tensión. De la diferencia entre el placer de satisfacción hallado y el exigido surge el factor impulsor, que no permite la detención en ninguna de las situaciones presentes, sino que, como dijo el poeta, "tiende, indomado, siempre hacia adelante" (*Fausto*, I). El camino hacia atrás, hacia la total satisfacción, es siempre desplazado por las resistencias que mantienen la represión, y de este modo no queda otro remedio sino avanzar en la dirección evolutiva que permanece libre, aunque sin esperanza de dar fin al proceso y poder alcanzar la meta. Los procesos que tienen lugar en el desarrollo de una fobia neurótica, perturbación que no es más que un intento de fuga ante una satisfacción instintiva, nos dan el modelo de la génesis de este aparente "instinto de

---

a la idea de una tendencia a la regresión en la vida orgánica, mientras que la tendencia a la evolución, adaptación, etc., no surgirá más que al estímulo de excitaciones exteriores" (pág. 137).

perfeccionamiento", instinto que, sin embargo, no podemos atribuir a todos los individuos humanos. Las condiciones dinámicas para su existencia se dan ciertamente en general; pero las circunstancias económicas parecen no favorecer el fenómeno más que en muy raros casos.

VI

Los resultados hasta ahora obtenidos, que establecen una franca oposición entre los "instintos del *yo*" y los instintos sexuales, haciendo que los primeros tiendan a la muerte y los segundos a la conservación de la vida, no llegan a satisfacernos en muchos puntos. A ello se agrega que no pudimos atribuir el carácter conservador, o, mejor dicho, regresivo, del instinto, correspondiente a una obsesión de repetición, más que a los primeros, pues según nuestra hipótesis los instintos del *yo* proceden de la vivificación de la materia inanimada y quieren establecer de nuevo el estado inanimado. En cambio, es innegable que los instintos sexuales reproducen estados primitivos del ser animado, pero su fin —al que tienden con todos sus medios— es la fusión de dos células germinativas determinadamente diferenciadas. Cuando esta unión no se verifica, muere la célula germinativa como todos los demás elementos del organismo multicelular. Sólo bajo esta condición puede la función sexual prolongar la vida y prestarle la apariencia de inmortalidad. Mas ¿qué importante suceso de la evolución de la sustancia viva es repetido por la procreación sexual o su antecedente, la copulación de dos protozoarios? Siéndonos imposible responder a esta interrogante, veríamos con gusto que toda nuestra construcción especulativa demostrase ser equivocada, pues de este modo cesaría la oposición entre instintos del *yo* o de muerte e instintos sexuales o de vida, y con ello perdería la obsesión de repetición la importancia que le hemos atribuido.

Volvamos, por lo tanto, a una de las hipótesis antes establecidas por nosotros y tratemos de rebatirla. Hemos fundado amplias conclusiones sobre la suposición de que todo lo animado tiene que morir por causas internas. Esta hipótesis ha sido naturalmente aceptada por nosotros, porque, más bien, se nos aparece como una certeza. Estamos acostumbrados a pensar así y nuestros poetas refuerzan nuestra creencia. Además, quizá nos haya decidido a adoptarla el hecho de que no teniendo más remedio que morir, y sufrir que antes nos arrebate la muerte a las personas que más amamos, preferimos ser vencidos por una implacable ley natural, por la soberana Ἀνάγκη, que por una casualidad que quizá hubiera sido evitable. Mas quizá esta creencia en la interior regularidad del morir no sea tampoco más que una de las ilusiones que nos hemos creado "para soportar la pesadumbre del vivir". Lo que sí podemos asegurar es que no se trata de una creencia primitiva: la idea de "muerte natural" es extraña a los pueblos primitivos, los cuales atribuyen cada fallecimiento de uno de los suyos a la influencia de un enemigo o de un mal espíritu. No debemos, por lo tanto, dejar de examinar esta creencia a la luz de la ciencia biológica.

Al hacerlo así, quedaremos maravillados de la falta de acuerdo que reina entre los biólogos sobre la cuestión de la muerte natural, y veremos que hasta se les escapa de entre las manos el concepto mismo de la muerte. El hecho de que la vida tenga una determinada duración media, por lo menos entre los animales superiores, habla en favor de la muerte motivada por causas internas; mas la circunstancia de que algunos grandes animales y varios árboles gigantescos alcancen una avanzadísima edad, hasta ahora no determinada, contradice de nuevo esta impresión. Según la magna concepción de W. Fliess, todos los fenómenos vitales de los organismos —y con seguridad también la muerte— se hallan ligados al cumplimiento de determinados plazos, en los cuales se manifiesta la dependencia de dos sustancias vivas, una masculina y otra femenina, del año solar. Pero la facilidad con la que fuerzas externas logran modificar ampliamente la aparición temporal de las manifestaciones de la vida, sobre todo en el mundo vegetal, adelantándolas o retrasándolas, contradice la rigidez de la fórmula de Fliess y hace dudar, por lo menos, de la exclusiva vigencia de las leyes por él establecidas.

La forma en la que A. Weismann ha tratado el tema de la duración de la vida de los organismos y de su muerte es para nosotros del mayor interés[114]. De este investigador procede la diferenciación de la sustancia viva en una mitad mortal, y otra inmortal; la mitad mortal es el cuerpo en su más estricto sentido, el *soma*; sólo ella está sujeta a la muerte natural. En cambio, las células germinativas son *potentia* inmortal en tanto en cuanto se hallan capacitadas, bajo determinadas condiciones favorables, para formar un nuevo individuo, o, dicho de otro modo, para rodearse de un nuevo soma[115].

Lo que de esta concepción nos sugestiona es su inesperada analogía con la nuestra, conseguida por tan diversos caminos. Weismann, que considera morfológicamente la sustancia viva, reconoce en ella un componente destinado a la muerte, el soma, o sea, el cuerpo despojado de la materia sexual y hereditaria, y otro componente inmortal, constituido precisamente por aquel plasma germinativo que sirve a la conservación de la especie, a la procreación. Nosotros no hemos partido de la materia animada, sino de las fuerzas que en ella actúan, y hemos llegado a distinguir dos especies de instintos, aquellos que quieren llevar la vida hacia la muerte, y otros —los instintos sexuales—, que aspiran de continuo a la renovación de la vida y la imponen siempre de nuevo. Este nuestro resultado semeja un corolario dinámico a la teoría morfológica de Weismann.

Mas la esperanza de tan importante coincidencia desaparece rápidamente al observar la solución que da Weismann al

---

[114] *Über die Dauer des Lebens*, 1882; *Über Leben und Tod*, 1892; *Das Keimplasma*, 1892.
[115] *Über Leben und Tod*, 2 Aufl., 1892, S. 20.

problema de la muerte, pues no considera válida la diferenciación de soma mortal y plasma germinativo imperecedero más que para los organismos multicelulares, y admite que, en los animales unicelulares, son todavía el individuo y la célula procreativa una y la misma cosa[116]. De este modo, declara Weismann potencialmente inmortales a los unicelulares. La muerte no aparecería hasta los metazoarios, ya multicelulares. Esta muerte de los seres animados superiores es, ciertamente, muerte por causas interiores, pero no se debe a una cualidad primitiva de la sustancia viva[117], ni puede ser concebida como una necesidad absoluta, fundada en la esencia de la vida[118]. La muerte es más bien un dispositivo de acomodación, un fenómeno de adaptación a las condiciones vitales exteriores, pues desde la separación de las células del cuerpo en soma y plasma germinativo, la duración ilimitada de la vida hubiera sido un lujo totalmente inútil. Con la aparición de esta diferenciación en los multicelulares se hizo posible y adecuada la muerte. Desde entonces muere por causas internas, y al cabo de un tiempo determinado, el soma de los seres animados superiores; en cambio, los protozoarios continúan gozando de inmortalidad. En oposición a lo anteriormente expuesto, la procreación no ha sido introducida con la muerte, sino que, como el crecimiento del cual surgió, es una cualidad primitiva de la materia animada. Así, pues la vida ha sido siempre, desde su aparición en la Tierra, susceptible de ser continuada[119].

Fácilmente se ve que la aceptación de una muerte natural para las organizaciones superiores ayuda muy poco a nuestra causa. Si la muerte es una tardía adquisición del ser viviente,

---

[116] *Dauer des Lebens*, S. 38.

[117] *Leben und Tod*, 2 Aufl., S. 67.

[118] *Dauer des Lebens*, S. 33.

[119] *Über Leben und Tod*, Schluss.

no tendrá objeto ninguno suponer la existencia de instintos de muerte aparecidos desde el comienzo de la vida sobre la Tierra. Los multicelulares pueden seguir muriendo por causas internas, por defectos de su diferenciación o imperfecciones de su asimilación; sea como sea, ello carece de interés para la cuestión que nos ocupa. Una tal concepción y derivación de la muerte se halla seguramente más cercana al acostumbrado pensamiento de los hombres que la extraña hipótesis de los instintos de muerte.

La discusión motivada por las teorías de Weismann no ha producido, a mí juicio, nada decisivo[120]. Algunos autores han vuelto a la posición de Goethe (1883), que veía en la muerte la directa consecuencia de la procreación. Hartmann no caracteriza a la muerte por la aparición de un "cadáver", de una parte muerta de la sustancia animada, sino que la define como "término de la evolución individual". En este sentido, también los protozoarios son mortales; la muerte coincide en ellos con la procreación, pero es encubierta por esta en cierto modo, puesto que toda la sustancia del animal padre puede ser traspasada directamente a los jóvenes individuos filiales (*l. c.*, pág. 29).

El interés de la investigación se ha dirigido en seguida a comprobar experimentalmente en los unicelulares la afirmada inmortalidad de la substancia viva. Un americano, Woodruff, puso en observación a un infusorio, de los que se reproducen por escisiparidad, y lo estudió, aislando cada vez uno de los productos de la división y sumergiéndolo en agua nueva, hasta la generación 3029. El último descendiente del primer infusorio poseía igual vitalidad que este y no mostraba señal alguna de vejez o degeneración. De este modo pareció expe-

---

[120] Comp. Max Hartmann, *Tod und Fortpflanzung*, 1906; Alex Lipschütz, "Warum wir sterben", en *Kosmosbücher*, 1914; Franz Dôflein, *Das Problem des Todes und der Unsterblichkeit bei den Pflanzen und Tieren*, 1919.

rimentalmente demostrable —si es que tales cifras poseen fuerza demostrativa— la inmortalidad de los protozoarios[121].

Mas otros investigadores han llegado a resultados diferentes. Maupas y Calkins, entre ellos, han hallado, en contraposición a Woodruff, que también estos infusorios se debilitan tras cierto número de divisiones, disminuyendo de tamaño, perdiendo una parte de su organización y muriendo al fin, cuando no experimentan determinadas influencias reanimadoras. Según esto, los protozoarios morirían tras de una fase de decadencia senil, exactamente como los animales superiores, y sería errónea la teoría de Weismann que considera la muerte como una tardía adquisición de los organismos animados.

Del conjunto de estas investigaciones haremos resaltar dos hechos que nos parecen ofrecer un firme punto de apoyo. Primero, cuando los pequeños seres animales pueden aparearse fundiéndose, o sea, *copular*, antes de haber sufrido modificación alguna debida a la edad, quedan, al separarse después de la cópula, rejuvenecidos y preservados de la vejez. Esta cópula es con seguridad un antecedente de la procreación sexual de los seres superiores, pero no tiene aún nada que ver con la multiplicación y se limita a la mezcla de las sustancias de ambos individuos (la *amphimixis*, de Weismann). El influjo rejuvenecedor de la cópula puede también ser sustituido por determinados excitantes, modificaciones de la composición del líquido alimenticio, elevación de la temperatura o agitación. Recuérdese el famoso experimento de J. Loeb que provocó en los huevos de los equínidos, por medio de ciertas excitaciones químicas, procesos de división que no aparecen normalmente sino después de la fecundación.

Segundo, es muy probable que los infusorios sean conducidos por su proceso vital a una muerte natural, pues la

---

[121] Véase Lipschütz, *l. c.*, págs. 26,52 y siguientes.

contradicción entre los resultados de Woodruff y los de otros investigadores obedece a que el primero ponía a cada nueva generación un nuevo líquido alimenticio. Dejando de efectuar esta operación observó, en las generaciones sucesivas, aquellas mismas modificaciones que otros hombres de ciencia habían señalado, y su conclusión, por lo tanto, que los pequeños animales son dañados por los productos de la asimilación, que devuelven al líquido que los rodea. Prosiguiendo sus trabajos, logró demostrar convincentemente que sólo los productos de la *propia* asimilación poseen este efecto conducente a la muerte de la generación, pues en una solución saturada con los *detritus* de una especie análoga lejana, vivieron perfectamente aquellos mismos pequeños seres que, hacinados en su propio líquido alimenticio, sucumbían sin salvación posible. Así, pues, el infusorio, abandonado a sí mismo, sucumbe de muerte natural producida por insuficiente alejamiento de los productos de su propia asimilación. Aunque quizá también todos los animales superiores mueren, en el fondo, a causa de la misma impotencia.

Puede asaltarnos ahora la duda de si sería realmente útil para nuestro fin buscar en el estudio de los protozoarios la solución del problema de la muerte natural. La primitiva organización de estos seres animados nos puede muy bien encubrir importantísimas circunstancias que tienen también lugar en ellos, pero que sólo aparecen visibles en los animales superiores, en los cuales se han procurado una expresión morfológica. Si abandonamos el punto de vista morfológico para adoptar el dinámico, nos será indiferente que pueda o no demostrarse la muerte natural de los protozoarios. En ellos no se ha separado aún la sustancia posteriormente reconocida como inmortal de la mortal. Las fuerzas instintivas que quieren llevar la vida a la muerte podían actuar también en ellos desde un principio, aunque su efecto quede encubierto de tal manera por las fuerzas conservadoras de la vida, que sea muy difícil su descubrimiento directo. Creemos, sin embargo, que las observaciones de los biólogos nos permiten aceptar también en los protozoarios la existencia de tales procesos internos conducentes a la muerte. Mas aún en el caso de que los protozoarios demuestren ser inmortales, en el sentido de Weismann, la afirmación de que la muerte es una adquisición posterior no es valedera más que para las exteriorizaciones manifiestas de la muerte y no hace posible ninguna hipótesis sobre los procesos que hacia ella tienden. No se ha realizado, por lo tanto, nuestra esperanza de que la Biología rechazase de plano el reconocimiento de los instintos de muerte, y si seguimos teniendo motivos para ello podemos, desde luego, seguir suponiendo su existencia. La singular analogía de la diferenciación de Weismann entre soma y plasma germinativo, con nuestra separación de instintos de muerte e instintos de vida, permanece intacta y vuelve a adquirir todo su valor.

Detengámonos un momento en esta concepción exquisitamente dualista de la vida instintiva. Según la teoría de E. Hering, se verificaban de continuo en la sustancia viva dos clases de procesos de dirección opuesta: los unos, constructivos (asimilatorios), y destructores (desimilatorios), los otros. ¿Debemos atrevernos a reconocer en estas dos direcciones de los procesos vitales la actuación de nuestros dos impulsos instintivos, los instintos de vida y los instintos de muerte? Lo que desde luego no podemos ocultarnos es que inesperadamente hemos arribado al puerto de la filosofía de Schopenhauer, pensador para el cual la muerte es el "verdadero resultado" y, por lo tanto, el objeto de la vida[122] y, en cambio, el instinto sexual la encarnación de la voluntad de vivir.

---

[122] Schopenhauer: *Über die anscheinende Absichtlichkeit im Schicksale des Einszelnen*, Grossherzog Wilhelm Ernst Ausgabe, IV Bd, 1851.

Intentemos avanzar ahora un paso más. Según la opinión general, la reunión de numerosas células para formar una unión vital, de la multicelularidad de los organismos, ha devenido un medio de prolongar la duración de la vida de los mismos. Una célula ayuda a conservar la vida de las demás y el Estado celular puede seguir viviendo, aunque algunas células tengan que sucumbir. Ya hemos visto que también la cópula, la fusión temporal de dos unicelulares, actúa conservando la vida de ambos y rejuveneciéndolos. Podemos, pues, intentar aplicar la teoría de la libido, fruto de nuestra labor psicoanalítica, a la relación recíproca de las células y suponer que son los instintos vitales o sexuales actuantes en cada célula los que toman a las otras células como objeto, neutralizando parcialmente sus instintos de muerte, esto es, los procesos para ellos incitados, y conservándolas vivas de este modo, mientras que otras células actúan análogamente en beneficio de las primeras, y otras, por último, se sacrifican en el ejercicio de esta función libidinosa. Las células germinativas mismas se conducirían de un modo "narcisista", calificación que usamos en neurología para designar el hecho de que un individuo conserve su libido en el *yo* y no destine ninguna parte de ellas al revestimiento de objeto. Las células germinativas precisan para sí mismas su libido, o sea, la actividad de sus instintos vitales, como provisión para su posterior magna actividad constructiva. Quizá se deba también considerar como narcisista, en el mismo sentido, a las células de las nuevas formaciones que destruyen el organismo. La patología se inclina a aceptar el innatismo de los gérmenes de tales formaciones y a conceder a las mismas cualidades embrionales. De este modo coincidiría la libido de nuestros instintos sexuales con el "eros" de los poetas y filósofos, que mantienen unido todo lo animado.

En este punto hallamos ocasión de revisar la lenta evolución de nuestra teoría de la libido. El análisis de las neurosis de transferencia nos obligó primero a aceptar la oposición entre *instintos sexuales*, dirigidos sobre el objeto, y otros instintos que no descubríamos sino muy insuficientemente y que denominamos, por lo pronto, *instintos del yo*. Entre estos últimos aparecían, en primer término, aquellos que se hallan dedicados a la conservación del individuo. Mas no pudimos averiguar qué otras diferenciaciones era preciso hacer. Ningún otro conocimiento hubiera sido tan importante, para la fundación de una psicología verdadera, como una aproximada visión de la naturaleza común y las eventuales peculiaridades de los instintos. Pero en ningún sector de la Psicología se andaba tan a tientas. Cada investigador establecía tantos instintos o "instintos fundamentales" (*Grundtriebe*) como le venía en gana y los manejaba como manejaban los antiguos filósofos griegos sus cuatro elementos: aire, agua, tierra y fuego. El psicoanálisis, que no podía prescindir de establecer alguna hipótesis sobre los instintos, se atuvo, al principio, a la diferenciación popular de los mismos, expresada con los términos "hambre" y "amor". Esta división, que por lo menos no constituía una nueva arbitrariedad, nos bastó para avanzar considerablemente en el análisis de las psiconeurosis. El concepto de la sexualidad, y con él el de un instinto sexual, tuvo naturalmente que ser ampliado hasta encerrar en sí mucho más de lo relativo a la función procreativa, y esto originó grave escándalo en el mundo grave y distinguido, o simplemente hipócrita.

Nuestros conocimientos progresaron considerablemente cuando el psicoanálisis pudo observar más de cerca el *yo* psicológico, que al principio no le era conocido más que como una instancia represora, censora y capacitada para la constitución de dispositivos protectores y formaciones reaccionales. Espíritus críticos y de penetrante mirada habían indicado ya hace tiempo el error en que se incurría limitando el concepto de la libido a la energía del instinto sexual dirigido hacia el objeto. Mas olvidaron comunicar de dónde procedía su mejor conocimiento y no supieron derivar de él nada útil para el análisis. Un prudente y reflexivo progreso demostró a la observación psicoanalítica cuán regularmente es retirada la libido del objeto y dirigida al *yo* (introversión). Estudiando el desarrollo de la libido del niño, en su fase más temprana, llegamos al conocimiento de que el *yo* es el verdadero y primitivo depósito de la libido, la cual parte luego de él para llegar hasta el objeto. El *yo* pasó, por tanto, a ocupar un puesto entre los objetos sexuales y fue reconocido en el acto como el más significativo de ellos. Cuando la libido permanecía así en el *yo*, se le denominó narcisista[123]. Esta libido narcisista era también, naturalmente, la exteriorización de energía de instintos sexuales en el sentido analítico, instintos que hubo de identificar con los "instintos de conservación" reconocidos desde el primer momento. Estos descubrimientos demostraron la insuficiencia de la dualidad primitiva de instintos del *yo* e instintos sexuales. Una parte de los instintos del *yo* quedaba reconocida como libidinosa. En el *yo* actuaban —al mismo tiempo que otros— los instintos sexuales; pero tal nuevo descubrimiento no invalidaba en absoluto nuestra antigua fórmula de que la psiconeurosis reposa en un conflicto entre los instintos del *yo* y los instintos sexuales. Mas la diferencia entre ambas especies de instintos, que primitivamente se creía indeterminadamente cualitativa, debía considerarse ahora de otra manera, esto es, como *tópica*. Especialmente la neurosis de transferencia, que constituye el verdadero objeto de estudio del psicoanálisis, continúa siendo el resultado de un conflicto entre el *yo* y el revestimiento libidinoso del objeto.

Debemos acentuar tanto más el carácter libidinoso de los instintos de conservación cuanto que osamos ahora dar un paso más, reconociendo en el instinto sexual el "eros", que

---

[123] Véase *Introducción al narcisismo*.

todo lo conserva, y derivando la libido narcisista del *yo* de las aportaciones de libido con las que se mantienen unidas las células del soma. Pero aquí nos hallamos de repente ante una nueva interrogante: Si también los instintos de conservación son de naturaleza libidinosa, no existirán entonces sino instintos libidinosos. Por lo menos, no se descubren otros. Mas entonces habrá que dar la razón a los críticos que desde un principio sospecharon que el psicoanálisis lo explicaba todo por la sexualidad, o a los innovadores como Jung, que decidieron, sin más ni más, emplear el término *libido* en el sentido de "fuerza instintiva". ¿Es esto así?

No era ciertamente este resultado el que nos habíamos propuesto alcanzar. Partimos más bien de una decidida separación entre instintos del *yo* o instintos de muerte e instintos sexuales o instintos de vida. Nos hallábamos dispuestos a contar entre los instintos de muerte a los supuestos instintos de conservación, cosa que después rectificamos. Nuestra concepción era *dualista* desde un principio, y lo es ahora aún más desde que denominamos las antítesis, no ya instintos del *yo* e instintos sexuales, sino instintos de vida e instintos de muerte. La teoría de la libido de Jung es, en cambio, monista. El hecho de haber denominado en ella libido a su única fuerza instintiva tuvo necesariamente que producir confusiones, pero no puede ya influir para nada en nuestra reflexión. Sospechamos que en el *yo* actúan instintos diferentes de los instintos libidinosos de conservación, mas no podemos aportar prueba alguna que apoye nuestra hipótesis. Es de lamentar que el análisis del *yo* se halle tan poco avanzado, que tal demostración nos sea difícil en extremo. Los instintos libidinosos del *yo* pueden, sin embargo, hallarse enlazados de un modo especial con los otros instintos del *yo*, aún desconocidos para nosotros. Antes de haber reconocido claramente el narcisismo, existía ya en el psicoanálisis la sospecha de que los instintos del *yo* habían atraído hacia sí componentes libidinosos. Mas son estas posibilidades muy inseguras que ni siquiera se dignarán tomar en cuenta nuestros adversarios. De todos modos, como se nos podrá objetar que si el análisis no había logrado hasta ahora hallar otros instintos que los libidinosos, ello era debido únicamente a insuficiencia de su fuerza de penetración, no queremos por el momento arriesgar una conclusión exclusivista.

Dada la obscuridad en que se halla sumido todavía todo lo referente a los instintos, no debemos rechazar desde luego ninguna idea que nos parezca prometer algún esclarecimiento. Hemos partido de la antítesis de instintos de vida e instintos de muerte. El amor objetivo mismo nos muestra una segunda polarización de este género: la de amor (ternura) y odio (agresión). Sería muy conveniente poder relacionar entre sí estas dos polarizaciones, reduciéndolas a una sola. Desde un principio hemos admitido en el instinto sexual un componente sadista que, como ya sabemos, puede lograr una total independencia, y dominar en calidad de perversión el total impulso sexual de la persona. Este componente sadista aparece así mismo como instinto parcial dominante en las por mí denominadas "organizaciones pregenitales". Mas ¿cómo derivar el instinto sadista, dirigido al daño del objeto, del "eros" conservador de la vida? La hipótesis más admisible es la de que este sadismo es realmente un instinto de muerte que fue expulsado del *yo* por el influjo de la libido naciente, de modo que no aparece sino en el objeto. Este instinto sadista entraría, pues, al servicio de la función sexual, pasando su actuación por diversos grados. En el estadio oral de la organización de la libido, coincide aún el apoderamiento erótico con la destrucción del objeto; pasado tal estadio es cuando tiene lugar la expulsión del instinto sadista, el cual toma, por último, al sobrevenir la primacía genital y en interés de la procreación, la función de dominar al objeto sexual, pero tan sólo hasta el punto necesario para la ejecución del acto sexual. Pudiera decirse que al sadismo expulsado del *yo* le ha sido marcado el camino por los componentes libidinosos del instinto sexual, los cuales tienden luego hacia el objeto. Donde el sadismo primitivo no experimenta una mitigación y una fusión, queda establecida la conocida ambivalencia amor-odio de la vida erótica.

Si una tal hipótesis es admisible, habremos conseguido señalar, como se nos exigía, la existencia de un instinto de muerte, siquiera sea desplazado. Mas nuestra construcción especulativa está muy lejos de toda evidencia y produce una impresión mística, haciéndonos sospechosos de haber intentado salir a toda costa de una embarazosa situación. Sin embargo, podremos oponer que tal hipótesis no es nueva y que ya la expusimos antes, cuando nuestra posición era totalmente libre. Observaciones clínicas nos forzaron a admitir que el masoquismo, o sea, el instinto parcial complementario del sadismo, debía considerarse como un retorno de sadismo contra el propio *yo*[124]. Un retorno del instinto desde el objeto al *yo* no es, en principio, otra cosa que la vuelta del *yo* hacia el objeto, que ahora discutimos. El masoquismo, la vuelta del instinto contra el propio *yo*, sería realmente un retorno a una fase anterior del mismo, una regresión. En un punto necesita ser rectificada la exposición demasiado exclusiva que entonces hicimos del masoquismo; este pudiera muy bien ser primario, cosa que antes discutimos[125].

---

[124] Véase *Tres ensayos para una teoría sexual* y el ensayo "Instintos y sus destinos", en *Colección de escritos sobre Neurología*, serie IV.

[125] En un trabajo muy rico en ideas, aunque para mí no del todo transparente, emprende Sabina Spielrein una parte de esta investigación y califica de "destructores" a los componentes sadistas del instinto sexual ("Die Destruktion als Ursache des Werdens", en *Jahrbuch für Psychoanalyse*, IV, 1912). De un modo distinto intentó A. Stärcke (*Inleidig by de vertálig, von S. Freud. De sexuelle beschavingmoral*, etc., 1914) identificar el concepto de la libido con el que

Mas retornemos a los instintos sexuales, conservadores de la vida. En la investigación de los protozoarios hemos visto ya que la fusión de los individuos sin división subsiguiente, la cópula actúa sobre ambos, que se separan poco después, fortificándolos y rejuveneciéndolos (Lispchütz, 1914). En las siguientes generaciones no muestran fenómenos degenerativos ningunos y parecen capacitados para resistir por más tiempo los daños de su propia asimilación. A mi juicio, puede esta observación ser tomada como modelo para el efecto de la cópula sexual. Mas ¿de qué modo logra la fusión de dos células poco diferenciadas una tal renovación de la vida? El experimento que sustituye la cópula de los protozoarios por la actuación de excitaciones químicas y hasta mecánicas permite una segura respuesta: ello sucede por la afluencia de nuevas magnitudes de excitación. Esto es favorable a la hipótesis de que el proceso de la vida del individuo conduce, obedeciendo a causas internas, a la nivelación de las tensiones químicas, esto es, a la muerte, mientras que la unión con una substancia animada, individualmente diferente, eleva dichas tensiones y aporta, por decirlo así, nuevas *diferencias vitales*, que tienen luego que ser *agotadas viviéndolas*. El haber reconocido la tendencia dominante de la vida psíquica, y quizá también de la vida nerviosa, la aspiración a aminorar, mantener constante o hacer cesar la tensión de las excitaciones internas (el principio de nirvana, según expresión de Bárbara Low), tal y como dicha aspiración se manifiesta en el principio del placer, es uno de los más importantes motivos para creer en la existencia de instintos de muerte.

Constituye un obstáculo en nuestra ruta mental el no haber podido demostrar en el instinto sexual aquel carácter de obsesión

---

teóricamente hay que suponer de un impulso hacia la muerte. (Comp. Rank, *Der Künstler*). Todos estos esfuerzos muestran el impulso hacia un esclarecimiento aún no alcanzado de la teoría de los instintos.

de repetición que nos condujo primeramente al hallazgo de los instintos de muerte. El campo de los procesos evolutivos embrionarios es ciertamente muy rico en tales fenómenos de repetición; las dos células germinativas de la procreación sexual y toda la historia de su vida no son sino repeticiones de los comienzos de la vida orgánica; mas lo esencial de los procesos provocados por el instinto sexual continúa siendo la fusión de los cuerpos de dos células. Por esta fusión es por la que queda asegurada en los seres animales superiores la inmortalidad de la substancia viva.

Dicho de otro modo: Tenemos que dar luz sobre la génesis de la procreación sexual y, en general, sobre la procedencia de los instintos sexuales, labor que asustará a un profano y que no ha sido llevada aún a cabo por los investigadores especializados. Daremos aquí una rápida síntesis de aquello que entre las numerosas hipótesis y opiniones contradictorias puede ayudarnos en nuestra labor.

Una de las concepciones despoja al problema de la procreación de su misterio atractivo, presentando dicha función como un fenómeno parcial del crecimiento. (Multiplicación por escisiparidad y gemación). La génesis de la reproducción por células germinativas sexualmente diferenciadas podríamos representárnosla conforme al tímido modo de pensar darwiniano, suponiendo que la ventaja de la *amphimixis* resultante de la cópula casual de dos protozoarios fue conservada y utilizada en la evolución subsiguiente[126]. El "sexo" no sería, pues, muy antiguo y los instintos extraordinariamente

---

[126] Weismann (*Das Keimplasma*, 1892) niega también esta ventaja: "La fecundación —dice— no significa en modo alguno un rejuvenecimiento o renovación de la vida, no sería necesaria para la perduración de la vida y no es más que un dispositivo para hacer posible la mezcla de dos diferentes tendencias de herencia". Weismann opina, además, que el efecto de una tal mezcla es una elevación de la variabilidad de los seres animados.

violentos que impulsan a la unión sexual repitieron al hacerlo algo que había sucedido una vez casualmente, y que desde entonces quedó fijado como ventajoso.

Surge de nuevo aquí, como antes, al tratar de la muerte, la cuestión de si en los protozoarios no ha de suponerse existente nada más que lo que muestran a nuestros ojos, o si puede sospecharse que fuerzas y procesos que no se hacen visibles sino en los animales superiores han surgido por vez primera también en los primeros. Para nuestras intenciones, la mencionada concepción de la sexualidad rinde escasísimo fruto. Se podrá objetar contra ella que presupone la existencia de instintos vitales que actúan ya en los más simples seres animados pues sí no, habría sido evitada, y no conservada y desarrollada, la cópula que actúa en contra de la cesación de la vida y dificulta la muerte. Si no se quiere abandonar la hipótesis de los instintos de muerte, no hay más remedio que unir a ellos desde un principio los instintos de vida. Pero tenemos que confesar que operamos aquí con una ecuación de dos incógnitas. Es tan poco lo que la ciencia nos dice sobre la génesis de la sexualidad, que puede compararse este problema con unas profundísimas tinieblas en las que no ha penetrado aún el rayo de luz de una hipótesis. En otro sector totalmente distinto hallamos una de tales hipótesis, pero tan fantástica —más bien un mito que una explicación científica—, que no me atrevería a reproducirla aquí si no llenase precisamente una condición a cuyo cumplimiento aspiramos. Esta hipótesis deriva un instinto *de la necesidad de reconstituir un estado anterior.*

Me refiero, naturalmente, a la teoría que Platón hace desarrollar a Aristófanes en el *Symposion*, y que no trata sólo de la génesis del instinto sexual, sino también de su más importante variación con respecto al objeto.

"La naturaleza humana era al principio muy diferente. Primitivamente hubo tres sexos, tres y no dos como hoy en día: junto al masculino y al femenino, vivía un tercer sexo que participaba en igual medida que los otros dos [...]. Todo en estos seres humanos era doble; tenían cuatro pies, cuatro manos, dos rostros, genitales dobles, etc. Mas Júpiter se decidió un día a dividir a cada uno de ellos en dos partes "como suelen partirse las peras para cocerlas". "Cuando de este modo quedó dividida en dos toda la naturaleza, apareció en cada hombre el deseo de reunirse a su otra mitad propia y ambas mitades se abrazaron, entretejieron sus cuerpos y quisieron formar de nuevo un solo ser..."[127].

¿Deberemos acaso, siguiendo a los filósofos poetas, arriesgar la hipótesis de que la substancia viva sufrió, al ser animada,

---

[127] Al profesor Heinrich Gomperz (Viena) debo las indicaciones que siguen sobre la procedencia del mito platónico, y que transcribo en parte textualmente: Quisiera llamar la atención sobre el hecho de que la misma teoría se encuentra ya, en esencia, en los Upanishadas. El *Brihad-Aranyaka-Upanishad* I. C,A (*Deusen, 60 Uupanishaden des Veda*, pág. 303), en el que se describe el nacimiento del mundo surgiendo del Atman (*el mismo*, o el *yo*), se lee: "Pero él (el Atman) no tenía tampoco alegría; por esto no se tiene alegría cuando se está solo. Entonces deseó un compañero. Pues él era del tamaño de un hombre y una mujer juntos cuando se tienen abrazados. Este su *mismo* lo dividió él en dos partes y de ellas surgieron el esposo y la esposa. Por esta razón es este cuerpo una mitad del *mismo*. Así lo ha declarado Tajnavalkya. Y este espacio vacío es llenado aquí por la mujer".

El *Brihad-Aranyaka-Upanishad* es el más antiguo de todos los Upanishadas y todo investigador digno de crédito le atribuye una fecha anterior al año 800 antes de J. C. La cuestión de si es o no posible que la teoría de Platón dependa —de todos modos, muy medianamente— de estos pensamientos indios no es cosa que —en contra de la opinión general— quisiera yo negar decididamente, dado que una tal posibilidad no puede ser tampoco rechazada para la teoría de la transmigración de las almas. Una tal dependencia, facilitada en primer lugar por los pitagóricos, no restaría importancia alguna a la coincidencia del pensamiento, dado que Platón no se hubiera apropiado, ni mucho menos reproducido en un lugar tan importante, una tal historia llegada a él por la tradición india, si no lo hubiera considerado que encerraba una verdad.

En el trabajo de K. Ziegler ("Menshen und Wletenwerden", en *Neue Jahrbücher für das Klassische Altertum*, Bd. 31, Sonderabdruck, 1913) se relaciona esta idea de Platón con anteriores concepciones babilónicas.

una fragmentación en pequeñas partículas que desde entonces aspiran a reunirse de nuevo por medio de los instintos sexuales? ¿Y que estos instintos, en los cuales se continúa la afinidad química de la materia inanimada, van venciendo poco a poco, pasando primero por el reino de los protozoarios, aquellas dificultades que a esta tendencia opone lo circundante, cargado de excitaciones que ponen en peligro la vida y los obligan a la formación de una capa cortical protectora? ¿Y que —por último— tales fragmentos de substancia viva alcanzan de este modo la multicelularidad y transfieren, en fin, en gran concentración, el instinto de reunión a las células germinativas? Creo que debemos poner aquí término a esta cuestión.

Mas no lo haremos sin antes añadir algunas palabras de reflexión crítica. Se me pudiera preguntar si yo mismo estoy —y hasta qué punto— convencido de la viabilidad de estas hipótesis. Mi respuesta sería que ni abrigo una entera convicción de su certeza ni trato de inspirarla a nadie. O, mejor dicho, no sé hasta qué punto creo en ellas.

Me parece que el factor afectivo de la convicción no debe ser aquí tenido en cuenta. Podemos muy bien entregarnos a una reflexión y seguirla para ver hasta dónde nos conduce, exclusivamente por una curiosidad científica, o si se quiere, en calidad de *advocatus diavoli*, aunque sin que el aceptar tal cargo signifique parcialidad ni pacto tenebroso alguno. No niego que el tercer paso que aquí doy en la teoría de los instintos no puede aspirar a la misma seguridad que los dos que le precedieron: la extensión del concepto de sexualidad y el establecimiento del narcisismo. Estas innovaciones constituían una traducción directa de la observación a la teoría, traducción en la que no existían más fuentes de errores que las puramente inevitables en estos casos. La afirmación del carácter *regresivo* de los instintos reposa ciertamente en material observado: en los hechos de la obsesión de repetición. Lo único que puede haber sucedido es que hayamos concedido excesiva importancia a tales hechos. Mas para proseguir esta idea no hay más remedio que combinar varias veces sucesivas lo efectivo con lo simplemente especulado y alejarse de este modo de la observación. Sabemos que el resultado final se hace tanto más inseguro cuando mayor sea la frecuencia con que se lleve a cabo esta operación durante la construcción de una teoría, pero no es posible fijar el grado a que llega tal inseguridad. Puede haberse llegado a la verdad y puede haberse errado lamentablemente. La llamada intuición me merece escasa confianza en esta clase de trabajos; lo que de ella he visto me ha parecido más bien el resultado de cierta imparcialidad del intelecto. Pero sucede que, desgraciadamente, pocas veces se es imparcial cuando se trata de las últimas causas de los grandes problemas de la ciencia y la vida. A mi juicio, todo individuo es dominado en estas cuestiones por preferencias íntimas profundamente arraigadas que influyen, sin que el sujeto se dé cuenta, en la marcha de su reflexión. Dadas tan buenas razones de desconfiar, no queda sino atreverse a mirar con fría benevolencia los resultados de los propios esfuerzos intelectuales. Sólo me apresuraré a añadir que ésta autocrítica no me obliga a una especial tolerancia con las opiniones distintas de la propia. Débense rechazar implacablemente aquellas teorías que el análisis de la observación contradice desde un principio, aunque se sepa también que la justeza de la propia teoría no es más que interina. En el juicio de nuestra especulación sobre los instintos de muerte y los de vida nos estorbaría muy poco que aparezcan tantos procesos extraños y nada evidentes, tales como el de que un instinto expulse a otro o se vuelva del *yo* hacia el objeto, etc. Esto procede de que nos hallamos obligados a trabajar con los términos científicos, esto es, con el idioma figurado de la Psicología. Si no, no podríamos descubrir los procesos correspondientes ni siquiera los habríamos percibido. Los defectos de nuestra descripción desaparecerían con seguridad si en lugar de los términos psicológicos pudiéramos emplear los fisiológicos o los químicos. Estos pertenecen también ciertamente a un lenguaje figurado, pero que nos es desconocido desde hace más largo tiempo, y es quizá más sencillo.

Queremos dejar, en cambio, claramente fijado el hecho de que la inseguridad de nuestra especulación fue elevada en alto grado por la precisión de tomar datos de la ciencia biológica, la cual es realmente un dominio de infinitas posibilidades. Debemos esperar de ella los más sorprendentes esclarecimientos y no podemos adivinar qué respuesta dará, dentro de algunos decenios, a los problemas planteados. Quizás sean dichas respuestas tales, que echen por tierra nuestro artificial edificio de hipótesis. Si ha de ser así, pudiérasenos preguntar para qué se emprenden trabajos como el expuesto en este capítulo y por qué se hacen públicos. A esto contestaré que no puedo negar que algunas de las analogías, conexiones y enlaces que contiene me han parecido dignas de consideración[128].

---

[128] Agregaremos aquí algunas palabras como aclaración a nuestra terminología, que en el curso de estas discusiones ha experimentado un determinado desarrollo. Lo que son los "instintos sexuales" lo sabíamos ya por su relación con los sexos y la función reproductora. Conservamos después este nombre cuando los resultados del psicoanálisis nos obligaron a hacer menos estrecha su relación con la procreación. Con el establecimiento de la libido narcisista y extensión del concepto de la libido a la célula aislada, se convirtió nuestro instinto sexual en el "eros", que intenta aproximar y mantener reunidas las partes de la subsistencia animada, y los llamados generalmente instintos sexuales aparecieron como la parte de este "eros" dirigida hacia el objeto. La especulación hace actuar el "eros", desde el principio mismo de la vida, como "instinto de vida" opuesto al "instinto de muerte" surgido por la animación de lo anorgánico, e intenta resolver el misterio de la vida por la hipótesis de estos dos instintos que desde el misterio de la vida por la hipótesis de estos dos instintos que desde el principio luchan entre sí. Más visible es aún la transformación sufrida por el concepto de "instintos del *yo*". Al principio, denominábamos así todas aquellas direcciones instintivas, poco conocidas por nosotros, que se dejaban separar de los instintos sexuales

dirigidos hacia el objeto, y oponíamos los instintos del *yo* a los instintos sexuales, cuya manifestación es la libido. Más tarde, nos acercamos más al análisis del *yo* y vimos que también una parte de los instintos del *yo* es de naturaleza libidinosa y ha tomado como objeto al propio *yo*. Estos instintos narcisistas de conservación tenían, pues, que ser agregados a los instintos sexuales libidinosos. La antítesis entre instintos del *yo* e instintos sexuales se transformó en la de instintos del *yo* e instintos del objeto, ambos de naturaleza libidinosa. En su lugar apareció otra entre instintos libidinosos (instintos del *yo* y del objeto) y los demás que pueden estatuirse en el *yo* y constituir quizá los instintos de destrucción. La especulación transforma esta antítesis en la de instintos de vida (eros) e instintos de muerte.

VII

Si realmente es un tan general carácter de los instintos el querer reconstituir un estado anterior, no tenemos por qué maravillarnos de que en la vida anímica tenga lugar tantos procesos independientemente del principio del placer. Este carácter se comunicaría a la nueva consecución de una estación determinada de la ruta evolutiva. Pero todo esto que escapa aún al dominio del principio del placer no tendrá que ser necesariamente contrario a él. Lo que sucede es que todavía no se ha resuelto el problema de determinar la relación de los procesos de repetición instintivos con el dominio de dicho principio.

Hemos reconocido como una de las más tempranas e importantes funciones del aparato anímico la de "ligar" los sentimientos instintivos afluyentes, sustituir el proceso primario que los rige por el proceso secundario, y transformar su carga psíquica móvil en carga en reposo (tónica). Durante esta transformación no puede tenerse en cuenta el desarrollo del displacer, pero el principio de placer no queda por ello derrocado. La transformación sucede más bien en su favor, pues la ligadura es un acto preparatorio que introduce y asegura su dominio.

Separaremos función y tendencia, una de otra, más decisivamente que hasta ahora. El principio del placer será entonces una tendencia que estará al servicio de una función encargada de despojar de excitaciones el aparato anímico, mantener en él constante el montante de la excitación o conservarlo lo más bajo posible. No podemos decidirnos seguramente por ninguna de estas tres opiniones, pero observamos que la función así determinada tomaría parte en la aspiración más general de todo lo animado, la de retornar a la quietud del mundo inorgánico.

Todos hemos experimentado que el máximo placer que nos es concedido, el del acto sexual, está ligado a la instantánea extinción de una elevadísima excitación. La ligadura de la sensación instintiva sería una función preparatoria que dispondría a la extinción para su excitación final en el placer de descarga.

Surge, aquí mismo, el problema de si las sensaciones de placer y displacer pueden ser producidas en igual forma por los procesos excitantes ligados que por los desligados. Es evidente que los procesos desligados o primarios producen en ambas direcciones sensaciones mucho más intensas que los ligados o secundarios. Los procesos primarios son temporalmente más tempranos; al principio de la vida anímica sólo ellos existen, y si el principio del placer no se hallase ya en actividad en ellos no podría tampoco establecerse para los posteriores. Llegamos así al resultado, harto complejo en el fondo, de que la aspiración al placer se manifiesta más intensamente al principio de la vida que después, aunque no tan limitadamente, pues tiene que tolerar frecuentes rupturas. En épocas de mayor madurez está más asegurada la vigencia del principio del placer, pero él mismo no ha escapado a la doma, como no escapa ninguno de los demás instintos. De todos modos, aquello que hace surgir en el proceso excitante las sensaciones de placer y displacer tiene que existir tanto en el proceso secundario como en el primario.

Sería este el momento de emprender estudios más amplios. Nuestra conciencia nos facilita desde el interior no sólo las sensaciones de placer y displacer, sino también la de una peculiar tensión que puede ser agradable o desagradable. ¿Son los procesos de energía ligados y desligados los que debemos diferenciar por medio de estas sensaciones, o debe referirse la sensación de tensión a la magnitud absoluta o, eventualmente, al nivel de la carga, mientras que la serie placer-displacer indica la variación de la magnitud de la misma en la unidad de tiempo? Es también harto extraño que los instintos de vida sean los que con mayor intensidad registra nuestra percepción interna, dado que aparecen como perturbadores y traen incesantemente consigo tensiones cuya descarga es sentida como placer, mientras que los instintos de muerte parecen efectuar silenciosamente su labor. El principio del placer parece hallarse al servicio de los instintos de muerte, aunque también vigile a las excitaciones exteriores que son consideradas como un peligro por las dos especies de instintos, pero especialmente a las elevaciones de excitación procedentes del interior, que tienden a dificultar la labor vital. A este punto se enlazan otros numerosos problemas cuya solución no es por ahora posible. Debemos ser pacientes y esperar la aparición de nuevos medios y motivos de investigación, pero permaneciendo siempre dispuestos a abandonar, en el momento en que veamos que no conduce a nada útil, el camino seguido durante algún tiempo. Tan sólo aquellos crédulos que piden a la ciencia un sustitutivo del abandonado catecismo podrán reprochar al investigador el desarrollo o modificación de sus opiniones. Por lo demás, dejemos que un poeta nos consuele de los lentos progresos de nuestro conocimiento científico:

Si no se puede avanzar volando, bueno es progresar
cojeando, pues está escrito que no es pecado el cojear[129].

---

[129] Rückert: *Die Makamen des al-Hariri*.

ÍNDICE

I. TRES ENSAYOS PARA UNA TEORÍA SEXUAL.....7

II. PSICOANÁLISIS: CINCO CONFERENCIAS
PRONUNCIADAS EN LA *CLARK UNIVERSITY*..129

III. LOS SUEÑOS 191

IV. MÁS ALLÁ DEL PRINCIPIO DEL PLACER.....267

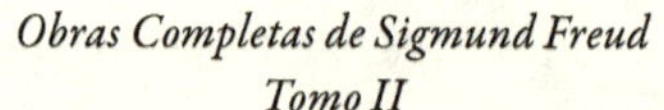

Obras Completas de Sigmund Freud
Tomo II

Impreso en los talleres de
DocuMaster
(Master Copy, S. A. de C.V.)
Plásticos #84, Local 2, ala sur,
Fracc. Industrial Alce Blanco,
Naucalpan de Juárez, C. P. 53370.

www.ingramcontent.com/pod-product-compliance
Lightning Source LLC
LaVergne TN
LVHW091401190726
843491LV00006B/1207